本书系国家社会科学基金项目
"民法典物权编中公共地役权的制度构建与体系融入研究"（编号：18BFX123）的成果

西南政法大学新时代法学理论研究丛书

The Institutional Construction and Integration of Public Easement under the Background of the Civil Code

民法典背景下公共地役权的制度建构与体系融入

张 力 著

西南政法大学新时代法学理论研究丛书
编辑委员会

主　　任：樊　伟　林　维

副 主 任：李　燕

委　　员：刘　革　赵　骏　张晓君　周尚君　王怀勇
　　　　　胡尔贵　石经海　张　力　张吉喜　张　震
　　　　　陈　伟　陈如超　赵　吟　段文波　徐以祥
　　　　　黄　忠

主　　编：林　维

执行主编：李　燕　周尚君　张　震

总　序

党的二十大报告指出，"深入实施马克思主义理论研究和建设工程，加快构建中国特色哲学社会科学学科体系、学术体系、话语体系，培育壮大哲学社会科学人才队伍"。哲学社会科学是推动历史发展和社会进步的重要力量。习近平总书记在哲学社会科学工作座谈会上的讲话谈道："人类社会每一次重大跃进，人类文明每一次重大发展，都离不开哲学社会科学的知识变革和思想先导。"法学学科作为哲学社会科学的重要组成部分，承担着培养法治人才、产出法学成果、服务经济社会发展的重要职责。法学学科建设离不开法学理论研究的高质量发展。中共中央办公厅、国务院办公厅《关于加强新时代法学教育和法学理论研究的意见》提出要"创新发展法学理论研究体系"，这是新时代对法学理论研究工作提出的要求，也是广大法学工作者投身理论研究事业的使命。

作为新中国最早建立的高等政法学府之一、全国法学教育研究重镇的西南政法大学，自1950年成立以来，一直将法学理论研究作为事业发展基础，并取得了丰硕的研究成果。法学理论研究是推动中国法学教育发展的事业，是服务中国法治实践的事业，也是丰富中国特色哲学社会科学体系建设的事业。在党中央、国务院的坚强领导下，尤其是党的二十大以来，西南政法大学始终坚持以习近平新时代中国特色社会主义思想为指导，深入贯彻党的二十大精神和党中央决策部署，深学笃用习近平法治思想、总体国家安全观，全面贯彻党的教育方针，坚持扎根重庆、服务全国、放眼世界，坚持立德树人、德法兼修，发挥法学特色优势，不断健全科研组织、壮大科研队伍，通过各个学院和各大研究机构团结带领本校科研骨干围绕中心、服务大局，在实施全面依法治国战略、新时代人才强国战略、创新驱动发展战略等方面持续做出西政贡献。

为深入贯彻党的二十大精神和习近平总书记在哲学社会科学工作座谈会上的重要讲话精神，具体落实中办、国办《关于加强新时代法学教育和法学理论研究的意见》要求，西南政法大学组织动员本校法学科研优秀骨干，发挥法学专家群体智慧和专业优势，编撰出版了"西南政法大学新时代法学理论研究丛书"。这套丛书具有四个鲜明特点：一是，自觉坚持把对习近平法治思想的研究阐释作为首要任务，加强对习近平法治思想的原创性概念、判断、范畴、理论的研究，加强对习近平法治思想重大意义、核心要义、丰富内涵和实践要求的研究；二是，紧紧围绕新时代全面依法治国实践，切实加强扎根中国文化、立足中国国情、解决中国问题的法学理论研究，总结提炼中国特色社会主义法治具有主体性、原创性、标识性的概念、观点、理论，构建中国自主的法学知识体系；三是，着力推动中华优秀传统法律文化创造性转化、创新性发展；四是，注重加强外国法与比较法研究，合理借鉴国外有益经验，服务推进全面依法治国实践。

出版这套丛书，希望能够为中国自主法学知识体系建设贡献西政智慧、西政方案、西政力量。2016年5月17日，习近平总书记在哲学社会科学工作座谈会上指出："一个没有发达的自然科学的国家不可能走在世界前列，一个没有繁荣的哲学社会科学的国家也不可能走在世界前列。坚持和发展中国特色社会主义，需要不断在实践和理论上进行探索、用发展着的理论指导发展着的实践。在这个过程中，哲学社会科学具有不可替代的重要地位，哲学社会科学工作者具有不可替代的重要作用。"2022年4月25日，习近平总书记在考察中国人民大学时深刻指出："加快构建中国特色哲学社会科学，归根结底是建构中国自主的知识体系。"这一重要论断深刻说明，对于构建中国特色哲学社会科学来说，建构中国自主知识体系既是根本基础又是必由之路。法学是哲学社会科学的重要支撑学科，是经世济民、治国安邦的大学问。西政是全国学生规模最大、培养法治人才最多的高等政法学府，师资队伍庞大、学科专业门类齐全，有条件、有义务、有使命走在中国自主法学知识体系建设的第一理论方阵。

是为序。

林　维

2024 年 7 月

目 录

绪 论 / 1

第一章 公共地役权的历史与法体系分析 / 4
　　第一节 役权的制度起源 / 5
　　第二节 役权制度的发展分析 / 19
　　第三节 役权制度发展进程中的公共地役权 / 32

第二章 公共地役权在我国公益性用地制度体系中的定位疑难 / 43
　　第一节 我国公益性用地的制度序列 / 43
　　第二节 公共地役权制度的定位疑难 / 64

第三章 公共地役权的域外立法比较与经验分析 / 79
　　第一节 美国"保存地役权" / 79
　　第二节 法国"行政役权" / 146
　　第三节 俄罗斯的公共地役权制度 / 158
　　第四节 德国法上的公物制度 / 191
　　第五节 意大利强制地役权 / 203

第四章 当代我国公共地役权的一般构造 / 214
　　第一节 公共地役权对我国《民法典》的体系融入 / 214
　　第二节 公共地役权的基本框架 / 223

第三节　公共地役权的救济　/243

第五章　需役地"虚化"与公共地役权的新建构　/249
　　第一节　"需役地"内涵与功能的变化　/249
　　第二节　需役地"虚化"的公共地役权融入民法体系的
　　　　　　解释理路　/255
　　第三节　需役地"虚化"在环境保护地役权建构中的
　　　　　　典型体现　/266

参考文献　/283

绪　论

党的十九大报告提出"实行最严格的生态环境保护制度"。公共地役权，是为了公共利益需要而使不动产所有人或使用权人容忍某种非利益或负担，相应地使国家、公众或公共事业部门取得要求相关不动产所有人或使用权人承担某种非利益或负担之义务的权利，有着保护生态环境、推动社会公益建设等功能。公共地役权与传统地役权不同，具有公私法双重属性，其混合属性也使其在《民法典》背景下的制度构建与体系融入存有疑问。我国《民法典》仅规定了征收、提前收回及其补偿，缺乏专门的公共地役权规定，公益用地的制度保障供给不足，这导致相关主体在解决该类纠纷时缺乏请求权基础，社会公共利益难以实现。在《民法典》实施背景下，需要考虑公共地役权制度的构建与体系的融入。在私法与公法接轨而又相对分立的趋势中，公共地役权的混合属性使其在《民法典》实施背景下遭遇制度构建与体系融入的难题。美国的"保存地役权"、法国的"行政役权"、俄罗斯的"公共地役权"、德国"公物"制度、意大利的"强制地役权"等都对我国有积极的借鉴意义。

公法的介入程度与方式是区分公共地役权与一般地役权的关键要素。公共地役权的"地役权"名称并不能否认其强烈的公法属性，《民法典》中地役权的规定尚不能满足公益用地、环境保护、公共通行等涉及因公共利益而使用他人不动产的需求，而以公法规制公共地役权符合公共地役权的根本制度目的。但如果单纯采取公法上的处置模式，会使私人权益难以得到救济和补偿，不特定的公共受益人也会因为缺少请求权基础而只能走稍显困难的行政诉讼路径保障自己的权益，这可能造成对私人利益的不当削弱。实际上，《民法典》并不反对采取公法手段调整公共地役权，故可以探索出一条公私法共同规制公共地役权的新路径，以发挥《民法典》所承担的公共财产利益社会分享功能。

在公私法接轨的背景下，为了满足公共利益而使用集体、私人不动产的需要，我国《民法典》已然规定了公益性征收、征用、提前收回建设用地使用权等制度。同时，在一些公法性质的专门立法中，如《石油天然气管道保护法》《铁路法》《森林法》《矿产资源法》《风景名胜区条例》等规定了大量为公共利益而使用他人不动产权利的其他制度。虽然这些尝试和实践在一定程度上弥补了征收、征用、提前收回建设用地使用权等制度的不足，也在一定程度上呈现出公共地役权的性质。但是不可否认的是，这些"类公共地役权"现象长期处于"只做不说"的状态，未形成系统性的制度体系。而且在"只做不说"的模式下，法律实施也存在一系列的问题。一是缺乏制度严肃性与统一性。这些初具公共地役权属性的不动产利用方式并未上升至基本法的高度，导致实践中在设立程序、设立条件、设立主体、权利义务、权限、补偿水平上缺乏统一性认知。二是土地权利人、实际受益人的合法利益难以得到有效保障。这些实践过度强调行政主体在公共地役权制度设计上的主导性，反映出极强的"服从与被服从""控制与被控制"的特征，而缺乏强调私人利益优先的协商机制、补偿机制、听证机制、社会参与机制等相关配套措施。在此情况下，一旦私人利益受到损害，民事主体就会陷入求助无门的困境。三是不利于公共利益的实现。这些实践仅强调制度限权功能，但是缺乏确权赋能，这些土地利用模式不仅不利于私人利益的保护，而且从长远来看更不利于土地上所赋予的公共利益目的的实现。

在《民法典》实施背景下，公共地役权制度的构建包括实体与程序两个方面内容。在程序方面，应着重确保公众参与公共地役权设立磋商与公共地役权强制设立的统一。在实体方面，应构建符合我国社会需要的公共地役权制度，明确公共地役权在地役权体系中的地位，并构建公共地役权的基本框架，包括主体、客体、内容、订立方式、物权变动模式等，形成多元化的救济途径与补偿模式。当然，我们在见证公共地役权的实践过程中也观察到一种有趣的现象：虽然《民法典》仍强调为需役地利益设立地役权，但是在他人土地上架设天然气管道、电线电网、构建生态环境保护、历史文化保护区等这些公共地役权的新应用，已经逐渐呈现出一种对"需役地人利益的包容""权利人利益的保护"的趋势，即为公共利益在他人不动产上设立一份负担、役使他人土地时，可以不需要具体需役地的存在，衍生出"无需役地公共地役权"的土地使用方式。不过，无需役地并非不存在"需役地要件"，只是需役地要件的淡化。如果必须找出一个需役地，可以在国有土地、集体土地上找到相应的依据，比如说把全民所有（国有）土地作为需役地，而他人土地使用权下的土地（其实也是国有土地）作为供役地。

在世界法律文明史上，历来不乏关于社会财富的公有、共享的治理理想。在马克思主义政治经济学原理中，社会财富的公有制程度更是在某种意义上判断社会发展阶段，指明未来发展方向的关键指标。这也使得对"公有财产"利用的国家保障成为以贯彻马克思主义为己任的社会主义国家的根本法制任务，成为宪法与法律的重要调整对象。在《民法典》背景下，对公共地役权制度进行系统整合与优化设计，一方面将进一步促使现代公共地役权制度脱离传统私法地役权制度体系，包括公共地役权设立程序与内容的高权性、客体从私人财产权发展到包含国有与集体财产等公共财产，以符合我国社会主义基本制度的要求。另一方面令实现制度重构的公共地役权重新回到有中国特色的《民法典》相关物权制度体系下，帮助完成我国物权法所承担的实现及保障社会主体自由取用自然资源及其他公共财产（及特定情况下非公共财产）的任务，由此形成对我国公私法体系的重新融入。这不仅有助于解决我国长期以来公共地役权在低位阶法与行政法规层次上条块分割的混乱实践事实，与高位阶立法上公共地役权统一定性与系统规定缺失，这之间的矛盾，也帮助调和了理论上对公共地役权定性"公权"或"私权"的对立争执，形成了为实现公共利益而限制他人不动产上权利的征收——征用——公共地役权的比例化制度变化谱系，进一步澄清了公共地役权与一般地役权的制度比较关系，推动了地役权整体理论与制度实践的进步。

第一章　公共地役权的历史与法体系分析

当下，表征公共地役权的语源多元，诸如"法定地役权""行政地役权""强制地役权""公用地役关系""保存地役权"（conservation easement）等莫衷一是。通过与民法上地役权概念的简单类比虽不难对"公共地役权"下定义：为了公共利益或公众利益的需要，使不动产所有权人或使用权人忍受某种不利或负担，从而使国家或者公众取得一种要求不动产所有权人或使用权人承受某种负担的权利。[①] 但从中难以判断公共地役权的内涵性质与体系定位，即它在今日分别演化的公私法体系架构中的制度域属，法源头构造如何，它是否能够被我国民法典制度融入并规范展开。若跨过与公共地役权与地役权现代制度的直接类比，通过回溯所有役权与相关制度的共同源头，更可能获得关于公共地役权与地役权制度群比较关系的整体历史参照系。役权在漫长的土地法治进程中可谓古老的权利类型，要讨论公共地役权就必须回溯它的原初状态，找寻其"祖先"。诚如盖尤斯（Gaius）言："为了更好地理解一个制度，我们必须先走向它的起源。"[②] 我国物权制度和体系的发展在很大程度上继受于外国立法例，在《物权法》[③] 起草与《民法典》编纂的过程中，与其说是已有外国立法经验影响着我们，不如说是这些制度所蕴含的历史必然性以及其在社会发展中的不可替代性决定了其仍然反复被法律所确定，并被赋予中国特色

[①] 参见李遐桢《我国地役权法律制度研究》，中国政法大学出版社2014年版，第235页。
[②] 转引自薛军《优士丁尼法典编纂中"法典"的概念》，载徐国栋主编《罗马法与现代民法》（第二卷），中国法制出版社2004年版，第1页。
[③] 已随2021年《民法典》施行而废止，下同。

得以继续鲜活。法之生命不仅在于实施,也在于不断发展。法律是由社会生活的结果而影响成立之形态,"系支配社会生活而行者"。① 役权制度的历史与人类对物的开发经营历史是互相平行发展的,② 而人类社会发展到今天,役权这一古老的制度也必然在新的时代,在中国的土壤上发挥其新的效用。归根结底,探讨《民法典》视阈下公共地役权制度构建与体系融入,也必须以回顾与发展的双重角度找寻其根源,从役权的发展变革历史中找到属于公共地役权位置,证明其确实属于役权制度发展至今日的必然产物。

第一节 役权的制度起源

一 役权起源

物权法制度的载体为法典及其渊源,即罗马法。③ 但实际上,在"役"成为法律上的权利之前,在人类生活进入畜牧时就有其雏形。④ 人类从狩猎时代进入牧畜时代后,因为耕种与圈养动物的需要,通常逐水草而居,住所相对固定。但是并非所有固定的居所或地区都可以满足牧畜生活的需要,那么在进行畜牧的过程中就不免要涉及其他土地的利用,也就是此时,土地利用意义上的"役"之事实便应运而生。只不过在此语境下,对土地的利用并不能形成一种法律关系,甚至无法称为一种社会关系,因为国家还未形成,法律尚未制定,自然无从谈起役"权"之说法。⑤

实际上,役权被确认为法律权利之初,与现今我们所谈的役权有较大差别。至早,罗马法上役权与所有权同义,直到古代末期才被确立为独立的权利。到了优士丁尼时代,其内容才"灿然大备"。⑥ 当然,在理论探讨之初,役权曾被视为和所有权一样的在物上的一项权利,即役权所通过之

---

① 王泽鉴:《民法物权》,北京大学出版社 2010 年版,第 327 页。
② 尹田:《法国物权法》,法律出版社 2009 年版,第 414 页。
③ 〔英〕巴里·尼古拉斯:《罗马法概论》,黄风译,法律出版社 2000 年版,第 51 页。
④ 郑玉波:《民法物权(第 15 版)》,三民书局 1992 年版,第 180 页。
⑤ 郑玉波:《民法物权》,三民书局 2007 年版,第 215 页。
⑥ 谢在全:《民法物权论》(中册),中国政法大学出版社 2011 年版,第 504 页。

处"属于"权利人，但与所有权不同的是，役权并不包括对物的使用与支配这两项权能，当时典型的役权就是通行权和引水权。[1]

纵观役权的发展史，绕不开的问题是役权和地役权二者谁先出现？作为罗马法上唯一的他物权[2]，如果单纯从名称来看，大部分人会认为地役权和人役权是由役权所分立出的两种权利。但实际上正好相反，现代意义上为一定人或一定地的利益而使用他人之物或限制他人使用自己物的役权实际上来源于役权的下位概念——地役权的含义之中。简言之，役权体系的形成实际上源于罗马法上的地役权制度。这也就是古典时代的法学家经常将役权认为是一系列类似权利的一个总称的原因，因为法学家们认为役权的性质是对供役地所有权的限制以满足需役地，并以此对现实生活中的内容进行类型化，最终形成了若干典型的役权，使得役权制度焕发出新的光彩。在罗马法中，役权代表着对他人之物最古老的古典权利[3]，而它的原始类型即地役权。

二 地役权的出现

（一）地役权观念的形成

作为役权的"真正原始的类型表现"[4]，地役权的出现与土地私有化的进程密切相关。公元前6世纪中叶，原本实行公有制的古罗马社会人口激增。公有制下，土地由氏族与其下的若干部落和一些低等级的宗教单元公有，如宗族、家庭等，但土地的公有无法激发人们劳作的激情，反而助长了懒惰和安于分配，氏族土地对于人口日增的社会积极作用甚少，反而成为阻碍生产力发展的主要原因。在这样的背景下，传说罗马王政时期的第一位王罗穆卢斯（Romulus）分配给每位家长两尤杰里土地作为"世袭地产"（heredium），可以用于后代继承。[5] 随着公有制瓦

---

[1] 参见陈汉译《学说汇纂（第8卷）地役权》，中国政法大学出版社2009年版，序言部分。
[2] 〔日〕原田庆吉：《日本民法典的历史素描》，创文社1954年版，第115页。
[3] 〔意〕彼得罗·彭梵得：《罗马法教科书》，黄风译，中国政法大学出版社1998年版，第251页。
[4] 郑玉波：《民法物权》，三民书局2007年版，第215页。
[5] 〔俄〕科瓦列夫：《古代罗马史》，王以涛译，上海出版社2007年版，第62页。

解，原本属于氏族的土地变更为每个家长独自用益并进行耕种，土地由公有转为"私有"。① 需要注意的是，虽然在有些资料中将这里的家长表述为市民，但无论如何，此处的土地私有并不是以现代意义上的个人所有权为基础的，而是以家庭为单位的私有。但是，两尤杰里的土地只能供大多家庭的日常生活，一般仅足够中等规模家庭的居住需要②，至于牧畜用地（耕地、草场、牧场）一般仍属于宗族"公地"，供全宗族使用。③ "私地"的出现使得人们开始划分界线，但这种界线也成为土地实现完全利用的阻碍，因为人们始终无法画地为牢，大多数家庭的通行、汲水等事项非借助相近相邻的别家之地不可。所以，生活的需求使得第一次公地分配时的罗马人延续了对某些土地共同利用的习惯。这时，对他人"私地"支配的普遍化现实直接催化了早期地役权观念的形成。

（二）《十二铜表法》中的地役权

后来，在地役权观念的影响下，古罗马的第一部成文法《十二铜表法》中首先有了地役权作为法律权利的最初形态——耕地役权，有了关于通行、导水等需要利用他人土地的规定。《十二铜表法》第七表"土地和房屋的相邻关系"中存在许多地役权的内容，④ 如：

> 第1条：斐斯图斯，《论字义》，4：迂回之路，（亦即）建筑物周围的（空地），须有二尺半宽。
>
> 第2条：盖约，I. 13. D. X. 1：应当指出．当进行划界诉讼时，必须遵照《十二铜表法》的指示，该指示似乎是仿照据说梭伦在雅典曾经施行过的下列立法法令而规定的：如果沿着近邻地区挖掘壕沟，则不得超过限界，如〔设置〕围墙，则必须〔从近邻的地区起〕留出空地一尺，如果是住所，则留出二尺，如果是挖掘坑道或墓穴，则留出

---

① 周枏：《罗马法原论》，商务印书馆2014年版，第406页。
② 〔意〕朱塞佩·格罗索：《罗马法史》，黄风译，中国政法大学出版社1994年版，第112页。
③ 〔俄〕科瓦列夫：《古代罗马史》，王以涛译，上海出版社2007年版，第62页。
④ 参见世界著名法典汉译丛书编委会《十二铜表法》，法律出版社2000年版，第27~33页。

的尺度与掘坑的深度同，如果是井、则留出六尺，如果是栽种橄榄树或无花果，则从近邻的地区起留出空地九尺，而其他的树木，则为五尺。

第 4 条：西塞罗，《论法律》，1.21.55：十二铜表不许根据时效取得五尺宽的田界。

第 6 条：盖约，Ⅰ.8.D.W.3：根据十二铜表，道路的宽度，直向规定为八尺，而在转弯处，则为十六尺。

第 7 条：（沿道路地区的所有者）应沿道路构筑围墙，假如他们未曾用石头捣固道路，则可在任何地方通行驮载的牲口。

虽然《十二铜表法》中没有明确区分相邻关系与地役权，但是以上这些规定却成为最古老的利用他人之地的权利形态，也从侧面说明了调节土地利用关系的法律规则存续的古老性与必然性。[1] 另外，虽然有学者认为《十二铜表法》第七表就是关于他物权的规定，其中明确规定了地役权对所有权的限制。[2] 但如果按更为严谨的态度来看，此说法有所欠缺。其实，最早的耕作地役权是以所有权的形式表现出来的。因为在早期人类的法律观念中，"归属"尚未从"支配"概念中分离出来，即"我得支配该物"，该物便"归属于我"。[3] 在此语境下，从他人土地上穿过是一种穿越者和所有者的共有形态，耕地役权也是作为一种限制所有权的形式出现。[4]

（三）作为他物权的地役权发展

作为所有权的役权有其固定的缺陷，因为"私地"与"公地"的划分使得地役权仿佛只能存在于"私地共有"的语境下，但对于公共牧场这种属于公有的土地，则在其上享有的牧畜权因公地公有而无法形成共有形态，但土地利用又是实际存在的，这体现了作为所有权的地役权概念的不周延性。

---

[1] 耿卓：《传承与革新：我国地役权的现代发展》，北京大学出版社 2017 年版，第 59 页。
[2] 冯卓慧：《罗马私法进化论》，陕西人民出版社 1992 年版，第 212 页。
[3] 张鹤：《地役权研究：在法定和意定之间》，中国政法大学出版社 2014 年版，第 11 页。
[4] 张鹏：《役权的历史渊源与现代价值定位》，载梁慧星主编《民商法论丛》（第 18 卷），金桥文化出版（香港）有限公司 2001 年版，第 428 页。

此时，新的观念开始萌芽，人们开始思考地役权是否能和所有权分离，于是便催生出对立于所有权的、作为他物权意义上的役权观念。

地役权之所以能成为独立的一项他物权与罗马人所有权绝对的观念密不可分。在自己独享所有权观念的影响下，人们越来越在意自己之物与他人之物的界限。若一直秉持一种通过他人土地或利用他人土地引水即享有他人土地所有权的观念，个人（家长）的所有权永远处于一种共有状态，那所有权绝对就无从谈起，因为所有权在这种状态下是极易被侵犯与干涉的。

在上述观念的影响下，至罗马古代晚期，地役权终于从共同所有的关系中分离出来，成为一项"附加"于土地之上的独立权利，他物权意义上的地役权得以开始确立发展。当然，由于最初对他人土地的利用多出于耕种需要，这种需求使得耕作地役权，即乡村役权得以面世。

1. 乡村地役权

乡村地役权一般也可称作耕种地役权，是地役权制度的起源类型[1]，是作为他物权的地役权最初表现形式。从《法学阶梯》的内容来看，乡村地役权有个人通行权、运输通行权、道路通行权和引水权。其中，个人通行权是某人享有通过或步行经过他人土地的权利，而非驱赶驮兽经过他人土地的权利；运输通行权是驾驭驮兽、车辆经过他人土地的权利。因此，享有个人通行权的人无运输通行权，享有运输通行权的人却享有个人通行权。道路通行权是行走、运输及散步经过他人土地的权利，因为道路通行权包含个人通行权和运输通行权。引水权是经过他人土地引水的权利。[2]实际上，除上述权利外，从《学说汇纂》及其他历史资料来看，乡村役权的"内涵"远不局限于此。乡村役权主要包含通行、取水、牧畜和采掘四个方面的地役。通行地役包括步行地役、兽畜通行地役、货车通行地役和水上通行地役。取水地役包括导水地役、汲水地役、饮畜地役、平水地役。采掘地役包括石灰烧制地役、砂土采掘地役、陶土采掘地役和木材采伐地役。

---

[1] 参见〔英〕F.H. 劳森、B. 拉登《财产法》，施天涛等译，中国大百科全书出版社1998年版，第133页。

[2] 陈汉译：《学说汇纂（第8卷）地役权》，中国政法大学出版社2009年版，序言部分。

需要注意的是，畜牧地役权是为数不多的古罗马法中可以由当事人约定内容的地役权。因为各地气候不同，罗马牧场主经常会约定互相提供牧地。但就牧地的具体适用情况，皆以约定为准。①

可以看出，乡村地役权作为最原始的他物地役权来说，与罗马当时的农业发展需求呈现很大程度的一致性。对比所有权意义上的地役权，除了权利结构上的转变外，地役权的类型也得到了很大程度的拓展与丰富。这种制度上的改变也使得古罗马农业得到了发展，古罗马人尝到了"甜头"，地役权制度得以继续发展。

2. 城市地役权

随着作为他物权的地役权的观念日渐兴盛以及乡村地役权的法律地位日渐明确，地役权制度对社会经济发展的强大适应性也逐渐体现。对他人土地的利用不只存在于乡村，利用他人之地的事实几乎可以发生在所有具有邻近的所有权不同的土地之上。古罗马时期，由于罗马城内地广人稀，人口和用地之间的冲突不明显，人们当然地遵循着《十二铜表法》中建筑物应当空出 5 尺通行道的规定，建筑物间很少能出现法律规定之外的土地利用关系。但公元前 390 年，高卢人的入侵改变了原来的建筑格局，人口的兴盛和建筑物的增多使得土地"负担"加重，大面积"空地"的划分使得建筑距离越来越近，距离越近，利用他人土地的可能性就越大。在这样的背景之下，城市地役权应运而生，来调整这些建筑房屋比邻相接所产生的土地利用问题。

城市地役权也称作建筑地役权，主要用来调整建筑物毗邻所产生的用地关系。根据保罗《论告示》第 21 卷，如果在两块土地之间有一块公共的土地或者公共道路，这并不排除设立个人通行役权、运输通行役权及建筑物的加高役权，但是排除搭梁役权、遮盖役权、流水役权和排水役权。因为土地之上的天空应当不受阻挡。根据盖尤斯《论行省告示》，一般来说城市地役权包括加高役权、挡光役权、限制加高役权，同样还有排水役权和不反排水役权、搭梁役权，最后还有伸出役权、遮盖役权以及类似的

---

① 周枬：《罗马法原论》，商务印书馆 2014 年版，第 412 页。

其他役权。

实际上，城市地役权内涵更为丰富，涉及建筑设计、施工以及使用的全过程及各个方面。在建筑设计的时候，建筑物突出地役使得役权人的房屋（需役地）可以修建阳台、屋檐等延伸至供役地上空的部分，建筑物加高地役使得建筑人在自己的土地上建造房屋可以在不影响邻居权益的前提下，在法定限制内任意设计高低，阴沟地役使得供役地房屋可以在需役地房屋下埋设排泄生活污水或生产废水的阴沟、管道，排烟役权使得供役地人必须承受需役地排烟。在建筑施工时，架桥地役保障了役权人建筑房屋的栋梁可以架在供役地的墙壁上，支撑地役使得役权人可以使用供役地的墙壁搭建房屋，当然，役权人在利用完他人房屋后，也有必要修缮的义务，采光役权使得役权人可以在共有墙或邻居墙上开窗采光。在使用房屋时，承溜地役使得在下的供役地房屋需要承受需役地屋檐雨水流下的负担。此外，城市地役权还包括许多消极的地役权，即供役地所有人应当以某种不作为而供需役地之便利，最典型的如禁止所有人在建筑房屋或种植树木以影响需役地采光的禁止妨碍光线役权，禁止在供役地上建筑一定高度房屋的禁止建筑地役权以及避免妨碍观景的静止妨碍瞭望地役。[①]

需要注意的是，严格意义上的乡村役权和城市役权区分仅存在于理论发展初期。因为随着城市和乡村经济的发展，毗邻建筑不再是城市格局的专属，城市空地也开始出现耕种作业。所以，城市地役权和乡村地役权的区分就不在于地域不同了，而要根据地役权的具体内容而区分。简言之，因建筑而产生的地役权一般属于城市地役权，而农业耕种所产生的地役权一般为乡村地役权，二者交集也不在少数。

三 人役权与地役权的分离

人役权的问世是地役权制度体系发展的重要节点。作为他物权的地役权出现后，有很长的一段时间其都充当着罗马法上用益物权的角色。其中的缘由在于，无论是否有地，是否需要作为，役权的核心在于为自己利益

---

① 周枬：《罗马法原论》，商务印书馆2014年版，第412~414页。

而利用他人之物，在这个观念的指导下役权又出现了很多方面的革新。其实为特定人或特定人利益设立土地利用之权利的情况早已有之。土地所有权人除相邻人外，也有专门为个人设立通行权、汲水权、牧畜权等地役权的情况，只不过古典法学家将其解释为债权，但土地之所有人或继承人仍有义务予以承受。① 随着罗马帝国时期的到来，家父之权威不断下降，女子结婚归顺夫权的情况也愈少②，另外，奴隶解放的情况越来越多。在这样的背景下，每当家长去世，一些家庭中就会出现一部分没有继承权或者没有生活能力又无所依靠之人。为了保障这部分人的生存，家长往往会把一部分家产的使用权、收益权、居住权等给予妻子或被解放的奴隶。③ 在上述情况的催动下，最早意义上的人役权观念开始产生。人役权是为特定人所设定的"地役权"，因为在权利构造上，人役权只不过是将地役权中的需役地替换为特定人的利益，对供役地的利用与使用的本质仍然是不变的。

优帝一世时，人役权正式被作为法律概念所确认，根据《法学阶梯》的论述，早期的人役权包含用益权、使用权以及居住权三种权利类型④，后来由于使用权的细分，又加入了奴畜使用权这一类型。

用益权是指在不改变、不损害他人之物的本质的前提下，使用、收益之物的权利。一般来说，财产及其上权利的价值在于"用"之一字，即财产权的实际价值在于使财产权人能够自由支配其财产，加以占有、使用、收益、处分。⑤ 用益权之物的所有人因其不享受物之权利被称作虚有权人，仅享有"赤裸的所有权"。⑥ 用益权权能十分丰富，除对他人之物占有和日常的使用外，用益权人亦可以出租用益物，享有除女奴所生孩子之外的用

---

① 〔意〕彼得罗·彭梵得：《罗马法教科书》，黄风译，中国政法大学出版社1998年版，第256页。
② 黄风：《罗马私法导论》，中国政法大学出版社2003年版，第141页。
③ 周枏：《罗马法原论》，商务印书馆2014年版，第414页。
④ 徐国栋：《优士丁尼〈法学阶梯评注〉》，中国政法大学出版社2010年版，第154页。
⑤ 董彪：《论财产权过度限制的损失补偿制度——以"禁摩令"案为例》，《当代法学》2009年第3期。
⑥ 陈信勇、蓝邓骏：《居住权的源流及立法的理性思考》，《法律科学》（西北政法大学学报）2003年第3期。

益物的所产生的一切孳息，甚至为了收益而将用益权以及对他人之物的占有完全转移、让与给他人。但是，用益权也受到一定的限制，一般来说，用益权仅限于权利人本身，发挥保障权利人基本生活的作用，用益权人使用用益物得符合物的基本原有用途和当事人约定。

使用权是指在个人需要的范围内，按物的本来属性使用他人之物的权利，简单来说也可以看作是少了收益权能的用益权。使用权虽然在表面上只具有使用的权能，但某些情形下，也可以为使用权人适当收益。因为若不允许使用权人适当收益和获取孳息，可能无法满足使用权满足个人需求之本义。例如使用标的物是果园、菜圃时，使用权人可以采取瓜果以供消费，若标的物为牧场或羊群的，使用权人则可以饮用乳品，但不得将其出卖或赠予。①

居住权是使用权的一种类型。按照《法学阶梯》的规定："居住权是受遗赠人终身享有的权利，不能将居住权赠与或者转让给他人，居住权不因未行使或者人格减等而消灭对享有居住权的人，为了事的功利，根据马尔切勒的意见发布朕的决定，朕允许他们不仅自己可以于其中过活，而且还可以将之租于他人。"② 需要注意的是，居住权人享有出租他人房屋的权利，但不得作无偿借贷使用。

奴畜使用权也是使用权的一种类型。专门指使用权人使用他人奴隶或者家畜的权利，特别之处在于，对奴畜的使用如有特别期限的，在期限届满以前，其利益可以继续由继承人享有。

可以看到，罗马人借用地役权的观念，创造或是确认了法律上为人的利益而利用他人之物的权利，成功地将地役权的"物对物"关系的发展为人役权的"物对人"之关系。③ 但地役权与人役权除了人之利益和土地效用发挥之目的区别外，仍存在一些不同。第一，地役权属于所有权之间的利用与互动，而人役权属于对同一所有权内容与时间的分割。具体而言，需役地的所有权通过消耗供役地的所有权完整程度发挥其最大效用，而人

---

① 参见周柟《罗马法原论》，商务印书馆2014年版，第421页。
② 徐国栋：《优士丁尼〈法学阶梯评注〉》，中国政法大学出版社2010年版，第124页。
③ 张鹤：《地役权研究：在法定和意定之间》，中国政法大学出版社2014年版，第14页。

役权中使用权人或用益权人只是利用标的物的部分权能，但其中始终只有一个所有权存在。第二，地役权一般可以随所有权的转让而一并转移，新的所有权人可以继续享受在此物上的地役权，是典型的物上的权利，而人役权不同，人役权一般仅仅是特定的个人享有，不可转让。其中，法理在于人役权的对象是人，它具有很强的人身依附性，而人并不能成为交易的对象，但作为物之所有权不同。第三，由于人不能成为物权法上之物，我们也并不能将人称之为人役权的需役地或需役物，所以，有无需役物或需役地也是区分人役权与地役权的重要标识。第四，人役权具有很强的期限性，即大多数人役权若无法律规定或当事人约定期限，也只能持续到权利人死亡之前，不可被继承，且唯一可以被继承的奴畜使用权也要受到期限限制。反观地役权，若无法律规定或当事人约定期限，则可能随物之所有权永久存在。

四 役权起源带来的思考

(一) 罗马法上役权的特点

地役权的出现与发展完整展现了罗马法上役权制度的变迁：从地役权自身的性质转变引起自身内容的丰富，之后随着法律权利的确认，使得人们心中利用他人之物的权利观念愈加深入，在此基础上催生出人役权制度，最终二者合一形成役权制度。罗马法上役权制度与今天之役权制度相差甚远，具有朴素性。

首先，罗马法上的役权制度内容广泛。如前文述，罗马法上的役权几乎是今天用益物权的同义词，凡利用他人之物的物权皆属役权范畴。[①] 从权利行使来看，这些役权既包含积极的役权，也包含消极的役权。从权利内容的形成来看，既有法定的役权，也有意定的役权。从权利影响范围来看，既包括农村，也包括城市。

其次，罗马法上的役权以法定为主意定为辅。通过资料分析，罗马法上的役权虽可以由当事人约定形成，但其权利内容却多由法律直接规定，

---

① 陈华彬：《物权法论》，中国政法大学出版社2018年版，第493页。

完全属于意思自治的役权类型极少。而且就为特定人所设立的物之利用权利在未被确定为人役权之前也仅被当作债权处理。可以说在某种程度上罗马法中的地役权带有极大的"役权法定"之色彩。

再次,罗马法上的役权体系和结构较为完整。罗马人在法律发展史上一贯的标准的、抽象的以及带有理论性的思考在役权制度设计中皆有所体现。[1] 役权制度的发展是典型的以点带面的发展。虽然地役权制度在初期显得十分杂乱且过于详细,但是罗马人并未任其混乱,而是在具体役权丰富的同时构建出"地役权-人役权""耕种地役权-建筑地役权"的体系划分。此外,罗马法上的役权制度不只是对权利内容的描述,还涉及大量的裁判方法与诉讼中的具体引导,形成了较为完整的役权法律体系。

最后,罗马法上的役权制度具有开放性与包容性。役权的发展始终与社会需求保持高度一致。其中,人役权的问世表明了役权制度的包容性与开放性。只要与物之利用相关,皆可能成为役权之潜力,并不受限于是否有需役地、需役物。而且罗马法所留有的当事人约定之余地,也使得役权的权利内容具有开放性,使役权在一定程度上成为当事人意思自治的物权。

(二) 罗马法役权制度的影响

1. 对后世制度的影响

罗马法作为西方法制的源头,其私法中的众多制度直到今日都还影响着众多国家的立法。役权制度自罗马法以来变化就相当有限[2],今天,我们在各国立法中所看到的地役权制度仍是以罗马法上的役权制度为原型发展出来的,虽然因各国国情不同有所变化,但其利用他人之物的他物权属性始终未曾改变。这是罗马法役权制度所带来的最直接的影响,既为后世提供了役权观念,也提供了法律规范的"模板"。

2. 完善物权体系

除了在时间和空间两个层面上外,罗马法役权制度的重大影响还在于对物权法体系内部的完善和对人们物权观念的构建,这亦是其为世界民法

---

[1] 〔意〕朱塞佩·格罗索:《罗马法史》,黄风译,中国政法大学出版社1994年版,第431页。

[2] 耿卓:《传承与革新:我国地役权的现代发展》,北京大学出版社2017年版,第67页。

民法典背景下公共地役权的制度建构与体系融入

作出的重大贡献。

第一，对所有权观念的影响。在地役权属于所有权范畴的时代，所有权被定义为对物最一般的实际主宰或潜在主宰①，此时的所有权和地役权处于混沌状态，所有权可以被替代为合法地使用、获得孳息、拥有或占有中的任意其一状态。② 但是这样的理解肯定是不符合常识的，我占有、支配某物，可能并不代表我有所有权或者说我有绝对的所有权。因为占有是一种事实状态，而支配可以由占有带来。且支配在这里并未被分层次予以讨论，而是将收益、使用与处分放在支配的同一顺位。无论是从法律的角度还是人性的角度，这样的理解都是不合理的。在所有权绝对的观念影响下，任何人对他人"瓜分"自己所有权的事项都是谨慎的，没有人会为了"行他人之便"而去主动分享所有权。其实，形成误区的根本原因是罗马人早期对所有权的偏差理解。最初，罗马人将所有权与物本身作同一性的理解，认为物便是所有权。地役权的出现加深了人们对所有权认知的谨慎程度，带来了"物与所有权"的分离。人们在诉讼中开始思考，在物权关系中，我们究竟是保护物还是调整人与物之间的关系？实际上，物权法和物之诉讼的中心应当是物之权利而非物本身。在这样的观念转变下，擅长抽象的思想者将注意力逐渐从物之载体转移到了物上所存在的权利，其后又替换到所有权上。于是，绝对所有权的观念开始产生。③ 可以说，作为所有权的地役权是绝对所有权观念形成的推动力量，而作为他物权的地役权则是绝对所有权形成带来的结果。因为若要存在他物权，首先要区分他人和自己的权利，明确自物权即所有权人的地位，确定自己的权利内容，才能对他人在自己之物的权利加以让渡。④ 在此意义上，地役权对于所有

---

① 〔意〕彼得罗·彭梵得：《罗马法教科书》，黄风译，中国政法大学出版社1992年版，第194页。
② 〔意〕桑德罗·斯契巴尼：《物与物权》，范怀俊译，中国政法大学出版社1999年版，第2页。
③ 张鹏：《役权的历史渊源与现代价值定位》，载梁慧星主编《民商法论丛》（第18卷），金桥文化出版（香港）有限公司2001年版，第430页。
④ 马俊驹、梅夏英：《罗马法财产权构造的形成机制及近代演变》，载杨振山主编《罗马法·中国法与民法法典化》，中国政法大学出版社2001年版，第19页。

权概念的完善起到了重要的作用。当然，人役权也是如此，为他人设立人役权之人即所有人允许他人利用自己之物的前提就在于这种利用的权利并不会减损自己的所有权，也不会影响后人对自己物继承的所有权，否则人役权也将不复存在。

第二，对用益物权体系的奠基。地役权制度所带来的第二个物权法内部权利结构的完善在于开启了用益物权的体系建设。在《法学阶梯》中，仅仅存在役权、地上权以及永佃权三种用益性质的物权。永佃权主要用来处理个人利用国家土地的关系，而地上权一般用于处理个人利用他人土地建造房屋等建筑的关系。二者与役权的相同点在于都完成了财产所有权和具体权能的分离，只不过相比役权制度来讲，由于永佃权处理关系的特殊性、地上权涉及土地添附制度的突破，故二者都具有严格的限制，权利结构上并不具有役权的开放性优势。可以说，虽然役权、地上权与永佃权三者在优帝之法中相互独立，但在很大程度上，役权在用益物权体系中起着兜底性作用，只要涉及具体权能与所有权分离，皆可谓役权构造发展之产物。从历史来看，直到优帝时期，地上权才被视为一种独立的他物权，而在此之前，曾被看作一种地役权。① 在这个层面上，正是因为有役权作为"铺垫"为用益物权的体系打下奠基，才有了后世多种多样的物之权利的发展与出现，这也是罗马法役权制度不可磨灭的重大影响。

可以说，在罗马私法发展的过程中，役权制度起到了承前启后的作用。前承载着土地私有带来的土地利用之观念形成，后开启所有权绝对又注重他物权发展的新时代。

3. 促进经济发展

在促进经济发展方面，役权制度是符合古罗马社会商品经济发展的法权关系的。役权从外表看似是损他利己利用地利用他人之物，但实际上，是在最低程度减损他人所有权的前提下，完成对物的必要利用，它使得供役地和需役地皆能物尽其用，使得人役权标的物在发挥物之效用的同时满

---

① 〔意〕阿尔多·贝杜奇：《地上权·从罗马法到现行意大利民法典》，载杨振山主编《罗马法·中国法与民法法典化》，中国政法大学出版社 2001 年版，第 247 页。

足所有权人的特殊意愿，可谓一举多得的制度设计。在役权蓬勃兴盛的同时，罗马经济也得到蓬勃发展。可以说，古罗马社会土地利用的高效程度直接映射在役权制度中，内容丰富且体系分明的役权制度也展现出宏伟又和谐的古罗马社会生活。

（三）罗马法役权制度对公共地役权的制度启示

无论是地役权制度还是人役权制度，罗马法役权制度实际上为后来的公共地役权制度的专门形成埋下了伏笔。作为整体役权，地役权制度和人役权制度的出现使得最原始的"为个人或群体的利益突破所有权结构而使地之效用得到最大限度发挥"的观念得到了法律上的确认。可以说，地役权和人役权的原初观念或权利意旨就是为人之方便、为人之生存而利用他人土地。所以，作为公共利益而专门设定公共地役权本就是役权制度原始意旨发展和扩张的结果。只不过在役权制度出现之初，法学家和立法者仍然强调个人利益和地之利用，而没有揭示地之利用之后所蕴含的人之利益、个人利益之后所代表的公共利益，但这并不影响在役权制度确立之初就为"公共利益的役权"出现埋下种子。

在地役权方面，地役权制度最初的制度与目的功能就包含了实现公共利益。无论是通行权、引水权或是其他具体类型的地役权，其出现及被法律确认都不是由于个案纠纷或为了一人之利益，而是为了解决社会统一的用地矛盾，而且这种解决通常是强制性的，本就含有一定的公益强制因素。我们不否认在一个具体法律关系中，地役权人和所有权人在个体上的独立性，但在罗马法背景下，若将地役权制度作为一个整体看待，与其说地役权是所有权人是为某一人的权益或某一地的利用让渡、限制自己的土地所有权完整权能，还不如说地役权是在社会和谐、予他人方便、促进经济发展的观念下，所有权人为实现"公益"而作出了一些必要的容忍。而且正是因为这些容忍的存在，古罗马社会才能呈现那样丰富并和谐的用地景象，经济和社会才能获得和谐的发展。虽然此时法律上还没有出现和确立专门为实现公共利益的公共地役权，但地役权制度出现之初就为公共地役权的出现留下了空间。

在人役权方面，虽然罗马法强调将人役权与地役权区分，但从历史的角度来看，人役权本就是地役权发展到一定阶段所衍生出的新役权类型，实质上是特殊的地役权。从二者关联的角度来看，地役权本就含有为特殊群体利益而存在的必要性。在今天，对于"公共地役权是为人之利益或群体利益而服务的，不符合地役权结构，不存在需役地"的争论，实际上在回溯役权制度起源的过程中就可以获得解答。地役权制度本就是役权制度的本源，区分人役权和地役权只是对制度的解释选择问题，而非对制度功能的限制。公共地役权为特殊群体或人们的利益而存在并不能成为否认其地役权性质的理由，反而更凸显出公共地役权为人之利益而存在的本质。

另外，作为与人类对物的开发经营历史互相平行发展的制度，役权制度的兴起和发展都与社会的现实需要无法割裂，罗马法役权制度的出现与兴起都与社会用地的需求无法分离，那么在公共用地问题如此突出的今天，役权制度也理应有新的发展，而不是守旧的一成不变。作为役权制度发展的新类型，公共地役权也必然会像役权制度推动罗马社会发展那样推动今天社会经济发展。

第二节　役权制度的发展分析

各国在继承罗马法中役权相关规定的基础上，对役权制度进行了现代化的重塑，赋予其新的形态和内涵。于域外视野，法、德等国与英美及其他大陆法系国家，均以罗马法为基，各展其变。法国法在大革命前后，于所有权理念更迭中调适役权制度；德国法以严谨逻辑重构役权体系，精准界分相邻关系与地役权，创新地役权类型；英美法系国家融合本土实践与罗马法精髓，革新地役权概念与要件，拓展其适用范畴；意大利、荷兰、俄罗斯等国在民法典编纂或专项立法中，从地役权设立要件、客体范围、权利类型等维度推陈出新，为公用事业、生态保护、文化传承等开辟法律路径。回观我国，近代至今，从《民法通则》[①] 到《物权法》再到《民法典》，民事立法不断发展役权理念，体现了对土地利用与物权协调的探索。

---

① 已随 2021 年《民法典》施行而废止，下同。

当前，役权制度如何突破传统束缚，积极向公共领域拓展延伸，以回应时代发展的重大需求，已成为法学界与实务界共同面临的关键挑战。深入探究役权制度在不同国家的历史流变与发展路径，不仅能够梳理和总结役权制度演变的内在逻辑与基本规律，更能深度挖掘其在不同时代背景与社会环境下适应变革、创新发展的多元可能与实践经验。

一　域外役权制度的发展

（一）法国法上的役权制度发展

1. 法国私法上役权制度的发展

法国对罗马私法的继承和运用是直接且广泛的。15世纪，由于工商业快速发展，古老庄园经济的公社特征日渐消亡，一场土地革命在欧洲获得进展。[1] 在法国农业的发展中，地役权在用水关系中起到了重大的积极作用。但当时法国成文法地区的领主也利用役权制度提倡的土地利用习惯，强迫领地居民利用其磨坊、烘炉、榨油机收取税款，异变形成领主权。法国大革命之后，役权恢复了较为原始的状态，但相比罗马法上的地役权，地役权的发展也受到了一定的限制。

《法国民法典》是最早的资本主义民法典，实际上，在法国大革命前夕，封建领主对土地的控制已经微乎其微。大革命之后，所有权神圣的思想深入人心，人们认为所有权是一种"天赋的权利"，任何人不得剥夺和侵犯。依据《法国民法典》第544条，所有权是最绝对地享用和处分物的权利。依照《法国民法典》的思想，所有人除同意民法典所规定如地役权、用益权、租赁权的限制外，不得通过法律行为而同意对其所有权的任何一种限制。在"所有权限制的谨慎态度"与"更高效地利用土地"之间的冲突中，地役权制度不得不"屈从于"绝对的所有权做出改变，变为一种暂时性的权利。[2]

具体而言，为了保证土地不受封建复辟的影响，《法国民法典》在继受罗马私法的基础上明确肯定了新的土地关系。《法国民法典》第522条

---

[1]〔美〕詹姆斯·W.汤姆逊：《中世纪经济社会史》，耿淡如译，商务印书馆1996年版，第678页。

[2] 尹田：《法国物权法》（第2版），法律出版社2009年版，第134页。

第1、2款规定，土地所有权包括地上所有权与地下所有权。土地所有权人得在地上进行其认为适当的任何栽种与建筑，但"役权或地役权"编规定的例外不在此限。《法国民法典》物权部分分两个部分规定了人役权和地役权。法国法上的人役权包括用益权、使用权与居住权三个部分，在人役权外延上与罗马法大致无二。相比人役权，地役权制度却获得了一些重大改变与发展，其中，地役权分类的影响最为重要。

《法国民法典》第637条规定，（地）役权是指为另一所有权人的不动产的使用和便益而对某一不动产所加的负担。但与罗马法上区分乡村地役权和城市地役权的做法和体系构建不同，法国法上的地役权制度被分为由地理位置产生的役权、由法律规定的役权（法定役权）以及由人的行为设定的役权三类。由地理位置产生的役权也称自然役权，主要指引水役权。法定役权主要是两块地由于相邻关系或自然位置关系所发生的役权，其内容与自然役权具有相通性，只不过立法者将引水役权、围栏与分界石的相关规定提取后单独成为一节，但二者实际上都是由于地理位置关系所产生的役权。《法国民法典》中的法定役权包括了排水役权、通行役权和采光役权等，与相邻权和相邻关系具有很大的相似性，二者在内容上几乎可以等同。由人的行为设定的役权即意定地役权，指基于契约、时效等方式设立的地役权。此种分类方式影响深远，第一，法定役权和意定役权的分野使得役权内容的自由程度进一步提高，第二，法定役权中模糊相邻关系的做法也为相邻权的分立打下基础，第三，依照《法国民法典》第649条规定，法律规定的役权，以公共便益或市镇行政区或个人的便益为目的，这也为地役权制度开启了更大的公益窗口，拓宽了其发展的方向。

除地役权内部的分类外，《法国民法典》还明确提出，地役权是为了土地利用，而非个人利益，就算是意定地役权也要受此限制。例如第686条第1款规定，只要设立的义务不是加于人，也不是为人的利益，即允许财产所有权人在其财产之上或为其财产的利益设定其认为适当的役权。此种役权只能对不动产以及为不动产的便益而设定，且不得违反公共秩序。这也说明了人役权与地役权在法国法上进一步的分离趋势。

2. 地役权调整手段向公法扩张

需要注意的是，虽然《法国民法典》以一编73个条文的体例对地役权内容做了较为详细规制，但由于公法对土地和建筑的管控越发严格，地役权，尤其是法定地役权的地位也有一种衰退的趋势。原来由役权制度规范的水槽地役被国家水的引导规定替代，对于房屋建筑过高的禁止役权由建筑法上的建筑高度规定替代，废水排放的役权被废水排放的相关法律法规替代，公法行政法的兴起让作为私权利的地役权呈现一种衰退的趋势。[①]而且《法国民法典》第650条规定："为公共的或地方的便宜而设立的役权，得以沿通航河川的通道，公共或地方道路的建筑或修缮，以及公共或地方其他工事的建筑或修缮为客体。一切有关此种役权的事项，由特别法令规定之。"这明确为公法"抢占"役权空间提供了私法通道。随着公权力对私权利的限制增多，城市规划地役权、有关军事与航空等方面的地役权、保护文化遗产的公用地役权等新型地役权开始出现。对于这些由行政法规直接设定的权利，也被称作行政役权。[②]

虽然行政役权不同于传统私法上的地役权，它们反映的是公共利益而非私人土地利益。而且不能满足传统私法上地役权供役地和需役地的双地要件，通常只存在供役地而需役地难以被抽象化甚至无处找寻。但需要注意的是，行政役权的出现和繁荣虽然在一定程度上对私法地役权有所影响，但由于其土地利用的性质仍未改变，故不可将这两种类型完全对立割裂。行政地役权是法国法上的役权向公法扩张的产物，也代表了役权发展的新方向与新趋势。

（二）德国法上的地役权制度发展

德国法在承接罗马法役权制度的过程中，贡献了与法国法不一样的经验。

首先，《德国民法典》在所有权制度中虽也秉承所有权制度神圣，但相较法国法的绝对神圣不容侵犯而言，德国法也强调对所有权的限制。德

[①] 尹田：《法国物权法》（第2版），法律出版社2009年版，第490页。
[②] 王名扬：《法国行政法》，中国政法大学出版社1989年版，第305页。

国法中，所有权人仅在不违反法律或不损害第三人权利时，才得享有全部权能。所有权人对所有权之利用必须置于限制下，要受基于人类共同生活与组织化的群体需求而生之限制。[1] 所以，《德国民法典》第905条明确规定所有权人不得禁止在自己对排除干涉不具有利益的高度或者深度范围之内进行的干涉。这种对所有权的限制直接体现在役权制度中。《德国民法典》第917条明确了必要通行的规定，即对所有权予以限制，所有权人需与他人建立必要联络，容忍其利用该土地进行必要通行。此时，若必要通路就是典型的需役地，而所有权人的土地须得为必要通路的使用或缺陷弥补做出让渡和容忍。虽然《德国民法典》未将此种限制划入地役权规范范畴，但其所拥有的役权属性不言自明。

其次，《德国民法典》区分了相邻关系与地役权，《德国民法典》不同于《法国民法典》将相邻关系混杂在法定地役权中，而是直接将相邻关系归入所有权的限制与扩张之内容中，将相邻关系从地役权体系，从他物权体系中分离。但是，相邻关系其实仍未完成对役权本质的实际脱离，因为德国法上的相邻关系和地役权的区分几乎仅在于其是否有法律规定，是否是法定权利这一点，至于在调整范围、类型、功能方面，二者几乎保持一致。当然，相邻关系的分离为我国物权立法提供了有益经验，但相邻权与地役权的单轨和双轨在今天的民法学或民事立法中可能更偏向于立法技术问题，我们更应当关注相邻关系独立之后地役权制度获得了何种发展。在德国法中，相邻关系的独立使得役权部分变得更加纯净，《德国民法典》物权编第五章"役权"几乎是意定役权的代名词，在权利设立和运行上都更加强调当事人的意志和登记。[2]

再次，《德国民法典》提供了役权的新视角，发展出新的役权类型。《德国民法典》物权编第五章将役权分为地役权、用益权和限制性人役权三种类型。其中，地役权和用益权的内容几乎继受了罗马法的役权制度。而限制性人役权则是德国法对于役权制度的重大革新与发展。《德国民法

---

[1] 〔德〕鲍尔·施蒂尔纳：《德国物权法》（上册），申卫星、王洪亮译，法律出版社2004年版，第610页。

[2] 孙宪忠：《德国当代物权法》，法律出版社1997年版，第93页。

典》第 1090 条规定，土地可以设定负担，因设定负担而受利益的人有权在个别关系中使用此土地，或者有权享有其他可以构成地役权之内容的权利。简单来说，限制性人役权即为个人利益而设的地役权，它兼具人役权和地役权的双重属性，是役权体系兼容所产生的新型权利。

最后，《德国民法典》体现了人役权与地役权制度的融合趋势。《德国民法典》在表述地役权定义时并不似《法国民法典》一般明确将人的利益和土地利益相分离，而是将个人利益与土地利益相结合予以规定。《德国民法典》第 1018 条规定，"一土地可以为另一土地在其时的所有权人的利益，以此人可以在个别关系中使用此土地，或者在此土地上不得实施某些行为，或者排除行使基于对此土地的所有权而对此另一土地产生的权利的方式，设定负担"。从此条来看，德国法完成了透过地之利益看到背后人之利益的过程。结合限制人役权的革新来看，《德国民法典》对役权制度一系列的创新使得地役权潜在地具有了"为人的利益而成立"的可能性，使得地役权制度在利用他人之地的层面具有更广阔的可开发空间。

（三）其他主要国家地役权的发展变迁

就其他国家而言，一般都是在罗马法以及《法国民法典》《德国民法典》的基础上进行役权立法的，所以在此不再详细赘述，具体情况在比较法写作部分再做详细拓展，这里仅提出重要变革部分以展示变迁。

1. 英美法系国家役权制度的发展

英国法将地役权分为地役权、获益权及限制性不动产约据权，其中，不动产约据权是指不动产买卖合同中禁止从事某些行为的权利。获益权和地役权都是对他人土地利用的权利，而二者区别有两点：一是英国法上的地役权不能为收益所用，而获益权就是进入他人土地采集或获得物品的权利；二是英国法上的地役权须有明确的需役地存在，而获益权则不在此限。总体来说，英国法上的役权制度没有严格区分地役权和人役权，也体现出二者的融合趋势。

美国法上的地役权主要指积极地役权，而传统的消极地役权则被定义为限制性约据。美国役权制度的重大变革存在于三个方面。第一，确立了独立地役权的概念，即地役权可以脱离需役地而存在。独立地役权可以不仅是为了自己土地的利益，还可以是为了某人的利益而存在。① 独立地役权与德国法上的限制性人役权有相似之处，二者皆明确了地役权可以为人之利益而设立的观念，但美国法发展出独立地役权更具开拓性意义，因为限制性人役权始终是属于人役权之类型，以人之利益为出发点符合人役权的内涵，而独立地役权是直接对地役权传统结构的突破，重塑了地役权的要件结构。此外，独立地役权的出现也再次表明了地役权与人役权的不可分性。第二，美国《统一保护地役权法案》[Uniform Conservation Easement Act (UCEA)]还在限制性不动产约据的基础上发展出保存地役权，即财产所有权人和保护组织为了公共利益的需要，以签订协议的方式来限制土地未来开发利用的方式，以实现土地保护目的或其他公共目的之权益。② 这也再次体现了役权制度在维护公共利益方面所具有的巨大潜力。第三，美国《财产法第三次重述：役权》[The Restatement (Third) of Property: Servitudes]③ 确立了共同利益社区中的役权关系，设计了一种涉及多数人的役权负担，将役权的主体拓宽至集体，为役权制度解决现代群体用地纠纷问题打下比较法制度基础。

2. 其他大陆法系国家地役权制度的发展

《意大利民法典》对于役权制度的重大创新有三个方面。第一，提出供役地须为需役地提供便利之观念。根据《意大利民法典》第1027条，地役权是以在某土地之为属于与此相异的所有人的其他土地的便利被课予的负担而成立的权利。而意大利法中的"便利"相较其他国家法的"土地利益"内涵更广，根据第1028条，便利是指需役地的使用比较方便有利或者舒适，而且其土地在工业上的用法系固有的亦包括在内。这大大拓宽了地役权适用的场景。第二，设立了"为将来便利设定的役权"，在传统物权法理论中，地役权设立时，需役地与供役地应当都是确定的，而《意

---

① 张鹤：《地役权研究：在法定和意定之间》，中国政法大学出版社2014年版，第67页。
② See Bill Schmidt, "Protecting the Land: Conservation Easements Past, Present, and Future", *Environment*, Vol. 43, no. 1, 2001, p. 41.
③ 美国《财产法第三次重述：役权》，THE AMERICAN Law INSTITUTE, https://www.ali.org/publications/show/property-servitudes/，最后访问时间：2024年11月29日。

民法典背景下公共地役权的制度建构与体系融入

大利民法典》第 1029 条第 1 款规定，对某土地，为确保将来的利益，亦得设定地役权，允许地役权为某块土地将来的利益甚至某一将来的土地、建筑设立地役权。第三，规定了强制地役权，意大利法的强制地役权包括水路及强制排水地役权、对建筑物或土地的强制供水地役权、饮水管的架设及安置地役权、强制通路地役权、强制送电及电线的强制通过地役权。意大利法上的强制地役权有相邻关系的影子，但意大利法的强制地役权的重大意义在于给公权力机关利用地役权制度开了司法的口子，《德国民法典》第 1032 条第 1 款明确指出强制地役权由法律特别规定场合，亦得依行政官厅的行为设定。

《荷兰民法典》在地役权发展中起到的重要作用是确立了空间役权的观念。空间地役权是指以他人特定空间为自己土地或土地上空间便宜之用的役权，空间人役权是指为特定人的利益而利用他人空间的役权。[1]《荷兰民法典》第 71 条规定，地役权可以存在于地上、地下和空中。这突破了传统地役权仅限于地表及地表建筑的规定，将地下空间也纳入地役权的客体范畴，为利用地役权制度解决今天的地下空间开发，地下能源输送，地下交通发展等问题提供了制度借鉴基础。

俄罗斯是最典型的受社会主义影响的大陆法系国家，其地役权制度受到《俄罗斯联邦民法典》与相关土地法典的双重规制。其中，由民法典规制私人地役权，而公共地役权则由土地法典规制。公共地役权作为法律概念明确入法是俄罗斯地役权制度的最大革新。《俄罗斯联邦土地法典》第 23 条第 2 款规定，公共地役权，是在为了保障国家、地方自治或地方居民的利益的必需但又无须征收地块的情况下，由俄罗斯联邦法律或其他规范性法律文件、俄罗斯联邦各主体规范性法律文件、地方自治机关规范性法律文件设定的地役权类型。在俄罗斯法中，私人地役权依照民事法律设立，一般由当事人意思自治，而公共地役权则是由法律法规设定，一般具有强制性，且公共地役权得为公共利益而设立，主体是国家或不特定的公民。俄罗斯公共地役权制度对于整个役权制度发展的贡献在于三个方面。

---

[1] 陈华彬:《现代建筑物区分所有权研究》，法律出版社 1995 年版，第 87 页。

一是明确将公共利益带入地役权的调整范围，使得役权不再只是调整私人土地利用的法律制度；二是将役权概念引入公法规范内，使得役权成为超越民法的制度设计；三是进一步完成了人役权与地役权的融合，淡化地役权须有需役地的理念，公共地役权所为公共利益是以不特定的大多数人作为载体的，这就让地役权服务的对象脱离了需役地而具有了人役权的部分特征。

二 我国役权制度的历史考察

（一）我国古代法中的"役权元素"

严格来讲，西方传统意义上的私法在我国古代并不存在。[①] 缘于我国古代特有的社会经济体制，无论是所有权绝对还是意思自治，在我国的阶级社会都不存在，自然无实质意义上之民法。[②] 但不存在民事法律不等于法律对民事生活无所调整，更不意味着我国古代民事活动不发达。中国自古代以来地大物博，幅员辽阔，作为农业大国，古代统治者对土地的开发利用极为重视，这样的社会现实与自然条件催生了一系列调整土地关系的法律制度。而在人们的日常生活中，更离不开耕种与建筑，由此也产生了许多土地利用的习惯与传统，而其中不乏包含着许多役权制度的影子。

根据资料考察，我国汉代就有了地役权的相关规定。《汉书·儿宽传》记载"……宽表奏开六铺渠，定水令已广溉田"，另有沈钦韩曰："自十月一日防水，……给水行水之序，须自下而上，昼夜相继，不以公田越次……此均水之法也。"《汉书》与民间的记载的用水之法涉及如何开渠灌溉，如何汲水行水，这涉及相邻土地的利用，体现着汲水地役的特征。[③]

魏晋南北朝时期，有一关于吐鲁番葡萄园所有权转移的文书记载："人车水道如旧通。"这直接说明了人车水道的"通行役权"的不可分性。[④]

到了隋唐，经济日渐鼎盛，人们因为日常生活所产生的相邻关系也逐

[①] 张中秋：《中西法律文化研究》，南京大学出版社1991年版，第85页。
[②] 梁慧星：《民法总论》，法律出版社2001年版，第17页。
[③] 孔庆明等：《中国民法史》，吉林人民出版社1996年版，第130~131页。
[④] 孔庆明等：《中国民法史》，吉林人民出版社1996年版，第209~210页。

渐增多，这一时期许多民俗体现出役权性质。例如，"顶地头须留磨牛地，一般互留二三尺"，地处无通行地带的"抬牛地"需与四邻商定如何通行，地处他人所有的胡同内"无抬牛宅子"须得保证出入无阻，这都是我国古人生活中的役权智慧。①

宋朝时期的物权制度可谓完备，其中就有与地役权相关联的土地经界和制度安排。例如，田宅之间为通行便利所留地属于相邻者共有的规则就带有通行役权的性质。另外，根据《宋会要辑稿》记载，"出卖田地、宅舍，先次选委清强官，躬亲地头，从实勘验，取见诣实，分明立定字号，仍开具田乡分地名、坐落四至、膏腴瘠薄、若干顷亩。如有坟墓已葬埋在今日以前者，克留四至各三丈，与为己业。若所至三丈内，或系别人己产，即据所至给与，不得侵越别人己产。或所至三丈内或系见今出卖水田池塘之类，止得以岸为至。若墓地元从官地出入者，买主不得阻障"②。这是指出卖官田产，原耕种人户若有祖坟在内，则要具有进出通道的"役权"。

综观我国古代役权观念、习惯及制度，虽带有很强的朴素性和自发性，但其中蕴含的利用他人土地，限制他人所有权的内核却从未改变。需要注意的是，我国古代法中的地役权制度大多数是从人的角度出发的，这与多数国家所强调的"为了土地利益"不同，从观念上看，我国古代能利用他人土地多数是因为人之利益，人之身份。这也许与我国文献和律法的表述方式有关，但从侧面也说明了人役权和地役权不可分割的内在联系以及从地之利益看到背后人之利益的必然性。

（二）我国民事立法中的役权制度

新中国成立以后很长一段时间内，我国民事立法中是没有役权制度的。直到1986年《民法通则》颁布，才使得我国民事立法中有了役权的"影子"。《民法通则》第83条对相邻关系作出原则性规定，最高人民法院《关于贯彻执行〈中华人民共和国民法通则〉若干问题的意见（试行）》③

---

① 孔庆明等：《中国民法史》，吉林人民出版社1996年版，第252页。
② 胡兴东等：《〈宋会要辑稿〉法律史料辑录》，中国社会科学出版社2021年版，第744页。
③ 现已废止。

第 97~103 条对相邻关系中施工、排水、通行、滴水、伸出等权利作出具体规制，虽然这些规定是在地役权与相邻关系"双轨制"立法模式下形成的，但也给我国的役权立法提供了相关制度基础。在作为比较法上的"法定地役权"和"自然地役权"的相邻关系已经独立的背景下，我国地役权制度的"意定"基调几乎可以确定。

2007 年《物权法》颁布，地役权在我国民事立法中正式确立。《物权法》在作为他物权的用益物权一编中对地役权制度以整章内容予以规定。根据《物权法》第 156 条，地役权是指地役权人按照合同约定，利用他人的不动产，以提高自己的不动产效益的权利。而且第 157 条再次强调了我国地役权的意定属性，规定设立地役权，当事人应当采取书面形式订立地役权合同。我国地役权制度属于物权法定原则之下的自治权利，除为利用他人土地提供了制度指引外，更成为缓和物权法定原则的"缓和剂"，对于我国物权体系的形成与发展有着重要作用。

相比地役权，人役权在我国民事立法进程中曾引起更大争论。2001 年最高人民法院发布《关于适用〈中华人民共和国婚姻法〉若干问题的解释（一）》[①]，其中第 27 条规定，离婚后没有住处的，属于生活困难。离婚时，一方以个人财产中的住房对生活困难者进行帮助的形式，可以是房屋的居住权或者房屋的所有权。可以明确的是，虽然此条使用了居住权的用语，但受制于物权法定原则，本条规定的居住权并非物权法上的居住权。此解释一出，人役权、居住权在我国立法的必要性问题被广泛讨论，《物权法》（征求建议稿）也对居住权进行了专章规定，但最终并未被《物权法》所吸收。

在《民法典》的编纂过程中，居住权入典再次被提上议程。最终，居住权借"贯彻党的十九大提出的加快建立多主体供给、多渠道保障住房制度的要求"之契机，在《民法典》物权编第三分编第五章得到确立。自此，我国役权制度得以完整确立。虽然在立法上我国并未直接采用役权和人役权的概念，但法典中的地役权和人役权制度已经足够反映役权制度在

---

① 现已废止。

我国的发展与完善程度。我国役权制度的特点鲜明，具有开放性与包容性，对我国土地的高效利用起到了重要的推动作用。

（三）我国地役权制度向公共领域扩展

党的十八大以来，中央把生态文明建设作为统筹推进"五位一体"总体布局和协调推进"四个全面"战略布局的重要内容，其中就包含了推动以国家公园为主体的自然保护地体系建设。例如，2013年党的十八届三中全会通过的《关于全面深化改革若干重大问题的决定》中提出了国家公园体制，并且，2015年中共中央、国务院印发的《生态文明体制改革总体方案》强调了"对国家公园的试点指导……研究制定国家公园体制总体方案"。除此之外，2017年12月，党的十九大明确提出构建国土开发空间保护制度，完善主体功能区配套政策，建立以国家公园为主体的自然保护地体系。针对我国自然保护地建设中分类标准不明确、体系不科学的问题，2019年1月，中央全面深化改革委员会第六次会议还提出了"形成以国家公园为主体、自然保护区为基础、各类自然公园为补充"的自然保护地管理体系。上述政策文件明确了重塑自然保护地体系的政策目标与改革方向。

基于这样的背景，不少专家、学者以及部分人大代表呼吁将传统的地役权制度进行创新，构建我国保护地役权制度，将为我国建立以国家公园为主体的自然保护地体系提供重要的支持。"保护地役权"，是指为了保护供役地所能影响范围内环境公共利益的目的，通过自然资源主管部门与土地使用权人签订地役权合同，限制权利人对国家级公益林地部分权利的地役权。一般来说，自然资源主管部门需要向权利人支付经济补偿金。保护地役权的重大意义在于可以让权利人主动参与生态保护，实现社区共管，有效保护自然保护地。

虽然保护地役权尚未被我国法律明确规定，但是各地方在保护生态环境的实践中开始出现运用地役权制度的趋势。例如，钱江源国家公园管委会出台《钱江源国家公园集体林地地役权改革实施方案》中就明确规定，各村集体林地承包权人与钱江源国家公园管委会签订地役权合同；承包人在不损害钱江源国家公园环境的前提下，可以自行利用土地，国家公园管委会则有权对土地的使用予以监督，并对村民的相应损失给予补偿。[①] 在此文件中，通过提供示范文本，明确了供役地人承包人和需役地人管委会的权利和义务，是我国役权实践的一次有益尝试。例如，依据合同约定，地役权人享有国家公园内自然资源（集体林地等）的管理权，按照相关的法律法规和政策规定的管控权以及建设防护、科研监测等基础设施的权利。相应地，地役权人承担的义务则是围绕促进原有居民就业，包括但不限于就业技能培训、提供生态管护公益岗位以及按合同规定支付相应补偿金。而供役地人则享有一定程度的免费参观游览权、同等条件下的特许经营优先权以及经许可后生产符合条件的带有钱江源国家公园品牌标识的产品。在此基础上，钱江源国家公园管理局总结出"生态优先、民生为要、政策引导、市场运作"的四项基本原则，并于2020年6月24日出台了《钱江源国家公园农村承包土地保护地役权改革试点实施方案》，继续开展承包土地保护地役权与宅基地地役权改革。

另外，截至2020年9月，浙江丽水也探索完成了国家公园集体林地地役权改革工作，登记了地役权455宗，占规划林区的96.86%。除上述两地的探索改革外，闽江流域、洱海自然保护地、贺兰山东麓文化长廊、湖南石门县壶瓶山镇神景洞村等地都对保护地役权的实践落地出台方案，做了有益的尝试。[②] 例如，2019~2020年，福建省武夷山国家公园管理局颁发《关于开展武夷山国家公园毛竹林地役权的通知》和《武夷山国家公园毛竹林地役权管理实施方案》，以推动集体林地地役权改革。

保护地役权在我国的实践展现出我国役权制度向公共领域发展扩张的趋势，地役权制度的服务对象开始从私人土地拓展至国家土地。由于现阶段保护地役权改革中对财产权利人、社会组织的权利与地位等尚无明确法律规定，暂未形成多元共治格局。这导致保护地役权合同的签订主体一般包括行政主体，并且多由行政主体制定设立方案，这也表明了我国地役权制度向公法延伸的态势。需要特别注意的是，在现行的实践中，保护地役

[①] 宋小友、廖志明：《开化：创新"保护地役权"登记工作》，《中国土地》2021年第2期。

[②] 李宗录、谷盈颖：《保护地役权之民法调整的解释路径》，《中国土地》2021年第5期。

权一般会存在确定的供役地,但需役地具有"抽象性",保护地役权的需役地往往不是确定的某一块土地,而是以需役地人为载体承载公共利益或特定保护地的利益,甚至在形式上并无需役地存在。这种现象可以在一定程度上反映出我国地役权制度为人之利益考量的特色,同时也再次映衬出"需役地绝对存在"之理念的衰退。

第三节　役权制度发展进程中的公共地役权

公共地役权不仅是对传统役权制度的继承与超越,更是对现代社会公共利益保护需求的积极回应。在探讨公共地役权的制度建构与体系融入的过程中,我们仍要追溯役权制度的历史发展脉络,以及这一制度在现代社会中的演变和应用。从役权核心观念变迁切入,深度剖析其从"为地利益"至"为人利益"、从私人利益迈向公共利益的流变轨迹。继而探究役权现代发展趋向,分析其概念革新、权利要件拓展、与人役权的融合以及公私法交融态势,剖析公共地役权于公私法体系内的定位及制度构建核心要点,揭示公共地役权于役权制度演进体系中的独特定位与发展趋向。公共地役权是役权制度发展的必然结果,也与我国实际需求相契合,有着独特的发展前景,在国家现代化法治进程中逐渐凸显出其重要性。在我国民法不断发展完善过程中,公共地役权的构建与体系融入面临诸多挑战,当前对其发展空间的认知仅是构建制度可行性的开端,还需解决一系列理论与实践问题,这些问题的探索对完善法律制度、平衡公共利益意义重大,亟待深入研讨。

一　役权制度发展出适宜公共地役权生长的土壤

役权制度的出现与发展永远跟随人类对物的开发经营互相平行,它们互为表里,相互促进。役权自古罗马法起源以来,就在物之利用领域里发挥着无可替代的作用。从罗马法上的役权观念发展到今日的各国相异的役权制度,虽然利用他人之物的内核从未改变,但随着土地资源的日益稀缺、人类用地需求的不断升高以及经济水平的高速发展,役权制度分散在不同时空中有了十分不同的要素。虽然这些新的要素在各国呈现不同的表现形式，包容在不同的新制度中，但是这些变化蕴含的共同趋势代表了役权未来的发展方向，值得我们关注和重视，只有在顺应役权制度发展之应有趋势的基础上，结合我国实践需要构建公共地役权体系，才能让役权制度在我国绽放出新的光芒，发挥其应有价值。

（一）役权核心观念的变迁

首先，役权核心观念的变更体现在从"为地的利益"到"为人的利益"。役权的原始形态是地役权，在罗马法中，地役权始终应当直接给土地带来利益而不是脱离土地给人带来利益。① 但就在这样的绝对的观念之下，地役权制度还分离出了专门为人之利益的人役权制度，若地役权中没有人之利益要素，人役权如何产生？可见地役权制度并非严格为地之利益。人作为利用物的主体，所有利用物的效用提高实则都是为了人的利益，这一点自古至今从未改变。在今天，地役权仅为地之利益观念进一步出现松动，人们越来越多地看到隐藏在物之后的人利益，基于此种观念的转变，越来越多"无需役地地役权"开始涌现，最典型的即美国法上的独立役权。

其次，役权核心观念的变更体现在从私人利益走向公共利益上。役权制度起源于古罗马第一次土地私有进程，最初的役权也是仅在家父个人私有土地的基础上建立的，役权损他人所有权而利自己的性质就决定了其诞生之初就被定位为自私的权利，役权制度也在加强人们私人所有权观念方面起到重要作用。但是，役权制度在推动构建所有权绝对观念的同时，也默默地向公共利益拓展。例如，《法国民法典》第649条明确将公共利益作为法定地役权之目的，《瑞士民法典》第781条明确土地所有权人可以为公共利益设立地役权，美国《统一保护地役权法案》中对保存地役权的确立也是为了保护公共利益，我国有关地役权的实践也是为了实现生态环境公共利益。一系列的"新型"具体役权的出现与实践体现出役权制度在保护公共利益方面的巨大潜力。今日之役权早已不是纯粹调整私人关系之

---

① 孙宪忠：《中国物权法：原理释义和立法解读》，经济管理出版社2008年版，第394页。

制度，而是可以调整人与自然、私人与国家关系的复合型实用权利。

最后，役权核心观念的变更体现在役权制度开放性与包容性不断提高。役权是日常生活中由于必要利用他人之物所产生的权利，无论是地役权还是人役权，实际上都是现实生活在法律权利上的一种映射。地役权在诞生之初就具有克服物权法定主义僵化的功能，这种功能随着役权的发展逐渐增强。在役权起源初期，罗马法上的役权以法定为主而以意定为辅，罗马法上的役权一般为法律所明确列举，而在法律明确列举的地役权和人役权内部才有当事人意思自治之可能。而随着役权制度在各国的落地，相邻关系逐渐脱离出地役权体系而独立，意定地役权的概念逐渐兴起，尤其在我国民事立法中，地役权意定的观念十分鲜明。意定程度的逐渐提高也使得役权制度的开放性和包容性不断提高，这种开放包容的特性使得无论是国家还是私人都愿意尝试用役权制度去解决更多的物的利用、物的保护等问题，发挥人的智慧。例如，随着空间权的法理形成，地役权已经渐渐拓展出空间役权的新面目，呈现出更加广阔的前景。[①]

（二）役权制度的现代发展趋势

1. 地役权概念内涵的革新

地役权概念内涵的革新，突出表现为对需役地要求的减弱。就概念而言，学界一般以供役地和需役地的关系作为支撑点构建地役权的概念。如史尚宽教授将地役权定义为"为增加需役地之利用价值，使其支配及于供役地之权利"[②]，孙宪忠教授将地役权定义为"一块土地的所有权人利用他人土地，或者要求他人在自己的土地上不为某种行为的权利"[③]。这样的定义方法说明了需役地在传统地役权概念中的重要性与基础性。但是在今天，为了某人或某些人的利益而使用他人不动产的需要越来越多，如在没有相邻关系的他人所有的不动产上搭设电线、管道、光纤等，以需役地为中心构建的地役权制度并不能满足此类情况。在此背景下，人们开始尝试弱化地役权中的需役地要素，探索出了诸如美国法上的独立地役权、德国

[①] 梁慧星、陈华彬：《物权法》（第四版），法律出版社2007年版，第290页。
[②] 史尚宽：《物权法论》，中国政法大学出版社2000年版，第221页。
[③] 孙宪忠：《德国当代物权法》，法律出版社1997年版，第240页。

法上的限制性人役权以及法国法中的为个人利益设定的法定地役权等地役权类型。在今天，虽然在地役权传统学理及概念构成中仍强调需役地的重要性，但这已并不能成为地役权创新发展和高效利用的绝对限制。在地役权制度探索中，需役地被抽象化处理或被刻意忽略或被承载于个人利益背后已渐成趋势。也只有这样，地役权制度才能更好地解决现实中的问题，而非只成为文本上的权利。

2. 地役权权利要件扩张

地役权发展至今，除相邻关系的脱离之外，其在主体、客体、内容方面都有了很大的扩张。

首先，主体方面，地役权的主体从原初的所有权人发展至非所有权人，此变化在我国尤为明显，无论是作为土地使用权人的私人主体设立地役权，还是作为土地管理方的自然资源主管部门设立环境地役权等，都是对罗马法中"所有权人外的其他权利人无权设立地役权"原则的突破，在今天，地役权的主体已由所有权人扩展至用益物权人甚至债权性利用人。[①]而且随着公共利益进入地役权以及公共地役权的兴起，公权力组织和集体也成为地役权的重要权利主体。

其次，在客体方面，由于空间权的兴起，地役权的客体范围得到立体式扩大。今天，空间役权作为一种有偿且非独占利用土地的私法工具，成为土地空间利用开发法律制度体系中的重要一环。[②] 空间役权的兴起使得地役权客体范围从地上表面扩展至地下和上空。另外，相邻关系脱离地役权独立后，地役权对于土地地理位置的要求逐渐减弱，不再要求两块土地必须毗邻或相近，这使得地役权客体间的位置要求日益宽松，让远距离的土地使用有了归入地役权调整范围之可能。

最后，在内容方面，一是地役权从纯粹的为私人土地利益扩展到为公共利益，越来越多为公共利益的公共地役权开始涌现。二是地役权的"役"之程度变高，起初地役权上为他人土地之便宜通常是必需的、基本

---

① 郑冠宇：《地役权的现代化》，《烟台大学学报》（哲学社会科学版）2009年第1期。
② 汪洋：《公共地役权在我国国土空间开发中的运用：理论与实践》，《汉江论坛》2019年第2期。

的便利，而到了今天，这种便宜扩展到了效益层面，例如我国《民法典》第372条将提高不动产的效益作为设立地役权的目的；《意大利民法典》第1027条则将便利的内涵表述为使用比较方便有利或者舒适，而且其将土地在工业上的用法也囊括其中，从总体看，地役权中的"役"展现出一种从物质利益到精神满足的发展趋势。① 三是对土地利用方式的增加，早期地役权一般不得被要求作为，但现代社会中，某些地役权往往会给供役地人增加作为的义务，积极负担的各种役权突破了罗马法的消极规则，可以要求供役地人也为部分国家所承认，在我国积极负担的地役权也有相当大的发展空间，因为若不承认当事人在合同中约定的积极作为义务，地役权合同的目的就难以实现，我国地役权的开放性优势也难以体现。

3. 人役权和地役权的融合性增强

如前文所述，在役权源流方面，与其说是役权制度分离出了人役权与地役权两种类型，更准确的表述应当是由地役权分离出人役权，或者说人役权是在地役权的法权结构下发展出来的产物。从历史发展的角度来看，二者本就是一体，联系之紧密不言自明。现今，在理论上人役权和地役权虽有众多不同，但其主要区别在于人役权是为人之利益而利用他人之物，地役权是为地之利益而使用他人之物。关于为人之利益和为地之利益之问题前文已详述，"究竟存不存在独立于人的利益的物的利益"之命题还有待讨论。本书对此持否定态度。人役权和地役权本不是对立概念，而是相对概念。在役权发展的进程中二者一直相互影响，如德国法上的限制人役权，实际上就是为人所设的地役权，域外法上也存在许多专为人设置的地役权类型。人役权和地役权的区分在今天仍具有重大意义，但二者已经开始互相交融，并通过融会推动役权制度更好的发展以及推进役权制度更广泛的应用，类型化从来不是为了强行区分，而是为了更好地服务所要解决的问题，在现代土地问题的解决中，地役权和人役权观念的融合可以更好地指导我们解决人与人、人与地之间的问题，在此层面上，人役权和地役权终是殊途同归。

---

① 申卫星：《地役权制度的立法价值与模式选择》，《现代法学》2004年第5期。

4. 关于役权制度的公私法交融

公法与私法的区分一直是法律部分划分的基本标准。在早期的学理探讨中，二者一直处于对立状态。但是随着社会关系的复杂化以及利益的多元化，公法与私法也开始互动，出现了公私法互相交融的现象。[1] 在役权制度的发展中，也存在这样的趋势。但这种趋势并不是我们一般意义上所说的私法公法化，而是一种民法制度适用领域的扩张。[2] 公共地役权的出现很好地反映了这一趋势，公共地役权自产生后，在交通、卫生、环境保护等方面皆有着广泛的运用。公共地役权为公私法交会之产物几乎为学界通说，但目前的争议在于，公法学者将公共地役权归类为行政役权[3]，即公法上的权利。而私法学者则认为公共地役权属于民法上地役权的特殊形式。[4] 无论争论结果如何，都难以忽略公共地役权来源于私法与役权制度向公法拓展的历史背景与渐变趋势。从各国目前的立法与实践来看，役权制度的功能优越性已为公法研究者与行政主体所认可。可以预见的是，未来，公权力机关会更多地通过法律、法规或政策等手段创造更多类型的公共地役权，或者通过合同签订设定地役权以保护公共利益。

（三）公私法接轨背景下的役权制度发展

公法与私法划分理论，是法律文化发展的重要成果，对从古至今的法律制定和实施都有着重要影响。公法和私法的分野不仅是大陆法系法律部门分类的基础，也是大陆法系与英美法系一个重要的区别特征。

就二者的区分标准来看，主要有利益说、意思说、主体说与综合说四种学说。利益说是指以法律维护的利益为衡量标准，维护、规定国家利益和社会公益的法律为公法，规定、保护私人利益的则为私法。[5] 意思说是以有无意思自治作为标准，以意思自治为核心要素的法律为私法，反之则为公法。主体说是以调整的法律关系的主体作为判断标准，若调整的主体

---

[1] 田喜清：《私法公法化问题研究》，《政治与法律》2011年第11期。
[2] 耿卓：《传承与革新：我国地役权的现代发展》，北京大学出版社2017年版，第219页。
[3] 肖泽晟：《公物二元产权结构—公共地役权及其设立的视角》，《浙江学刊》2008年第4期。
[4] 孙鹏、徐银波：《社会变迁与地役权的现代化》，《现代法学》2013年第3期。
[5] 赵明、谢维雁：《公、私法的划分与宪政》，《天府新论》2003年第3期。

包括政府和具有管理公共事务职能的组织则属于公法,若调整的主体仅为平等主体,不存在管理关系则属于私法。综合说就是将前面三者结合,以综合的眼光看待公私法的区别与划分。

公法与私法分立从中世纪一度沉寂到罗马法复兴并得以延续,再到近代在大陆法系国家的理论与实践中获得充分发展,公、私法的划分理论迎来自己的黄金期。但到了20世纪后,这种绝对划分的声音开始减弱,公法与私法的划分开始出现松动现象。"私法公法化"和"公法私法化"趋势的出现,使得公法与私法开始融合发展。所谓私法的公法化是指公法对私法所调整的社会关系实施干预,使公权力和公法手段进入私法中。而公法的私法化则是指国家和政府开始运用私法手段对公共关系进行干预。而在这样的背景下也产生出所谓的第三种法律,即介于公法与私法之间的法律或制度,对于它们,我们不能简单界定其属于公法或私法,它们是介于两者之间的一种法律,只不过在比重上会有所偏重。

实际上,在这种融合发展的趋势中,私法自治作为民法的最高指导原则,其地位并没有任何动摇。反之,在人类进入21世纪时,对于私法自治原则有了新的发展和新的理解,无论是导航政府、管制革新、伙伴关系、还是第三条路,这些观念实际上都是从不同的出发点描绘一个共同的愿景,即个人的决定权与其责任相匹配。[1] 在国家管制形式化的语境下,自治规模大幅扩张和管制继续扩张的趋势开始并行,自治和管制像是两条纠缠的路径,其螺旋和缠绕共同推动着法治的发展,可谓你中有我、我中有你。[2] 实际上,"私法公法化"和"公法私法化"在现代法治社会已经成为一种不可逆的趋势和事实。

总之,在《民法典》背景下,我们不能再持有一种公法与私法绝对区分对立的认知,而是要以综合的眼光看待二者的关系。首先,从观念上来要淡化公法与私法的对立,不再过多注重"优位性问题"。其次,从立法上要注重二者的融合,让公法容纳更多自由与平等,让私法含有适当的强制和服

---

[1] 苏永钦:《走入新世纪的私法自治》,中国政法大学出版社2002年版,自序部分。
[2] 刘华俊:《关于公法与私法界定之的反思》,《行政与法》2011年第1期。

从。最后，在法律实施的过程中，也不应拘泥于公法或私法的区别，要形成用私法手段调整公法问题的意识和方式，针对所面临的问题，就事论事而非只论公私。[1] 简单来说就是在遇到问题时，第一反应不应当是直接将具体法律关系定性为公法关系或私法关系，而应当首先考虑用何种手段解决才最为妥善，而在这样的手段中，公私法的接轨手段运用就具有重要意义。

实际上，如上文所述，公共地役权就是现今公法和私法融合的产物。面对公共用地的问题，公共地役权作为私权利向公法延伸的产物，很好地满足了公共利益调整的需求。在今天，公私法接轨的趋势绝不可逆。而且在中国特色社会主义法律体系的背景下，想要使得民法制度成为纯粹的私人制度也只能是空想。我们的《民法典》必须为中国特色社会主义法治建设起到公、私皆有的重大作用。而在这样的法体系发展和历史背景下，公共地役权的公私属性争论决不能成为其发挥作用的阻碍。役权向公法扩张的趋势既然已不可逆，我们应当把握这种趋势并以公共地役权为引去研究公法与私法的接轨，让作为民法制度的役权制度焕发更耀眼的光芒，促进社会发展。

二 顺应现代发展趋势的公共地役权

（一）公共地役权在我国"生长"的可能性

通过对役权制度的发展的考察以及对役权制度发展趋势的分析不难发现，公共地役权并非公共利益、公共权利强制"入侵"私法地役权的结果，而是役权发展趋势中所产生之"必然结果"。地役权保护公共利益的发展趋势使得公共地役权所调整的人与国家、人与公益、人与自然、国家所有权与个人使用权、集体所有权与个人使用权等关系也可以进入地役权范畴。而公共地役权中设立主体是公权力机关的障碍早已为比较法制度和我国实践所破除。公共地役权中有大量地役权是没有具体需役地而仅存在供役地的，其中也有大量的不是为了地之使用，而是为了公民的人的利益利用他人土地的地役权，但这种不合传统地役权原则的问题并非公共地役权专属，而是传统地役权制度发展中所面临的普遍问题。最后，公共地役

---

[1] 〔德〕于尔根·巴泽多：《欧洲私法基础》，金振豹译，《比较法研究》2006年第1期。

民法典背景下公共地役权的制度建构与体系融入

权所带有的公权力属性并不能成为其被作私法否定性评价的理由，公共地役权所带有的公、私双重属性是役权制度发展至公私法交融互动的当代的必然之结果，是役权制度时代性的体现。

在我国，公共地役权无论是在理论还是实践中都有自身的调整针对性与制度空间。这得益于我国具体的社会现实和特色的法律体系两个方面。

社会现实方面，首先随着我国城市建设的大力推进，大量的基础设施和公益设施占据了大片土地，国家在交通、公园、电信、电网等项目的建设中不免需要限制或减损某些集体或者私人的不动产利益。这时，若国家选择对有关土地进行征收、征用，则可能会导致不经济的结果出现，若处理不当也很有可能导致政府公信力的下降。但公共地役权可以在最低程度限制他人所有权的基础上很好地弥补这些缺陷。其次我国作为具有五千多年文明史的文化大国，拥有许多历史遗迹与古迹，对于这些地区的保护与利用可以借鉴美国法上的保存地役权，利用公共地役权保护我国珍惜的不动产文化遗产。此外，党的十九大报告所提出的"实行最严格的生态环境保护制度"，为公共地役权中的保护地役权与环境地役权的创新与尝试提供了政策上的支持。

法律体系方面，我国的中国特色社会主义法律体系内在就是为公共利益所服务的，民法作为私法也并不例外。我国《民法典》第 1 条开宗明义地规定，我国民事法律制度具有维护社会和经济秩序的功能与目的，需要弘扬社会主义核心价值观并适应中国特色社会主义的发展要求。无论公共地役权的性质为何，都已经处于我国民法在事实上已深入参与社会主义公共财产利益社会分享的法制表达与实现路径设计的背景下[①]，所以利用公共地役权为社会公益所服务在我国并无法律上之障碍。同时，《民法典》物权编中的地役权制度的开放性也给予公共地役权以体系融入的机会。

综上所述，公共地役权作为顺应役权制度发展并符合我国实际需求的产物，在我国具有自身专门的发展空间，公共地役权在我国的发展也必将

---

① 参见张力《公共地役权在我国民法典中的制度构建》，载刘云生主编《中国不动产法研究》第 2 辑（总第 18 卷），法律出版社 2018 年版。

为我国实际需求而服务，形成制度与实践的良性互动。

（二）我国公共地役权制度构建的关键问题

公共地役权在我国有广阔空间只是对公共地役权制度构建的可行性之判断，公共地役权在我国的构建还需要解决更多理论与实践中的问题。具体而言，在《民法典》背景下探讨公共地役权的构建与体系融入需要重点解决以下问题。

1. 我国社会实践中公益用地的供给方式及存在的主要问题

公共地役权是实用的制度，其存在的必要性来自社会生活广泛的实践需要。现今，我国公益用地的供给方式具有单一性和复杂性共存的特征，根据我国《民法典》的规定，基于公共利益对集体或私人不动产利用的法律途径主要是征收，但《铁路法》《公路法》《石油天然气管道保护法》《森林法》《矿产资源法》等单行法都规定了一种"另类"的公益用地实现方式——不转移土地所有权的非国有土地利用。但这一新型的公益用地实现方式在司法实践中存在的法律问题包括：首先是该种土地利用方式并未纳入现行立法的规制范畴，因此造成法律适用真空；其次是该种公益用地方式在补偿问题上模糊不清，土地权利人的合法利益难以得到保障；最后是这种方式缺乏法律的确权赋能，难以建立稳固的土地利用法律关系，不利于土地上载负的公益目的的实现。这些问题都是催促公共地役权制度得以确立的现实条件。研究《民法典》背景下的公共地役权体系构建与制度融入，首先得厘清现今我国社会实践中公益用地的供给方式及存在的主要问题，这样才能使公共地役权对其他方式的补充更为有效，也构建出更符合实践需求，以问题和需求为指引的公共地役权制度与体系。

2. 公共地役权立法与适用的域外经验及启示

公共地役权制度在域外已经得到了广泛的运用，该制度作为公益用地的一种具体实现形式与一国的土地基本制度构成紧密相关。因此，我国公共地役权制度的设计不能简单套用域外的立法例，而是要深刻洞悉该项立法背后蕴藏的社会文化基因与经济发展基础，以及公共地役权制度在当前实施中存在的主要问题。因此就需要深入考察美国、法国、俄罗斯、意大利等国家公共地役权设立的历史动因、立法现状、社会效果、经验启发。

3. 符合我国国情的公共地役权制度之构建

公共地役权在我国当前的社会建设中存在巨大的适用空间，集中体现为公用事业基础设施建设和生态环境保护领域。公共地役权制度的构建包括程序和内容两个方面：在程序上要着重研究的是如何确保公众参与公共地役权设立磋商与公共地役权强制设立的统一；具体内容主要包括以下项目。第一，公共地役权的主体。公共地役权的最终受益人是社会大众，但为了防止"公地悲剧"的发生必须明晰产权，公共地役权的权利主体是极为多元的，包括地方政府、公用企业、国有资源管理部门，因此必须首先确立公共地役权人。第二，公共地役权的客体。当前，学界对公共地役权的设立客体并未达成共识，对国有土地上是否可以成立公共地役权争议较大，因此必须对行政主体对公物的"民法所有权说""公法所有权说""混合所有权说"予以回应。第三，公共地役权的内容。公共地役权内容的确定当前存在两种基本范式，其一是强制规定式，由立法或行政命令直接对公共地役权的权利义务内容予以规定；其二是合同协商式，供役地人与地役权人通过协商确定公共地役权的设立范围、期间、权利义务内容、补偿方式、救济路径等问题。因此，必须深刻洞悉我国当前司法实践中"公共地役权"的实施状况和存在问题，构建符合我国实际需求的公共地役权制度。

4. 《民法典》背景下公共地役权制度的立法路径

公共地役权作为一种公益用地实现路径，其立法实现必须理顺公共地役权与征收、地役权制度的关系。尤其是在《民法典》背景下，如何用私法工具更好地解决公法问题或者如何用公法思维利用私法工具都是我们必须研究和解决的问题。就具体问题而言，包括：第一，公共地役权与征收在《民法典》体系中的比例关系问题；第二，公共地役权与普通地役权在《民法典》中的特殊、一般关系问题；第三，《民法典》中的公共地役权与公法上管制性征收的跨体系衔接问题；第四，《民法典》中公共地役权与单行法中基建地役权、生态地役权、文化古迹保护地役权的体系架构问题；第五，地役权制度的新发展，无需役地公共地役权制度的问题。

第二章　公共地役权在我国公益性用地制度体系中的定位疑难

当前，我国公益性用地制度体系中主要包括征收、征用、赎买、租赁等法律制度，这些制度构成了一套公益性用地的制度序列。然而，这些制度由于公权力介入较多，具有强烈的公法色彩，这使得公权力主体与私主体之间存在法律地位上的不平等，使得双方容易产生矛盾并导致激化，不利于推行公益性用地制度进而维护公共利益。公共地役权的出现能够很好地缓和上述问题，完善我国公益性用地制度序列，促进我国公益性用地制度的实施。虽然，相较于征收、征用等法律制度，公共地役权的公权力介入相对较弱，但其依然由于公权力的一定介入导致其具有较强的公法色彩。同时，公共地役权与我国《民法典》规定的地役权有所区别，因此，如果公共地役权接受民法的调整，则会导致公共利益与私人利益之间发生冲突；如果公共地役权完全排斥民法的调整，则会导致其沦为一种简单的管制性征收，形成包括补偿标准不明在内的各种问题。由此可见，无论公共地役权是否接受民法的调整，都会使其存在定位疑难的问题，亟待解决。

第一节　我国公益性用地的制度序列

一　我国公益性用地制度序列概论

在我国，法律体系对于公益性用地的利用与调整呈现出较为丰富的规范体系，涵盖了诸如征收、征用、赎买，租赁等多种法律制度。这些制度均构成法律上独立的结构类型，且通过其类型要素的变化，得以构成一套类型序列。所谓类型序列，是由一系列彼此关联的规范要素以及经验要素构成的，具有特征可变性和特征等级差异性的规范复合体。[①] 类型序列形成的基础在于：由于类型要素存在可变性，那么当类型要素的强弱程度发生变化时，类型与类型之间就可以实现交叉转变。就此而言，类型序列就能够清楚彰显类型之间的共同点和差异性，以及类型与类型之间的演变路径。

在我国公益性用地制度序列中，公权力介入的程度就是一种经验要素，这源于公权力介入程度是一种上文所述的，可以在经验上进行感知的"外观"，且这种"外观"可以以不同强度的形式出现，继而能够从规范上予以明确区分。与私人用地相比，公益性用地在为了公共利益而使用一块土地时，其背后或多或少均伴随着公权力的介入。但在不同的公益用地使用过程中，公权力的介入程度存在明显差异，这便为上述法律结构的类型序列构造奠定了基础。首先，这个序列的一端是征收征用。在征收征用过程中，行政机关为了实现公益性目的或维护特定公共利益，直接采取剥夺土地或先行占用土地的方式转移土地权利，展现出了非常强的行政介入程度。其次，相较于征收征用，行政机关对公益性用地的赎买则表现为相对更弱的公权力介入程度。赎买是指无产阶级获得权力后按照一定价格逐步国有化资本主义生产资料的政策。值得注意的是，尽管在历史上有过赎买制度，但作为公益用地解决方案的赎买行为，在当今并不具备典型性和正式性。目前，此类做法仅在一些地方文件中有所体现。最后，这个序列的另一端则是租赁。租赁是指行政机关通过与出租人签订租赁合同从而取得土地使用权。需要强调的是，此处所提及的租赁并非民法意义上的租赁，而是一种政策性租赁，这种租赁方式的核心在于，行政权力通过影响较小的方式达成获取公益性用地的目的。

结合对我国公益性用地制度序列的分析，可以发现，在行政机关获取

---

① 〔德〕卡尔·拉伦茨：《法学方法论》，黄家镇译，商务印书馆2020年版，第588页。

公益性用地的过程中，公私法调整规范接轨的紧密程度与行政权力介入强度呈正相关。例如，在征收征用过程中，公权力的介入强度最大，其背后均存在明确的公私法衔接。行政法领域规定征收征用的相关事项，民法方面则提供相应的制度作为配合。行政法强调征收的原因，民法则强调征收的补偿。在这"一因一果"的制度配套与接轨逻辑之上，我国的征收征用制度展现出了较强的公私法衔接。然而，基于征收征用的较为典型且周延的公私法配套接轨制度却未能在赎买、租赁等公权力介入相对较弱的制度中得以体现。这形成了一个误区，即公权力介入程度越强，私法对其的配合度就越紧密。实际上，无论公权力介入程度如何，公共利益对个人利益的克减均应在民法中寻求相应的制度应对。对于公民私有财产而言，与西方国家一般将财产权视为"公民的基本权利"不同，我国从1954年宪法起，财产权条款就一直放在"总纲"部分。将财产权放在总纲部分，在立法思想上体现了财产权不仅被看作一种公民权利，更被视为"基本经济制度"的一部分。[①] 就此而言，除征收征用之外，对于公权力介入程度相对较弱的公益性用地法律制度，也需要配套相应的财产权制度，否则该制度就是不完善的。下文将对我国公益性用地制度序列中的现有制度类型进行分析，通过对结构类型的分析以更好地理解、更恰当地评估这些制度本身，以及其对类型归属的意义。

二 我国公益性用地制度序列的具体展开

（一）征收、征用

征收、征用是我国公益性用地法律制度序列中，公权力介入强度最大且公私法接轨程度最高的法律制度。征收是指国家根据公共利益的需要，通过公共权力强制性地获得集体、单位和个人的财产权的法律制度。征用则是指国家为了公共利益的需要强制使用公民财产的法律制度。[②] 虽然征收、征用制度极大地侵犯了私人财产权，但是由于经济不断发展和法治理

[①] 刘灿：《完善社会主义市场经济体制与财产权法律保护制度的构建——政治经济学的视角》，《政治经济学评论》2019年第5期。

[②] 王学辉、刘海宇：《我国征用"法秩序结构"的框架构设》，《法学评论》2022年第6期。

念提高,财产权的社会义务概念逐渐被人们所接受。换言之,基于公共利益可以对私人财产进行限制或者剥夺,这种理念已经成为现今法律体系中不可或缺的部分。征收、征用制度可以通过国家强制力来使得土地所有权或使用权发生从私主体变为公主体的变化,其具有强制性、补偿性等基本特征,已然成为国家为了实现公共利益惯常使用的"工具"。征收、征用制度在我国城市建设中承担了举足轻重的角色,为加快城镇化的步伐提供了有力的制度支撑。然而问题在于,征收、征用制度中所要求的公共利益的内涵与外延模糊不清,因此其仅仅以一种框架性的概念而存在。[1] 其在实践中极易被用作某些公权力机构非法剥夺私人合法财产的"武器"。[2] 正因为此种现象频发,导致征收、征用制度在过往实践中引发了不少问题,激化了行政相对人与行政机关之间的矛盾,不利于社会的和谐发展。从理论上讲,行政机关从事征收、征用行为时,需具备以下合法性要件。

首先,目的正当性要件。正当性是一国在采取特定强制性行政措施时必须拥有的性质。在土地征收、征用中,正当性是指土地征收征用必须符合公共利益。发生征地纠纷时,要先判断政府的征地是否符合公共利益。可以从两个方面分析公共利益的正当性:公共利益目的的正当性和使用公共利益的正当性。公共利益目的的正当性主要是从具体行政行为的目的来考虑的。从财产使用目的的角度来解释公共利益用途的正当性。从土地使用的目的来看,公共用途可以分为经营性公益用途和非经营性公益用途。

其次,程序正义性要件。国家征收征用土地必须符合法定程序。在大多数国家,土地征收征用的过程都是以法定形式确定下来的,从而形成了相应的土地征收征用制度以及土地补偿制度。

再次,行为合比例性要件。自20世纪以来,公法和私法之间的壁垒逐渐被打破,并出现了相互渗透和融合的趋势。在这一进程中,公私法不断融合的进程势不可挡。但是,公私法融合既不是随意的,也不是不加区别的。正如一些学者所说,通过"公私法合作"和"公私法整合",人们正

---

[1] 姚辉:《单双号限行中的所有权限制》,《法学家》2008年第5期。
[2] 陈小君:《农村集体土地征收的法理反思与制度重构》,《中国法学》2012年第1期。

第二章 公共地役权在我国公益性用地制度体系中的定位疑难

在努力克服侵犯和践踏私权的问题。① 即便《民法典》物权编规定了征收、征用制度,使得公法在私法领域可以大显身手,但是这并不意味着征收、征用制度可以不受公法规范的约束,其同样也要遵守公法中的行政合法性原则、合理性原则等基本原则,同时要时刻警惕征收权力的滥用,防止某些行政主体以私法之名行公法之事,从而逃避公法的规制。②

最后,民事补偿性要件。补偿性是土地征收、征用的一个重要特征。如前所述,土地征收和征用制度展现出了公私法交融的趋势。因此,在土地征收之后,须配套相应的民事补偿措施,以确保征收制度的合法性。然而,在征用补偿方面,学术界对此存在一定争议。一部分观点主张,无论是否导致标的物损毁或灭失,都应当予以补偿。③ 另一部分观点则认为,仅在标的物发生损毁或灭失的情况下,才应当给予相应的补偿。④

然而,征收制度也存在以下弊端:其一,征收征用可能增加国家财政负担。如前所述,征收征用是公权力介入程度最高的公益性用地法律制度,也是公私法接轨配套最周延的法律制度,征收、征用行为将导致民事补偿。《国有土地上房屋征收与补偿条例》规定赔偿范围包括房屋价值、搬迁费等,这将给政府带来较大财政压力。此外,在工业化、城市化、电气化、电子化和网络化通信的现代社会中,安装水、电、气和管网供应管网以及安装通信、消防和市政管道往往要求使用、限制甚至禁止各种形式的沿线不动产。然而,从实施程序和经济投资的角度来看,在这个过程中既不可能也没有必要对沿线的不动产进行征收。⑤ 例如,天然气管道直接占用的土地和受其影响的土地根据管道的物理性质和距离的不同就会具有不同的利用价值。如果盲目征地,不利于公共利益的实现,也不能保障私人利益。⑥

---

① 杨寅:《公私法的汇合与行政法演进》,《中国法学》2004 年第 2 期。
② 朱金东:《民法典编纂背景下公共地役权的立法选择》,《民主与法治》2019 年第 2 期。
③ 孙宪忠、朱广新主编《民法典评注·物权编》,中国法制出版社 2020 年版,第 346 页。
④ 最高人民法院民法典贯彻实施工作领导小组主编《中华人民共和国民法典物权编理解与适用》(上),人民法院出版社 2020 年版,第 232 页。
⑤ 耿卓:《地役权的现代发展及其影响》,《环球法律评论》2013 年第 6 期。
⑥ 王明远:《天然气开发与土地利用:法律权利的冲突与协调》,《清华法学》2010 年第 1 期。

其二，征收征用可能存在权力滥用的风险。征收征用以公权力为后盾，但是公权力同时负有保护私人产权的义务与责任。在征收征用的法律关系中，行政相对人是处于弱势以及被动环境下的。法律之所以赋予行政机关以征收的权力，是由于行政机关实现了保障行政相对人合法权利的目的。如果该目的得不到实现，则行政机关从事征收征用行为就不具有正当性。另外，在现实生活中，随着经济和工业化的迅猛发展，在许多地方发生了"围城运动"。大量农村土地被征用，转变为非农业建设用地。大量案例表明，在中国，除非法使用土地外，几乎所有其他用途都可以根据行政命令或要求直接获得，而无须与不动产所有权人或使用权人协商谈判。在征收过程中，某些政府部门在获取私有房地产产权的过程中存在滥用国家权力现象，这种行为也严重违反了征收征用制度本身的目的。

其三，征收征用范围模糊。征收、征用程序的启动是基于公共利益的需要。以征收为例，《国有土地上房屋征收与补偿条例》对公共利益的范围进行了概括，但现实生活中，征收程序的启动并不完全基于该条例所限定的公共利益的范围，还存在着另一种用于缓解公私法利益之间冲突的征收模式，此种模式的征收程序的启动并非基于公共利益的需要，在理论上被称为"商业征收"。[①] 然而，我国现行征收制度尚存不足，对私人权益保障意识不够充分，导致商业征收在我国未能充分发挥预期作用。事实上，如果对商业征收模式予以承认，很可能会赋予部分行政机关滥用行政权力、恣意侵害私人合法权益的合法外衣，此种不利因素值得我们警惕。

其四，征收与法律原则之间存在矛盾。物权具有公示效力，这不可避免地要求必须以某种权威的方式向外界宣布产权状态。这种公告有两种方式，一种是特定财产公告或注册公告，另一种是抽象法律公告。抽象法律公告包含的内容十分丰富：首先，财产所有人可以通过法律手段获得财产权；其次，财产所有人不仅可以享受财产权的利益，还可以获得改变财产

---

① 高飞：《集体土地征收中公共利益条款的法理反思与制度回应》，《甘肃政法学院学报》2018年第1期。

权的法律途径。如果政府需要更改这些产权，则必须遵守法律。这种抽象的法律公告是物权法定原则的体现，换言之，改变物权法定的条件和方式也是物权法定原则的重要组成部分。在"街区制"改革的背景下，建设用地使用权通过征收征用发生了变化，征收与征用作为协调公私法利益最常用的工具，被广泛使用，其中，土地征收对象仅限于集体所有制。根据我国《民法典》关于财产权的规定①，土地征收仅限于集体土地的整体所有权。建设用地使用权不属于征收所涵盖的范围内。因此，以征收征用等方式改变建设用地使用权的权利性质，违反了物权法定原则。除此之外，其同比例原则之间也存在矛盾：当有多种方法可以达到一定的管理目的时，应当选择损害当事方利益最小的方法，这是比例原则的核心。对集体土地的征收和其他使用将不可避免地导致对私人权利的限制和一定的损害。尽管征用制度可以在利用完土地之后恢复当事人的权利，但是因为"被征用"的土地往往会被用于道路建设等工程，故而此种恢复至原始状态的时间将会很长。征收征用等方式严重侵害了私人的权利，在可以实现公共利益目的的时候，没有采取对行政相对人损害最小的方式，这是有违比例原则的。基于此，笔者认为，如果采取公共地役权的方式可以在实现公共利益的同时对私人财产予以限制，则不应当通过征收的方式来实现。②

（二）赎买

在我国公益性用地法律制度序列中，赎买制度在公权力介入强度要素，以及公私法接轨程度要素等方面均弱于征收和征用。如前文所述，赎买是指无产阶级获得权力后按照一定价格逐步国有化资本主义生产资料的政策。马

---

① 《民法典》第 243 条："为了公共利益的需要，依照法律规定的权限和程序可以征收集体所有的土地和组织、个人的房屋以及其他不动产。征收集体所有的土地，应当依法及时足额支付土地补偿费、安置补助费以及农村村民住宅、其他地上附着物和青苗等的补偿费用，并安排被征地农民的社会保障费用，保障被征地农民的生活，维护被征地农民的合法权益。征收组织、个人的房屋以及其他不动产，应当依法给予征收补偿，维护被征收人的合法权益；征收个人住宅的，还应当保障被征收人的居住条件。任何组织或者个人不得贪污、挪用、私分、截留、拖欠征收补偿费等费用。"

② 参见张力《公共地役权在我国民法典中的制度构建》，载刘云生主编《中国不动产法研究》第 2 辑（总第 18 卷），法律出版社 2018 年版。

克思、恩格斯和列宁都认为资产阶级可以在某些条件下赎买。① 在民族资本主义和民族资产阶级的双重职能的基础上，中国共产党决定采取各种形式对国家资本主义来使用、限制、改革和实施和平地赎买民族资产阶级生产资料的政策，使得资本主义生产资料成为社会主义国家的财产。在集体土地使用过程中，赎买是指政府和农民集体协商以一定价格将集体土地转为国有土地的一种方式。赎买制度存在一定程度的优越性，主要体现在以下几个方面。

首先，赎买制度有助于克服单一行政手段的弊端。赎买引入了一种协商机制，减少了所有人与公共权力之间的冲突，并克服了单一行政法的缺陷。② 赎买的引入减少了私权主体利益与公共利益之间的冲突，重点解决两大问题：一是受限制的不动产的所有人或使用人是否应该得到补偿或被支付相应的使用成本；二是如果有必要，以何种方式进行补偿是最合理和有效的方式。通过赎买政策的确定，一方面，它可以解决集体土地的公共使用与私人合法权益保护之间的矛盾。另一方面，由于集体土地的属性和利用差异较大，可以解决不同补偿标准的问题。同时，基于集体土地使用的公共性，对集体土地的限制在一定程度上是强制性的。可以引入听证程序，以更公平的方式保障私权，减少所有权与公权力的冲突。当然，赎买政策的这一优点也可以类推适用至其他的集体土地利用方面。

其次，赎买制度能够促进私法财产进行有利于公共利益的利用。随着环境保护时代的到来，当代产权观念开始要求以有利于公共利益的方式行使产权，这实质上要求国家设立公共地役权，积极限制私有产权，迫使私有产权有利于公共利益。美国加利福尼亚州的宪法和法律均有所规定。③

---

① 参见中共中央马克思恩格斯列宁斯大林著作编译局《资本论（纪念版）》（第一卷），人民出版社 2018 年版，第 196、915 页；中共中央马克思恩格斯列宁斯大林著作编译局《资本论（纪念版）》（第二卷），人民出版社 2018 年版，第 394~395 页；李永杰《〈共产主义原理〉林若译本考》，辽宁人民出版社 2021 年版，第 87~88 页。
② 林旭霞、王芳：《历史风貌建筑的权利保护与限制——以公共地役权为解决方案》，《福建师范大学学报》（哲学社会科学版）2012 年第 3 期。
③ "该州的所有水资源都是该州人民的财产……""该州人民对使用该国的所有水资源具有最高利益""保护国家水资源开发中的公共利益，是人民群众最关心的问题，如何开发水资源，实现最佳公共利益，应由州政府来决定"。它不仅禁止浪费和不合理利用水资源，而且要求"合理、有益地利用水资源，造福人民，造福社会"。

第二章 公共地役权在我国公益性用地制度体系中的定位疑难

然而，在我国，由于制度的缺失，不仅私有财产或集体财产不能用于保障公共利益，而且国有财产的所有权在现实生活中已经演变为任意的绝对所有权，国有财产将作为国民收入而非直接服务于公共利益。因此，需要新的法律制度对这种绝对所有权加以限制，包括国有财产、私有财产在内的更多的是为公共利益服务，而赎买政策具有这一功能，一方面以公共利益为目的限制私有财产，另一方面私人本人可以在限制之外继续使用该财产。

最后，赎买制度兼容我国现实需求。在集体土地使用过程中，可以先限制性赎买，等时机成熟时，集体土地所有权可以完全取得，即为国有土地。这种"摸着石头过河"的态度考虑到了我国的实际需要。一方面，作为使用集体土地的公益性法律手段，赎买不仅可以保护公共利益，而且可以考虑"保留尽可能多的私人空间"的实际需要。我国实行生产资料的社会主义公有制，城市土地属于国家，农村土地属于集体所有。在避免阶级分化的同时，不可避免地会导致私人权利的狭窄空间。对于城市居民或农村村民，真正的私人空间主要限于他们的所有房屋，并且仅在村庄周围几公里处。发展社会主义市场经济，建设社会主义法治国家，毫无疑问，必须为私人权利保留少量空间。政府使用集体土地的法律方法，例如征收、征用和早期回收，显然将再次减少已经狭窄的私人空间。显然，这没有考虑"尽可能多地保留私人空间"的特殊需求。相反，将赎买作为逐步促进集体土地公共福利使用的法律途径，可以更好地考虑这点。另一方面，由于私人主体也可以扮演承担公共职能的角色，将赎买作为使用集体土地的合法途径，可以更好地实现私人主体这一角色的承担。行政机关的基本职能之一便是为公众提供充足且适当的公共服务，例如，行政机关在健身公园内应当提供一些基础的健身设施，但是基于我国长期并且将持续处于社会主义初级阶段的国情，许多行政机关暂无法充分履行这一基本职能。同时，一些居民自己修建了一些基础的健身设施，这个行为充当了行政机关公共服务的职能。在刑法和民法领域，当国家不能及时提供救济时，它应该承认公民的私人救济。同样地，实际上，如果政府不能提供足够的公共物品，它应该承认公民合法地自行承担公共职能，并为私人公共物品提供足够的保护。将赎买作为合法使用集体土地的公共利益的方式，不会过度剥夺私人权利，并且可以更好地满足这一特殊需要。

然而，赎买制度也存在部分难以克服的问题，主要表现为以下几个方面。

其一，赎买的法律依据和标准仍需确定。目前，通过赎买进行集体土地公益化利用缺乏足够的法律依据，只能依靠地方政府出台的相关文件来满足集体土地公益性使用的需要，而且，此类地方相关文件仅出现在生态环境以及自然资源方面。福建省推进重点生态区商品林赎买改革的主要依据的是省政府发布的文件①，进行改革工作并没有关于这方面的法律规范。同时，政策难以落实的问题也体现在重点生态区商品林限砍限伐的措施没有贯彻到位上。② 除此之外，商品林所有权变更程序中所涉及的各个部门之间的沟通交流不顺畅、信息不对称，这种状况也在一定程度上限制了改革的进程。③

其二，赎买的效率难以提升。在集体土地公益化利用过程中，以管道工程为例，每建设一处基站均需要对集体土地进行赎买，每个地方的地理环境、需要限制的范围等均不同，与当地的农村集体成员进行协商的条件等也不同，此过程需要花费大量的时间和精力。并且，天然气管道工程在国家现代化过程中起着重要作用，任务紧迫。由此可见，管道基站的赎买任务紧、压力大。

其三，赎买的补偿标准与市场价值可能不对等。补偿标准与市场价值之间的差异是通过补偿对集体土地进行公益性使用过程中的突出问题。从福建商品林的赎买政策可以看出，目前，赎买价格主要是以当下林市交易

---

① 《福建省重点生态区位商品林赎买等改革试点方案》。
② 比如，根据采伐管理政策，重点生态区位的人工商品林改造提升可参照一般商品林规定适当放宽皆伐单片面积，而部分试点地区成熟林分采伐作业仍然实行采伐强度不超过40%、允许小块状皆伐或带状皆伐的面积控制在 $3hm^2$ 以内的标准。相关调研过程中发现，该限制难以保持原有经营小班的完整性，不符合林业经营实际。
③ 例如，机构改革后，目前林权登记工作已从林业部门转到国土部门负责，而目前国土部门缺少林业专业技术人员，导致业务脱节。同时林权登记前需要委托第三方机构进行前期勘验，勘验成本较高，产权变更登记缓慢，影响赎买的进度和后续资金的拨付。

价格为基础。补偿对象不仅包括森林所有权，还包括林地经营权和使用权。一些地方由于地方政府财政不足以补偿，导致在贯彻赎买的过程中交易价格低于市场价格。① 近年来，因为林木的行情较差，市场处于低迷状态，林木的市场价格低于其应有的价值，导致了赎买交易价格偏低，和林地所有者对此的期待有着天壤之别，在很大程度上降低了他们与行政机关达成赎买的合意。②

其四，赎买的资金来源单一。目前，在现有法律框架内没有市场资金可用来赎买集体土地以获取公共福利的渠道。当下，省和县级政府的财政拨款是赎买资金的主要来源，市级政府层面没有资金支持。例如在南平市的商品林赎买中，尽管存在一些银行贷款，但是这些贷款仅仅用于资金的来源问题，一些受益部门并没有因享受到利益而提供资金支持，资金来源渠道还未实现市场化和多样化。③ 随着商品林面积的不断扩大，仅仅依靠政府财政拨款，没有办法满足这一需求。举轻以明重，赎买这一措施很难推广至其他集体土地公益利用的情形中。

（三）租赁

与赎买类似，租赁在我国公益性用地法律制度序列中，也属于在公权力介入强度、公私法接轨程度等方面弱于征收和征用的法律结构类型。此处所指的租赁，是行政机关为维护公共利益，以较弱行政权干涉的方式与土地权利人签订租赁合同并取得土地使用权的行为。由于在租赁过程中，需役地不特定，且需役受众是社会公众，故供役地既可以是农村集体的土地，也可以是城镇的建设用地（如小区、大院等）。租赁制度存在一定程度的优越性，主要体现在以下几个方面。

首先，租赁具有较高的灵活性。与土地出让相比，租赁具有短期、灵

---

① 任文元：《重点生态区位商品林赎买存在的问题及建议——以南平市为例》，《林业勘察设计》2019 年第 3 期。
② 参见张美艳等《践行"两山"理论重点生态区位商品林赎买探析》，《林业经济问题》2021 年第 6 期；龚中华《平和县花山溪流域重点生态区位商品林赎买现状问题及对策》，《南方农业》2024 年第 11 期。
③ 《完善重点生态区位商品林赎买等改革——陈吉龙委员代表福建农林大学省政协委员小组的发言》，《政协天地》2018 年第 1 期。

活、可扩展性等特点，在一定程度上弥补了国有土地出让制度的不足。土地管理部门也越来越认识到这一点，于是在《规范国有土地租赁若干意见》中也有所规定。① 这一规定表明了政府对国有土地租赁的态度以及未来国有土地一级市场交易的发展方向。作为国有土地出让的一种补充，土地租赁使得土地一级市场交易形式多样化，其好处在于弥补了国家立法规定的土地使用期限过于死板的问题，丰富了土地使用期限的类型，除了单一固定的长期使用外，还可以增加临时使用和短期使用，满足产业多元化发展的要求。

其次，可以优化土地资源的配置。以集体土地租赁为例，在集体土地承包制下，农民以"家庭"为基础承包土地。根据《民法典》的相关规定，土地经营权在特定情形下具有物权的性质，即其流转的期限为5年以上，在一定程度上响应了农村土地"三权"分置的改革政策。一些学者继续主张消除作为农村土地经营权概念中债权的农村土地租赁权：删除"土地经营权"等表述。《农村土地承包法》第41条是指当事各方只能通过登记获得物权，而能在未经登记的情况下只享受农村土地租赁权。② 虽然《民法典》第341条和《农村土地承包法》第41条没有明确流转期限小于5年的农村土地经营权的公示规则，但主张转让期限小于5年的农村土地经营权只能属于债权性质。③ 例如，有学者结合《民法典》和《农村土地承包法》的相关规定，通过体系解释、客观解释和历史解释的方式，提出农村土地经营权实际上是一种物权。④ 然而，农村土地经营权的性质最终取决于权利的内容。《民法典》第340条和《农村土地承包法》第37条都指出，农村土地经营权是农村土地独立占有和农业使用权利人的财产使用

---

① 《规范国有土地租赁若干意见》第1条："国有土地租赁是国有土地有偿使用的一种形式，是出让方式的补充。当前应以完善国有土地出让为主，稳妥地推进国有土地租赁。"

② 于飞：《从农村土地承包法到民法典物权编："三权分置"法律表达的完善》，《法学杂志》2020年第2期。

③ 潘雨祥：《土地经营权流转期限的分层调整制度设计与战略构想——基于分配正义视角》，《现代经济探讨》2024年第4期。

④ 龙卫球：《民法典物权编"三权分置"的体制抉择与物权协同架构模式——基于新型协同财产权理论的分析视角》，《东方法学》2020年第4期。

权，即合法的用益物权。此外，结合《民法典》第339条和《农村土地承包法》第36条，即使农村土地经营权是以租赁方式确立的，农村土地经营权的实质内容和本质属性也不会受到影响或改变。因此，土地经营权也可以以租赁的形式设立，以优化集体土地的利用。

最后，租赁有利于节约投资成本。土地租赁制度的实施不仅可以降低上述土地投资企业的成本，而且这种"分段式出让"的方式还可以提高企业合理规划使用有限资金的可能性。企业在计算投资成本时，往往以土地投资为主。如果采用土地租赁制度，可以在一定程度上改变成本结构，减轻企业建设初期对固定资产的投资压力，将有限的资金流向生产经营，加快利润的积累速度，使有限成本的效益最大化。

然而，租赁制度也存在部分难以克服的问题，主要表现为以下几个方面。首先，租赁可能对生产生活产生消极影响。以石油和天然气管道的土地使用为例，石油和天然气管道公司并非纯粹的公益组织，其建设用地无法通过征地获得。根据建设完成后地表土地在一定程度上仍可以用于其他目的的特点，集体土地以土地租赁的形式进行公益性使用存在重大问题：租赁期满后，土地使用权归集体或个人所有。但是，农民不再拥有完整的土地使用权，也无处可寻得到补偿。其一，根据《石油天然气管道保护法》的规定[1]，铺设管道会限制旁边土地的利用，因此农民只能种植不影响管道安全和建造浅基础房屋的低矮植物。其二，即使一些作物能够生长，但由于热石油和天然气流经管道，周围的土地被加热，它们也可能无法生长，或因石油和天然气意外泄漏造成环境污染，造成作物损害。其三，管道维护过程中会破坏地表上的作物或者房屋。总之，土地租赁期满后，农民的土地使用权受到限制和侵害，农民除有义务按照规定使用土地外，没有相应的权利。法律上对项目后续维护造成的损失没有明确的补偿规定。

其次，租金确定标准不明确。在国有土地出让金的评估和管理中，土

---

[1] 如《石油天然气管道保护法》第30条规定，禁止在管道中心线两侧各5米范围内，取土、挖塘、修渠、修建水产养殖场。

地等级和基准地价是重要依据，而在与之密切相关的地租的确定中，土地等级和基准地价自然成为主要参考依据。对此，南京市、盐城市等各地均在规范性法律文件中规定了这两项标准。所谓基准地价是指"在城市规划区内，根据商业、住宅、工业用地和其他土地的不同用途，在目前的使用水平或该地区同性质不同的情况下，对土地进行评估和确定。在一定的评估期内使用的法定最高区域平均价格"①。就目前的标准而言，明显存在综合性不足，过于粗犷的缺陷。

最后，土地租金调整条件不全面。土地租金的调整是为了平衡土地买卖双方的利益，适应土地市场化的要求。因此，对于需要满足哪些条件才能调整租金，有不同的立法规定。土地租金调整的方式有法定和约定两种，法定租金调整是指在法律法规中明确规定租金调整是强制性的；约定租金调整是指双方通过合同条款约定租金调整条件，具有自主性。在土地租金的调整期上，地方性法规不一致，有的地方没有规定具体的期限，只规定在国有土地出让的情况下，政府可以在一定条件下调整租金，这样的规定过于笼统，缺乏可操作性，没有太大的现实意义；有些地方规定了具体的租金调整年限，如东部某省规定每三年调整一次，该规定固定了调整租金的期限，过于僵化，当市场变化不大时，租金的调整是不必要的。

三 公益目的用地的物权制度序列梯度连续性的缺失与补全

（一）公益目的用地的物权制度序列梯度连续性的缺失

1. 比例原则与公权力强制性梯度

公益目的用地的物权制度序列来自权利序列理论的具象化，而其所遵循的具体逻辑则是以公权力在获取土地可使用性中的强制性强弱程度为主线，即针对不同的场景，给予行政主体权力不同程度的强制性"赋权"。在此过程中，如何对所赋予的强制性权力进行限制以实现同场景需求的匹配？此时不得不借助比例原则对"度"进行判断。所谓比例原则，指的是涉及人权的公共权力，其行为目的和手段必须符合一定的比例，也称为禁

---

① 张红日：《不动产估价》，清华大学出版社2011年版，第241页。

第二章 公共地役权在我国公益性用地制度体系中的定位疑难

止过度原则,[①] 包括妥当性原则、必要性原则和法益相称性原则。首先,妥当性原则,也称为适当性原则,是指所采用的手段必须能够实现或帮助实现宪法或法律规定的目的,否则设立行为是不适当的;其次,必要性原则,是指在实现立法目的的各种方式中,必须选择对人民权利侵害最小的方法,因此也被称为最小侵犯原则;最后,法益相称原则意味着,尽管有必要采取措施实现这一目标,但它不应该给人民带来太多负担。这是对公共利益和私人利益的衡量,法律所追求的目标不应与对人民造成的损失不成比例。

比例原则作为行政法的基本原则,其能否在私法领域得以适用,不同学者持有不同的看法。有学者指出,《宪法》所规定的公民的基本权利和《民法典》所规定的民事主体所享有的民事权利大相径庭,例如,民事关系中当事人处于平等地位,而在公法领域的法律关系中,国家或者政府与公民或者行政相对人的地位是不平等的,因此,在私法领域引入比例原则,无异于宣告私法的消亡。[②] 还有学者指出,比例原则不应该是公法领域独有的制度,私法制度中也可以出现比例原则的影子,例如,民法制度中关于"禁止过度"的规定,即深刻地体现了比例原则,在对某一防卫行为是否符合正当防卫的构成要件进行检视时,法官必须同时将以下因素纳入考量范围之内:防卫的行为是否为了保护某一法益,且该行为有助于保护这个法益(妥当性原则);在实现防卫的各种行为中,是否选择对加害人损害最小的防卫措施来实现防卫的目标(必要性原则);防卫行为给加害人造成的损害不能超过所应当保护法益的必要限度(法益相称性原则)。[③] 故而,比例原则能够在民法领域得到适用。

尽管私法关系与公法关系存在着诸多的不同,但是比例原则在私法关系中同样具有其适用的正当性。其一,比例原则在公私法交融过程中起到了"防火墙"的作用。在私人权利的行使方面,比例原则不仅可以保障当事人在最大限度范围内进行意思自治,还可以防止当事人滥用权利。在公权力的行使方面,比例原则可以防止公权力过度干预私权利主体行使权

---

① 王书成:《论比例原则中的利益衡量》,《甘肃政法学院学报》2008年第3期。
② 于飞:《基本权利与民事权利的区分及宪法对民法的影响》,《法学研究》2008年第5期。
③ 郑晓剑:《比例原则在民法上的适用及展开》,《中国法学》2016年第2期。

利，对公私法交融过程中的矛盾起到了平衡作用；其二，相称原则与民法基本原则一致。相称原则与作为民法界帝王条款的诚实信用原则高度一致，诚实信用原则强调各方的自由，不受任何其他因素的干扰。比例原则也具有这种价值追求，其为公权力侵犯私主体意思自治提供了屏障，从公法角度保护了当事人的权益。此外，比例原则还是诚实信用原则的补充，诚实信用原则缺乏具体的判断标准而比例原则的三个子原则环环相扣，为诚实信用原则的具体运用提供了良好的参考。

2. 物权制度序列梯度的逻辑具象与缺失表现

除公权力行使中的强制性程度不同外，制度序列的排布亦与权利性质相关。如果说强制性程度所涉及的是公权力介入力度的问题，那么在民事权利一侧，其性质也存在需要考察的问题：所有权、用益物权以及租赁权等权利性质的差异决定了公权力机关在土地上可设立与行使的权利范围与程序存在不同，这种不同尤其体现在针对不同场景对权利灵活性与稳定性之间的平衡之上。

比如征收是限制私人房地产产权的最严格方法，也是消弭公私利益冲突最为有效的方式。房地产所有权从个人"转移"到公共权力主体，对个人而言，征收是对私有财产权的侵犯，而对代表公共利益的实体而言，征收是为他们创造可用的财产。[①] 如果不对同一不动产上存在的利益类型加以区分而野蛮地适用征收制度解决一切问题，此种调整手段显得十分简单与粗暴。另外，作为消除财产权的法律事实，征收是单向的和绝对的。关于区域体制改革的过程，有学者指出，在我国城市化进展的过程中，未来的发展方向必然是公共交通体系的庞大，届时现在所呈现出来的城市交通拥挤的局面将会得到大大的改善。倘若此时采取征收的方式来推广街区制改革，未来征收所依附的公共交通便捷的公共利益不复存在，但是由于征收的单向性和绝对性，原权利主体也不再能享有先前的权利。征收这一手段在街区制改革的过程中，不仅浪费了国家的财产与资源，而且对于业主生活质量的提高并无裨益。[②] 此外，当涉及管道作业时，征收缺乏灵活性。

[①] 李凤章、苏紫衡：《集体土地征收制度再认识》，《国家检察官学院学报》2013年第3期。
[②] 赵自轩：《公共地役权在我国街区制改革中的运用及其实现路径探究》，《政治与法律》2016年第8期。

第二章 公共地役权在我国公益性用地制度体系中的定位疑难

虽然公营企业可以通过建设用地使用权来解决土地使用问题,但实际操作成本过大甚至困难。特别是在集体土地利用中,根据我国现行法律规定,集体土地首先必须作为国有土地征收使用,但由于供电设施中的杆塔占地面积很小、数量很大,为这些杆塔建设进行征收无异于天方夜谭。[1]

由此可见,征收与征用虽在权利设定的效率与权利运行的稳定性上具有最高的优势,但其灵活性的不足与过于粗放的运作逻辑也同样难以被忽略。相较于征收,赎买制度更为"柔和",公权力在此程序中的强制性更弱。赎买的引入减少了私权主体利益与公共利益之间的冲突,重点解决两大问题:一是受限制的不动产的所有人或使用人是否应该得到补偿或支付相应的使用成本;二是如果有必要,以何种方式进行补偿是最合理和有效的方式。通过赎买政策的确定,一方面,它可以解决集体土地的公共使用与私人合法权益保护之间的矛盾。另一方面,由于集体土地的属性和利用差异较大,可以解决不同补偿标准的问题。同时,基于集体土地公共使用的公共性,对集体土地的限制在一定程度上是强制性的。可以引入听证程序,以更公平的方式保障私权,减少所有权与公权力的冲突。包括租赁在内的有偿获取形式虽然在程序上实现了公权强制性的一定缓解,但在稳定性上存在缺失。比如通过集体土地赎买来实现公益的过程中,行政机关可以与土地权利人签订赎买合同,即可以债权的形式使用。但是,由于债权的相对性,很难与第三方抗衡,该方案的弊端也很明显。例如,在天然气管道项目中,管道运营需要长期稳定的权利保护。管道公司必须获得绝对权利,也就是说,他们需要对经过的土地享有物权。因此,赎买在一段时间内缺乏稳定性。[2] 租赁权亦是如此,倘若要实现集体土地的公益性利用目的,必须确立一个足以对抗第三人的权利,仅仅通过租赁的形式,不仅不能对作为公物的财产的原始所有者以及与公物毗连的不动产权人的私法财产权施加明确的限制,亦难以对抗第三人的权利主张,故而就很容易出现公益受到严重侵犯的后果,难以起到定分止争的作用。

---

[1] 孙鹏、徐银波:《社会变迁与地役权的现代化》,《现代法学》2013年第3期。
[2] 马强伟:《油气管道铺设中的用地问题及解决思路——从公共地役权理论到空间建设用地使用权》,《法治研究》2017年第6期。

总结以上对现有的权利序列进行分析，不难发现我国现有的公益目的用地物权制度的序列梯度连续性存在缺失。一方面，各类物权制度中的公权力强制性并未形成合理的递减梯度，征收与征用所带来的"极端"稳定性与赎买、租赁等所突出的灵活性之间存在平衡度的断层，"制度群"所能够覆盖的公益用地场景存在缺失，不利于实现充分、合理利用土地资源的目的。另一方面，除征收制度外，其余制度虽然在实践中发挥了应对多样化场景的作用，但于法理规范上缺乏理论基础，尤其是在行政法与民法相衔接的环节上，对公权力引发民事权利变动的民事法律规范尤为欠缺，如此无疑将导致对供役地原权利人的保护于法无据，有碍私权利的保障。

（二）公共地役权可补全公益目的用地的物权制度序列梯度连续性的缺失

1. 作为缓和性制度的管制性征收

管制性征收的本质在于行政机关仅仅限制行政相对人财产权的行使而并不改变财产的所有权，相较于一般的征收与征用而言，其权利负担的设定更为灵活，而征收所带有的强制性色彩亦对所设权利提供了强于赎买、租赁等方案的保障。管制性征收这一概念由美国的判例法发展而来。在实践中，政府是否构成管制性征收，取决于它是否超出了国家警察的权限。笔者将"警察权"概括为政府是基于公共利益，并采用合理的管理手段来限制公民的私有财产权。显然，国家行使警察权力必须满足基于"公共利益"和"合理性"两个条件。一旦行政机关的行为超过其中一个或者两个条件，则被视为"过度限制"，并且政府的行为构成管制性征收。从这个意义上讲，警察权从洛克（John Locke）的政府理论发展而来。[①] 因此，未经人民本人或人民代表同意，政府不得对人民财产征税，这也是警察权力的目的。经济全球化与文化多元化的发展，使得管制性征收制度这一脱胎于美国判例法的制度，对大陆法系国家也具有重要的影响，比如德国、日

---

① 洛克在《政府论》中明确指出，政府的目的是保护私有财产，因为只要人们将任何事物与自然生存区分开，它将与他的劳动混在一起，成为他的财产。政府的目的是保护私有财产，绝不侵犯私有财产。参见〔英〕洛克《政府论》，杨思派译，江西教育出版社2014年版，第182页。

第二章　公共地役权在我国公益性用地制度体系中的定位疑难

本也接受了此种制度。此外，管制性征收的认定标准以及实施的条件等也逐渐完善，以认定标准和法律救济为例，目前各国均采用"特别牺牲理论"作为管制性征收的认定标准，而法院则仅仅为财产受到实质损害的当事人提供公力救济。

管制性征收在公、私利益平衡方面具有优越性，在现代社会中，国家不可避免地会进行干预并在不同程度上限制私有财产。同时，由于产权的社会义务与管制性征收之间的界限模糊，国家很容易以管制的名义进行征收，从而忽略了补偿。[①] 公平正义原则的内涵要求，如果仅限制了部分权利人的权益来满足公共利益的实现，则对于这部分权利人应当予以补偿，因为其承担了不公平的负担。[②] 管制性征收制度形成的功能之一在于使行政相对人明晰自己的权益何时会受到限制以及限制的程度为何，并且也可以清楚地知道自己权益被限制是否能够得到相应的补偿等。管制性征收制度的另一个功能体现在可以约束行政机关的行为，因为行政机关在作出行政行为之前必须考虑到所造成的后果，在一定程度上对于防止公权力的滥用有帮助。此外，建立管制性征收制度还能够使得权益受到过分限制的权利人得到公平的补偿，实现法治国家公平正义的法治理念。

但是，管制性征收也并非补全这一制度序列的完美答案，管制性征收也存在以下弊端。

其一，在管制性征收过程中，村民和牧民没有平等的权利来决定与自然资源使用者利益最密切相关的补偿标准，只能选择是否接受。在补偿标准的设定上没有差别，权利主体普遍反映补偿标准偏低或过低。作为一种科学技术判断，法律上的标准至少应该考虑两个方面的成本：一是自然资源使用权限制所造成的可预见损失，二是生态保护主义者的进一步投资。现实表明，虽然生态正义得到了实现，但这两种代价都没有得到科学的考虑。

其二，实施成本较高。虽然我国已经建立了较为完善的征收补偿制

[①] 王丽晖：《管制性征收主导判断规则的形成》，《行政法学研究》2013年第2期。
[②] 胡建淼、吴亮：《美国管理性征收中公共利益标准的最新发展》，《环球法律评论》2008年第6期。

度，但是在实际运行过程中仍产生了各种矛盾和纠纷。同样地，管制性征收制度的实施也可能带来类似的后果。

其三，相关的法律规范有欠缺。我国法律并未对财产权的过度限制所形成的管制性征收作出明确具体的规定，包括对私有财产权利人的法律救济和补偿尚未作出规定。一系列的管制性征收的制度框架，如判断标准、法律救济程序和补偿方法尚未建立，这很难从根本上保障公民的财产权。

其四，对公权力缺乏有效的制约机制。政府在行使公权力对私人财产进行限制的时候，由于没有公平补偿的制约，公权力机构一般只考虑某种限制措施是否会增进公共利益，而不会过多地考虑被限制的财产权利人损失的利益，这样公权力的限制很可能被任意扩大，甚至超乎合理的比例原则。

2. 公共地役权对公益目的用地的物权制度序列梯度连续性的补全

上述的管制性征收虽然在理论上可实现对制度强制性与灵活性之间的平衡，进而补全公益目的用地的物权制度序列梯度连续性，但管制性征收于性质上而言仍是一项行政法上的制度，其核心亦在于限制行政权在征收、征用土地程序中的滥用。其并未涉及公益目的用地过程中所涉及的私法问题，对受到影响的私权利未作出应有的安排，公法与私法之间真空地带仍未得以填补。

基于此，公共地役权则成了填补这一序列空缺的合理答案。

首先，公共地役权作为一项以保护公共利益为目的的制度，目的在于通过对私人之物进行利用或使之承担负担来实现公共利益，其在价值目的上与公权力对他人私权利进行剥夺的合理性支撑具有一致性，两者在最为基础的价值引导与制度目的上具有一致性。而公共地役权的规范内容则包括了对用益物权的范围进行限制，防止对公共利益的解释被过度扩张。公共利益一般具有长期性和公众享有性，不是为个别人一时之需，为公共利益而限制私人所有权具有正当性，但这种正当性应当在规范层面被明确限制。公共地役权则以此种形式消弭了征收与征用对私权利剥夺的绝对性以及程序上的模糊性，这也与行政法规范防止行政权力滥用、规范行政行为

第二章　公共地役权在我国公益性用地制度体系中的定位疑难

行使方式的目的一致。

其次，公共地役权的用益物权性质实现了公共目的设权的强制性与灵活性之间的缓和。用益物权是人类在社会实践中，为解决物质资料的所有与需求之间的矛盾而产生发展起来的，是所有权与其权能相分离的必然结果。这种分离适应了商品经济要求扩大所有权、扩展财产使用价值的需求。[①] 一方面，作为用益物权的公共地役权于性质上仍属于物权，自然应当具备物权的通有性，如法定性、优先性、排他性和追及性等。[②] 如此可以克服赎买、租赁等方案中债权关系的不稳定性以及面对第三人时权利性质与对抗性不足的问题，物权的相应登记制度也能够在权利公示上维护权利的安定性。另一方面，用益物权属于一项他物权，其权利范围始终应当受到原物权权利的限制。除双方约定的特定权能外，土地的原权利人仍然保有所有权所剩余的其他权利，如此可以确保公权力对私权利的不利影响被限制在明确的权能类型与时间范围内。同征收、征用或置换等方式取得的土地相比，其设定权利的方式更为灵活，所涉权能范围与公共目的之间的匹配度更为精确，更符合比例原则的意旨。

最后，公共地役权有助于实现公法与私法间的良性互动。基于对近现代以来各国地役权发展动向的研判不难发现，地役权向公法领域的扩展已经是世界范围内的趋势。相较于作为行政措施的管制性征收，公共地役权的发展过程中双方当事人不再是管理者与被管理者、行政主体与行政相对人一类非平等主体，而是双方作为民事法律上的平等主体对公共地役权所涉及的权能类型、持续时间等事项进行协商，最终达成合意。由于采用了沟通和协商的模式，行政管制的色彩相对被弱化，而这恰恰是公私合作的基本前提。[③] 从这一层面上来说，公共地役权在民事法律的维度上对行政主体的"吸纳"是对公法"入侵"私法的一种限制和规范，在行政主体以公共利益目的使用他人土地的行为在私法上已经存在可以适用的规范时，优先适用私法规范以保障当事人的意思自治，减缓具有强制性的公法规范

[①] 杨立新、尹艳：《我国他物权制度的重新构造》，《中国社会科学》1995 年第 5 期。
[②] 房绍坤等：《用益物权三论》，《中国法学》1996 年第 2 期。
[③] 边泰明：《土地使用规划与财产权理论与实务》，詹氏书局 2011 年版，第 227 页。

介入的进程，更有利于实现公共利益和私人权益之间的平衡。除此之外，公共地役权由于保留了原土地所有人的剩余权利，由此给予了原权利人继续维护土地的动力，亦有助于土地使用成本社会化分担机制的形成。

第二节 公共地役权制度的定位疑难

公共地役权由于具有较强的公法色彩，因此，在实施过程中会面临诸多困难，主要包括以下几点。第一，公共地役权的权利性质不明，这样的权利究竟属于公权还是私权在学界中一直存在争议，以致有学者提出将公共地役权的性质界定为公私复合权这样折中的观点①，权利性质不清会对未来权利的行使留下争议的隐患。第二，根据我国《民法典》的相关规定，我国目前只承认意定地役权，法定地役权缺乏实定法的支撑，且现行法要求地役权的设定以供役地与需役地的同时存在为前提，难以从解释论上为公共地役权路径找到空间。第三，公共地役权引入后的后续工作进展繁杂，法定设立的公共地役权是否还需要进行登记与公示？公共地役权的适用对象和适用范围是什么？因采取公共地役权而需要给予土地权利人的补偿或对价该如何计算？该补偿价格是否需要根据市场价值进行评估？评估的标准是什么？② 由此可见，公共地役权在我国公益性用地制度体系中存在定位疑难的问题：如果接受民法的参照适用，可能会存在公共利益与私人利益之间的冲突；如果完全排斥民法的调整，则会成为一种简单的管制性征收，形成包括补偿在内的各种问题。

一 公共地役权中公私利益间存在冲突

不动产具有两种性质，即私人性和公共性。为了实现这两种性质的要

---

① 参见张红霄、杨萍《公共地役权在森林生态公益与私益均衡中的应用与规范》，《农村经济》2012年第1期。
② 参见王玉、吴昭军《论耕地保护用途管制的法权基础——以管制性征收和公共地役权的组合为路径》，载刘云生主编《中国不动产法研究》第1辑（总第25辑），社会科学文献出版社2022年版。

求,从权利配置的视角来看,一些不动产应当分配给公众所有,以确保公共利益的实现;剩余的不动产可以是公共的也可以是私人的,从而确保实现私有财产权并满足生产和生活的需求。因此,不动产权可以分为私有财产权和公共财产权。公共地役权是基于公共利益需要或为满足某种公共目的,法定主体可以对他人的土地施加一定限制的权利,[①] 所以,公共地役权同样具有上述两种性质。公共地役权不同于一般地役权,其具有较强的公法色彩,如果接受民法的参照适用则会存在公共利益与一般地役权的私人利益之间的冲突,也就是上述两种所有权对应于不同的利益之间的冲突,二者之间的冲突主要表现为以下两种形式。

(一) 排斥型公私利益冲突

为了使权利义务体系保持正常运转,任何利益都必须予以限制,而公共利益成为限制私人权益的一剂良药。私人在行使合法权益的时候,不能为了仅仅满足自己权益的实现而损害了未定多数人的利益。我国实施的土地制度较为特殊,即不动产的所有权和使用权相分离,不动产的使用权享有者并不是唯一的主体。国家、集体和私人都是民法中公认的权利主体。而在公共地役权中,因公共利益需要对他人土地施加限制时,作为供役地人的私人利益就会与国家和集体代表的公共利益发生冲突。如何界定公共利益的范围,在《国有土地上房屋征收和补偿条例》第 8 条有明确规定。[②] 交通设施的完善、居民基本生活水平提高等问题,引起了私人利益与公共利益之间的冲突,表现出互不相容的形态。换句话说,在这个时候,同一个不动产不能满足两个以上主体利益的实现。例如,铺设石油天然气管道

---

① 参见吴昭军等《公共役权视角下耕地管制的法权基础与制度完善》,《中国土地科学》2023 年第 1 期。
② 《国有土地上房屋征收与补偿条例》(2011 年 1 月 21 日实施)第 8 条:"为了保障国家安全、促进国民经济和社会发展等公共利益的需要,有下列情形之一,确需要征收房屋的,由市、县级人民政府作出房屋征收决定:(一) 国防和外交的需要;(二) 由政府组织实施的能源、交通、水利等基础设施建设的需要;(三) 由政府组织实施的科技、教育、文化、卫生、体育、环境和资源保护、防灾减灾、文物保护、社会福利、市政公用等公共事业的需要;(四) 由政府组织实施的保障性安居工程建设的需要;(五) 由政府依照城乡规划法有关规定组织实施的对危房集中、基础设施落后等地段进行旧城区改建的需要;(六) 法律、行政法规规定的其他公共利益的需要。"

工程的实施，私人主体难以在管道周围的土地上工作与生活。个人应将其不动产权充分转让给公共主体，以满足公共重新规划和建设的需要。政府还需要给个人合理的补偿，以确保失去私人利益后的平衡。值得强调的是，总的来说，只有在与国家的基本安全和民生的根本发展有关的问题上，两个利益才能达到相对的水平。

（二）并存型公私利益冲突

根据《民法典》关于不动产所有权的相关规定，不动产所有权是唯一明确的"黑白"状态，也就是说，私有财产是为了满足私人利益，而公共财产是满足公共利益。在此前提下，只要现有的权利制度能够在排除交易对手利益的情况下发挥作用，就可以保证不动产所有权的确定性并服务于其相应的利益。但是，不动产的公共或私有所有权并不意味着利益的绝对化。同一个客体如果能满足多种多样的需求，那么各个主体对于该客体所能满足其需求的价值追求也相异。从表面上看，它表现出来的仅为一个客体，但是实际上，这些主体对于客体满足其价值的追求并不是相互排斥的，而是可以共存的。例如，在历史建筑保护的过程中，私人利益与公共利益完全可以处于同时实现的状态。对于个体而言，历史建筑是其私人所有的财产，满足了其占有、使用、收益等利益需求；对于公众而言，根据历史建筑所承载的历史因素、文化因素以及政治因素等，这部分价值应当由社会公众所分享，以促成文化认同感的形成。当下，私主体可以对历史建筑享有所有权，而其他主体或者是公共主体可以基于历史建筑所承载的文化和历史价值，对其享有一定范围内的使用权。尽管在某些情形下，私主体的所有权和公共主体的使用权会发生一些矛盾，但是此种矛盾或者冲突并不是为了达到实现公共利益目的而处于相互排斥的状态，其更多的是一种共生的形态。换言之，在此种情形下，因为不同主体对于同一客体的价值追求有所不同，而这种不同的价值追求并不需要剥夺其中一种价值的实现来满足另一种价值的实现。此时，只需要通过适当地限制一方的权利或者给一方施加合理的负担，要求权利人承担相应的财产性义务，即可实现私人利益和公共利益同时满足的双赢局面。①

二 公共地役权的补偿存在争议

公共地役权是为了公共利益的需要使不动产所有人或使用权人容忍某种不利或者负担，相较于一般地役权，公共地役权中的公法介入程度较大，具有强烈的公法属性。但是，地役权本身是《民法典》物权编的概念与制度，公共地役权也无法完全与《民法典》割裂开来。如果公共地役权完全排斥民法的调整，那么它将成为一种简单的管制性征收，由此便会产生公共地役权的补偿方面的问题，导致公共地役权的定位存在疑难，主要包括以下内容。

（一）设立公共地役权是否需要补偿

因公益目的等原因行使公共地役权可能会对私主体的私人利益造成损害，因此，行使公共地役权的前提是需要讨论是否应当给予私主体相应的补偿。根据亚里士多德的交换正义思想，当私权主体为公共使用而放弃某些权利时，如果他所放弃的权利与他从公共使用中获得的利益"等价"，他就应该得到一定程度的补偿。那么，人们在多大程度上认为是"等价"交换呢？有学者提出了特殊牺牲理论，该理论起源于德国的个人侵权理论，在被德国联邦普通法院的司法惯例修改后，它被称为"特殊牺牲理论"，是目前更具影响力的判决标准之一。该理论认为，限制财产的法律不能违反宪法对平等的保护。只有在少数情况下，出于保护"公共利益"的原则，而对某些个人或群体的财产进行征收，同时由于公共利益是公众所享有的，因此造成的负担也必须由公众平均分摊，也就是说，必须给予财产征收补偿；如果法律造成广泛侵犯他人财产的权利，那是财产的社会义务，而不是征收和侵权的情况，因此不需要特殊补偿。②

从行政法的角度来看，地役权被定义为准征收，这可能会给地役权持有人造成损失。在这种情况下，它将涉及公法补偿。根据上述"特殊牺

---

① 张珵：《公共地役权在不动产利益冲突调和中的适用》，《求是学刊》2015年第6期。
② 陈新民：《德国公法学基础理论》（上册），山东人民出版社2001年版，第446页。

牲"理论，地役权人为公共利益做出了特殊牺牲。"牺牲"的受益者是整个公众，因此作为公众代表的国家应该补偿。[①] 并且，补偿仅限于直接损失。例如，要在建筑物所占建设用地地下建造轨道交通，因此必须限制建筑物的高度以保障轨道交通的安全性。此时若地面上的建筑物超过规定的高度而对超出部分予以拆除的话，这部分被拆除的建筑物则应被认定为直接损失，政府或者公权力机关应当予以补偿。但是如果地面上的建筑物还未动工或者高度还未达到限制高度，则其不能建造至限定的高度，此部分损失就不能认定为直接损失而给予补偿，因为这种损失尚未发生，但可以要求公权力机关对于其信赖利益的损失承担补偿责任。然而，又有一个问题接踵而至，即如何确定为了公共利益而给行政相对人带来的直接损失？一些学者认为，在我国市场经济的背景下，最基本的原则之一就是根据市场价值评估限制所造成的损失。[②]

此外，有学者提出设立公共地役权应当予以补偿。[③] 公共地役权的建立阻碍了私法主体财产权的行使，直接导致不动产价值的下降和使用权的丧失。因此，应基于公平正义的理念，对不动产所有人给予相应的补偿。在美国，通常通过减税来补偿因在私人不动产上建立保护性地役权而造成的财产损失，以鼓励人们积极提供与社会福利相关的保护性地役权。[④] 有学者还指出，无论公共权利主体的行为是否建立在满足公众需求的基础上，只要使用行为不是纯粹的公共利益行为，使用权就应通过与权利人协商的方式获得，禁止上述商业征收行为。公共权利主体和不动产权利人应当协商并订立合同，以明确双方的权利和义务的范围。由于不动产所有者的个人利益可能受到很大限制，这可能会对他们的日常生活和工作产生重

[①] 姜明安：《行政法与行政诉讼法》，高等教育出版社 2007 年版，第 717 页。
[②] 参见郭庆珠、杨福忠《城市地下开发中的公共地役权与市场化补偿》，《理论导刊》2014 年第 1 期。
[③] 参见肖泽晟《公物的二元产权结构——公共地役权及其设立的视角》，《浙江学刊》2008 年第 4 期；孙鹏、徐银波《社会变迁与地役权的现代化》，《现代法学》2013 年第 3 期。
[④] 赵自轩：《公共地役权在我国街区制改革中的运用及其实现路径探究》，《政治与法律》2016 年第 8 期。

大影响，因此应当向他们支付费用。①

如果建立公共地役权给地役权提供者造成损失的，则其应当获得全额补偿。公益事业的发展还必须尊重公民的基本权利，并补偿权利人遭受的损害。此外，为了在某些地区建立公共场所，我国现行法律也要求补偿。关于补偿的条件，一些学者指出："通常，只有三种情况需要对地役权提供者进行一定程度的赔偿：对现有权利的实际损害，地役权提供者所在地的原始状态的变化以及地役权提供者为了实现公共利益而承担的过度的负担。"② 为了更好地保护私有财产权利人的利益，笔者认为，只要建立公共地役权给私有财产的所有人带来损害，就应当补偿，无论建立公共地役权是否给公共保护的目的带来不成比例的特殊负担。

(二) 何种情形下需要补偿

在上一部分论述了设立公共地役权需要进行补偿之后，接踵而至的问题便是在何种情形之下需要进行补偿，对于这一问题，关键在于应当如何界定公权力对私权益的妨害类型是反常的或者程度是反常的。

宪法保障人民的财产权，旨在确保个人有权根据财产的存在自由使用、获取和处置财产，而不受公共权力或第三方的侵害。财产权的保护包括存在和处置自由的保护。依法行使公共权力的当局限制人们的使用，取得和处分财产的自由，从而降低财产价值或使用收益。这也应成为宪法在财产保护领域的重点。我国宪法学对产权的研究主要集中在产权的征收和补偿上，即仅限于国家获得产权的情况，对不予补偿的情况关注较少。财产权的限制与征收不同，国家不会获得公民财产的所有权，而只会限制所有者对财产的收益和处分权的使用，这反映在法律生活的许多方面。例如，为了保护环境而划定自然资源保护区，限制了公民在此划定区域范围内的权利行使。尽管对所有权人而言，法律的规定限制了其权利的行使，但是其仍然是不动产的所有人，并且在保护公共利益实现的范围内依旧可以对不动产进行利用。然而在现实的语境中，政府或者公权力机构很少或

---

① 参见张珵《公共地役权在不动产利益冲突调和中的适用》，《求是学刊》2015年第6期。
② 参见李世刚《论架空输电线路途经他人土地的合法性与补偿问题——兼谈中国公用地役权的法律基础》，《南阳师范学院学报》(社会科学版) 2012年第10期。

者是没有对私人不动产的限制给予补偿。从现实当中检视，对私人不动产限制的强度以及跨度较大，有的地区限制较多，有的地区限制较少。故而，在此种情况之下，是否补偿以及补偿多少的跨度也很大。

国家对于公民财产的限制依据是否超出合理的范围分为两种类型：一类是公民必须承担的负担，即使此种负担让权利人丧失部分权利，公民也必须予以容忍，此时不涉及补偿的问题；另一类则是超出了公民的负担而构成了特殊的限制，给权利人造成了难以忍受的损失，这是一项特殊的法律牺牲，显然，国家不予补偿是不公平的，学者称其为"管制性征收"。①

政府必须基于公共利益的目的才能行使管制性征收或者要求公民承担财产的社会性义务，而这两种制度之间存在千丝万缕的联系。宪法原则当中有一项是学术界与实务界均赞同的，即征收必须与补偿形影不离。对财产权的合理限制属于对财产权的社会义务的适当行使，取而代之的是建立了对财产的管制。可以看出，行使产权的社会义务的边界问题已经成为一个关键问题。在这方面，美国和德国形成了几种代表性的理论。②

1. 所有权转移及无辜理论

美国联邦最高法院大法官海伦（Justice Harlan）在1887年"默古勒诉堪萨斯案"（*Mugler v. Kansas*）中③提出了所有权转移及无辜理论。海伦法官提出了两项原则来区分警察权力和管制性征收：第一，国家的禁止令并没有使原告失去了所有权，故原告未存在失去财产的情形；第二，警察权的行使的目的在于限制对社会有害的行为。这个案件中法院禁止原告生产在当时社会背景之下对社会有害的酒精，属于警察权行使的合理范围之内，此种限制无须补偿。根据这个理论，如果公民的财产权由于有害使用

---

① 参见郭晖《财产权的社会义务与管制性征收》，《河北学刊》2019年第2期。
② 如何界分一个立法或政府行为属于征收法律或行为，还是一个不必给予补偿的单纯财产权限制，一直是美、德两国学界争议不绝的问题。对公民财产权的合理限制，在美国称为警察权，德国宪法学界并无警察权之概念，而是财产权的社会义务，为了阐述方便，在此统一使用"警察权"。
③ 在这个案例中，堪萨斯州政府通过的"禁酒令"导致原告默古勒经营的啤酒厂濒临倒闭，于是他起诉州政府，要求将禁酒令作为征收法，并需要给予相应的补偿，但他的上诉最终被最高法院驳回。

而受到限制，但是财产所有权没有被转移，那就是行使警察的权力；相反，如果损害了财产的使用并且财产的所有权被转移，那就是征收权的行使。德国古典的征收理论也采取此种看法。但是，海伦法官提出的理论缺陷在于，如果警察权的行使导致的结果是权利人实质上被剥夺了财产权，此时未将其认定为管制性征收。

2. 损失程度论

霍尔姆斯（Oliver Wendell Holmes，Jr.）大法官在"宾夕法尼亚煤炭公司诉马洪案"（*Pennsylvania Coal Co. v. Mahon*）[1]中标志性地提出了判定管制性征收的相关理论。在本案中，宾夕法尼亚煤炭公司诉称，其在《科勒法案》颁布之前对于被告所在地享有采矿权，但是由于该法案禁止其开采行为，并且禁止行为导致了被告房屋下陷问题的出现，其认为，该法案以征收的方式剥夺了他们的采矿权，于是提起诉讼认为该法案违宪，并要求补偿。联邦最高法院认为，州政府的法律控制完全破坏了矿业公司的合同权利，警察权行使所带来的限制并不能达到如此程度，故而应当认定构成管制性征收并给予补偿。因此，法院最终支持原告的主张。

霍尔姆斯法官还指出，尽管私人拥有的不动产因为应当要承担某些社会职能可以被限制，但是当此种限制超出其所应当承担的社会职能时，应当且必须将其看作管制性征收。[2]区分警察权和管制性征收的依据，要看对私人经济损失的限制程度。行使警察权对私人财产限制造成的损害程度较小而管制性征收制度造成的损害较大。德国法学界达成共识的原则——可期待性原则，所秉持的理念与上述论断相似。但是霍尔姆斯法官所提出的损失程度理论在实际操作中显得较为困难，其没有对警察权行使的界限进行界定。尽管该理论提出了在不同案件中应当有不同的认定，但是如何认定损失也没有具体的标准。[3]

3. 特别牺牲论

该理论起源于德国的个人侵权理论。在被德国联邦普通法院修改后，

---

[1] 260 U.S. 393（1922）.

[2] 260 U.S. 393（1922）.

[3] 陈新民：《德国公法学基础理论》（上册），山东人民出版社2001年版，第446页。

它被称为"特殊牺牲理论"。它是目前比较有影响力的判断标准之一,其理论含义已在上文提及。尽管"特殊牺牲理论"起源于德国,但它在普通法国家中也得到应用。在美国,1978 年"潘尼运输公司诉纽约州政府案"(*Penn Central Transportation Co. v. New York City*)① 是典型代表。本案中,联邦最高法院裁定,潘尼公司所有的建筑因为被认为是"历史建筑"而不能将其改造为现代高楼,所以其承担的损失是特殊的,纽约的人们可以在满足其文化需求,即欣赏历史建筑的同时而无须支付任何对价,同时潘尼公司的损失他们也不用承担,这的确违背了公平原则,构成了管制性征收,应当给予补偿。② 简要来说,该理论认为区分管制性征收和警察权的关键性因素在于区分限制是普遍性还是特殊性的,如果对私人财产的限制是特殊的,那么就会构成管制性征收;反之,如果财产权的限制是针对社会大众的,则是行使警察权的合理范围。

4. 实质侵犯理论

实质侵犯理论认为,当警察权对私人不动产的限制是"连续"且"实质"的,就可以认定为超过了合理的限度,从而构成管制性征收。在"洛瑞图诉有线电视公司案"(*Loretto v. Teleprompter Manhattan CATV Corp.*)③ 中,联邦最高法院作出的判决正是这一理论的运用。依照纽约当时的法律,有线电视公司可以在居民住宅的屋顶以及墙壁上安装天线,而无须进行实质性的补偿,仅需象征性给予 1 美元即可。但是在本案中,洛瑞图认为有线电视公司限制其权利的行为已经超越了警察权所涵盖的范围,应当构成管制性征收,且必须给予相应的补偿。洛瑞图的诉求最终得到联邦最高法院的支持,最高法院认为有线电视公司安装天线这一行为对私人不动产权利的限制是持续性的,且比一般的限制要严格很多,因此构成了管制性征收并需要给予补偿。④ 在"卢卡斯诉南卡罗来纳海岸委员会案"(*Lucas*

---

① 438U. S. 104(1978).
② Richard A. Epstein, *Takings Pravite Property and the Power of Eminent Domain*, Harvard University Press, 1985, pp. 64.
③ 458U. S. 419(1982).
④ 陈新民:《德国公法学基础理论》(上册),山东人民出版社 2001 年版,第 448 页。

v. *South Carolina Coastal Council*)① 中，实质侵犯理论得到了进一步的发展。卢卡斯是南卡罗来纳海岸岛屿上两块土地的所有人，并且其打算对这两块土地进行开发利用。但是，南卡罗来纳海岸委员会为了保护周边的生态环境，通过颁布《海岸管理法》的方式，对原告所有的两宗土地的开发利用进行了限制，禁止卢卡斯在两块土地上进行建造活动。虽然在诉讼过程中，卢卡斯承认被告的行为是出于公共目的，然而其认为被告的行为应当构成管制性征收，因此也要给予补偿。联邦法院同样支持了原告的诉求，法院认为为了公共利益的需要而使私人对其享有的不动产权益无法全部得到实现的时候，就构成了管制性征收，应当进行补偿。与此相类似的是，在德国区分管制性征收和警察权所采取的理论为"实质侵害理论"，该理论认为，征收是公权力对私人财产的最严重并且造成了实质性的侵害，使得无法实现被限制的财产的全部价值。② 然而，该理论的缺陷在于，警察权的行使也会对私人财产造成限制，也会对财产权进行实质性的侵害，因此，这个理论不存在实践指导意义，仅仅停留在理论层面。

这表明区分的标准不是一成不变的，而是一个不断发展的过程。确定警察权或者管制性征收制度不应使用单一标准，而应当基于每个案件的具体事实，并综合考虑各种因素来作出判决，因为每个判决标准在特定案件中都具有正当性与合理性。如果仅采用某种识别标准是不合适的。西野章先生指出："是否构成管制性征收，毕竟还是根据实体来判断的，形式基础仅是其辅助基础。"③ 判断行政机关的行为是否超越了合理的界限进而从警察权行使转变为管制性征收并不是单一标准可以决定的，应当采取的是综合认定标准，即应当结合实体和形式基础进行判断。同时，应当结合其他社会因素在客观方面作出一些判断，这些因素包括但不限于国家政策、社会发展水平、经济能力等。④ 除此之外，有三个原则也是必须遵守的，

---

① 505 U. S. 1003（1992）.
② 陈新民：《德国公法学基础理论》（上册），山东人民出版社2001年版，第429页。
③ 西野章：《公法上的损失补偿的原理和体系》，载雄川一郎等编《现代行政法大系6》，有斐阁1983年版，第210页。
④ 金俭、张先贵：《财产权准征收的判定基准》，《比较法研究》2014年第2期。

即平等、比例和可预期原则。

  首先，限制财产的类型应当纳入区分管制性征收和警察权行使的考量范围之内。警察权的行使所针对的限制财产的类型为社会普遍的财产，倘若这种限制还遵守了平等原则，则无论限制的程度有多深、限制的广度有多宽，均可以不用对被限制的权利人进行补偿；如果限制财产的类型不是社会大众，而是部分主体，则不能直接断定是警察权的行使还是构成管制性征收，应当结合其他标准进行综合认定。[1] 这个标准是提供公共地役权的应用程序的入口点，公共地役权负担的是土地使用权人在社会财产权义务之外、在一般控制之上、在征收之下所承担的特殊牺牲。部分土地被侵占、占用，或者使用权、收益权或处分权受到限制，但土地使用者并没有完全丧失土地使用权，那么就构成了公共地役权的负担，于是就有了公共地役权发挥作用的空间。

  其次，在限制私有财产权时，必须严格遵循比例原则和利益计量原则，以确保在实现社会利益最大化的同时实现私有利益。一般而言，比例原则的出发点是满足适当性和必要性原则，合法利益的相称性原则反映了对公民权利和自由的真正关注，并且超越了适当性原则和必要性原则。"在理论逻辑上，比例原则的三个子原则是相对独立的，并且具有一定的程序顺序。但是，在实际应用中，可以根据特定需要使用每个子原则，而不必严格遵循顺序要求。"[2]

  最后，可预见性原则也必须运用于对私人财产权的限制中。法律的一个基本要求便是具有稳定性，一个国家的法律不能"朝令夕改"，必须保持一定的稳定性，不然人们的行为不具有可预见性，信赖利益得不到保障，终日生活在惶恐之中。在行政法律关系中，行政主体与行政相对人之间存在着信赖的关系，行政相对人必须相信行政机关所作出的决定是合理且稳定的，否则便会破坏社会生活的稳定性和可预测性。[3] 倘若行政相对人基于行政机关所作出的行政行为，无论此种行政行为是抽象的还是具体

---

[1] 黄胜开：《管制性征收抑或财产权的社会义务——从住宅小区道路公共化谈起》，《河北法学》2016年第7期。
[2] 郑琦：《比例原则的个案分析》，《行政法学研究》2004年第4期。
[3] 宋雅芳：《论行政规划变更的法律规制》，《行政法学研究》2007年第2期。

的，从事某些活动，但是行政机关却频繁地更改其先前作出的行政行为，进而导致行政相对人信赖利益的丧失，由此可以认定行政机关的行为构成了管制性征收，故而因该行政行为造成的损失，行政机关应当予以补偿。此外，公共政策或者法律的时常改变，不仅会造成行政相对人信赖利益的丧失，同时也会动摇行政相对人对于行政机关行为稳定性的判断，还会进一步破坏社会生活的秩序。①

此外，需要将经济冲击考虑在内。经济影响因素包括土地的整体价值、投资回收预期和合理的经济利用。就土地的整体价值而言，土地利用是否构成公共地役的负担，应当从土地的整体价值来考虑，只有当价值损失超过一定比例时，才会构成公共地役的负担。

(三) 现有公共地役权的补偿原则

在公共地役权的补偿标准方面，目前德国、美国等国立场各不相同，主要有以下两种补偿原则。

第一，公平补偿原则。就公平补偿的具体含义而言，在确定数额时，它考虑了公共利益与财产所有人利益之间的平衡，这反映了人们对保护私有财产权的关注转移到了对公共利益的关注上。与私有财产权的利益并行，国家制定限制私有财产权的法律文件时，必须以当前的政治、经济等发展状况为背景，同时要考虑当时公众所接受的社会正义与公平。综合考虑以上因素，国家限制私有财产权的目的和特征决定了补偿的"公平标准"。②

第二，相当补偿原则。与德国法中的公平补偿规则相比，日本许多学者坚持"相当补偿"的原则，如日本学者柳濑良干（柳ヶ瀬良幹）认为，由于当局的限制或控制侵犯了私有财产权。因此，补偿的目的是补偿权利人的损失，并将财产恢复到侵权前的原始状态。原则上，这种方法是要实现国家对财产权的平等保护。③

(四) 我国公共地役权补偿标准的确立

关于公共地役权的补偿标准，有学者主张根据供役地人权利受限制的

---

① 鲍家志：《非经营性国有资产与用益物权制度》，《河北法学》2016 年第 2 期。
② 陈立夫：《土地法研究（二）》，新学林出版股份有限公司 2011 年版，第 157 页。
③ 柳濑良干：《公用负担法》，有斐阁 1985 年版，第 136 页。

程度支付供役地补偿费用，并提出以地役权设立前近三年的平均收益作为计算标准。[①] 本书认为，这一观点以特定不动产经济收益为考察对象，有益于实现补偿标准的针对性，值得借鉴，但仍有待进一步完善。具体而言，我国幅员辽阔，公益用地建设项目更是遍布各处，以公益林生态保护为例，中西部欠发达地区的经济发展效益落后于东部沿海地区，林地产业效益必不相同，即便是同一地理位置的林地开发，林木质量、管护成本、造林难度等同样存在差异，因此，不可采取普遍适用的补偿标准，更应当避免以林地面积作为核心计算基数的粗犷方法，必须综合前述各项因素进行差别化补偿。

此外，我国公共地役权补偿标准的确立需要关注土地发展权的转移。土地发展权，又称土地开发权，是指土地权利人享有的改变土地利用方式与开发密度的权利[②]，土地发展权理论广泛适用于耕地及自然、人文环境保护，美国相关实践通过立法规定土地发展权交易制度（transfer of development rights，TDR），解决土地规划建设中"暴损—暴利"经济发展的困境。我国土地利用管制主要针对土地用途及开发密度，侧重于农业空间、生态空间的刚性管控，"土地发展权"虽然不是法定物权的类型，但是城乡建设用地增减挂钩试点工作、[③] 成都市建设用地指标市场化交易、[④] 重庆地票交易制度[⑤]等既有实践无疑是土地发展权转移理论中国化的生动体现。就公共地役权补偿机制而言，土地发展权的转移主要针对农村集体土地，我国《土地管理法》第 15 条、第 23 条第 1 款规定由"各级人民政府组织编制土地利用总体规划""加强土地利用计划管理，实行建设用地总量控制"，第 25 条特别强调"未经批准，不得改变土地利用总体规划确定的土地用途"。由此可见，农民集体所有土地的发展权属于国家，这一局面在集体经营性建设用地入市改革试点工作开展以来有所改观，集体经营性建设用地发展权增值收益不再归国有主体享有[⑥]，农民集体土地发展权得以恢复。公共地役权

[①] 李宗录、谷盈颖：《保护地役权之民法调整的解释路径》，《中国土地》2021 年第 5 期。
[②] 周小平等：《耕地保护补偿的经济学解释》，《中国土地科学》2010 年第 10 期。
[③] 参见《城乡建设用地增减挂钩试点管理办法》（国土资发〔2008〕138 号）。
[④] 《成都市工业项目建设用地投资强度控制指标（2010 年修订）》（成办发〔2010〕62 号）。
[⑤] 《重庆农村土地交易所管理暂行办法》（渝府发〔2008〕127）。
[⑥] 程雪阳：《土地发展权与土地增值收益的分配》，《法学研究》2014 年第 5 期。

的引入同样需要关注供役地土地发展权的经济效益,通过设立农村土地保护基金,借助土地发展权交易机制,补偿农村集体土地开发效益损失,规范收益分配机制。但是,鉴于我国集体土地所有权普遍存在主体缺位、权能缺失等现象,不宜将农民集体作为受益主体,而应当将集体土地使用权人作为受益人,使其直接获得相应土地发展权的补偿救济。[1]

(五) 我国公共地役权补偿方式的明晰方向

1. 基金补偿

一方面,为解决地方财政不足这一困境,应当由国家财政设立专项"公共地役权保护补偿基金",从而能及时、快速地补偿供役地人。另一方面,补偿资金的筹集渠道亟须拓宽。具体实践可以通过引入社会民间组织和国际组织相关公益保护基金项目,补充资金来源,充分发挥各行业的优势,实现资金、技术和资源的优化组合。以生态地役权野生动物致害补偿基金为例,四川省甘孜藏族自治州雅江县环林局组织协调山水自然保护中心、西藏自治区那曲市尼玛县热日村等与社区寺庙共同出资建立了四川格西沟国家级自然保护区"野生动物肇事补偿基金"。至 2017 年,该自然保护区建立起了政府与社区合作共管的预防兽害和合作补偿兽损的一整套机制,有效缓解了当地人兽冲突矛盾程度,保障社区可持续发展和野生动物保护齐头并进。此外,《青海省重点保护陆生野生动物造成人身财产损失补偿办法》中也明确规定了将野生动物致害的补偿费用纳入县级以上政府的财政预算,并积极鼓励单位、个人捐资设立野生动物保护基金以提升野生动物致害的补偿水平。[2]

2. 保险金补偿

引入商业保险机制,推行公共地役权公众责任保险制度,与保险公司

---

[1] 张先贵:《中国法语境下土地开发权归属及类型的法理研判》,《烟台大学学报》(哲学社会科学版) 2016 年第 1 期。

[2] 《青海省重点保护陆生野生动物造成人身财产损失补偿办法》第 13 条规定:"县级以上人民政府应当将野生动物造成人身财产损失补偿经费和工作经费列入本级财政预算。野生动物造成人身财产损失补偿经费,省级财政负担 50%,州(地、市)、县级财政各负担 25%。设立野生动物保护基金。鼓励境内外单位、个人捐资专项用于野生动物保护,提高野生动物造成人身财产损失补偿水平。"

签订地役权公众责任保险,将供役地人常见的财产损害全部纳入公众责任险范围,提升群众参与公共地役权的积极性。商业保险的引入能够使供役地人及政府所需承担的经济风险有所降低。

3. 其他补偿机制

第一,实物补偿。是指政府以其他不动产土地使用权向供役地人置换其土地,也即以地易地。在公共利益驱使下而导致供役地难以满足供役地人最低程度的需要时,直接的经济补偿有时难以衡量供役地人所承担的风险及损失,更无法平衡供役地人的应有利益,此时实物补偿对于供役地人相对公平,更有助于维护社会公平及稳定秩序。实物补偿的适用需要受到严格的限制,其应以私有权利受到极大限制乃至供役地人几乎无法利用该土地为前提。此外,实物补偿也应当以弥补损失为原则,在具体个案中同供役地人协商确定予以补偿的不动产,对其外部因素及潜在因素进行综合考量,例如该不动产的地理位置、生态环境、发展潜力等,从而选择与供役地人所有土地最为类似的一块土地。

第二,技术帮助。是指公权力机关因设立公共地役权对供役地人的利益损害通过相关技术辅助予以减轻或者免除。通过技术辅助可以减少公众对供役地上的设施安装、噪声污染等因素而影响周边环境的顾虑,减轻风险的承担。以政府的权威性以及相关国有企业的专业性为后盾,技术辅助能够有效减少因公共地役权的设立而产生的不利后果。

综上所述,公共地役权无论是否接受民法的调整,都会在不同程度上存在定位疑难的问题,因此,为了体现我国公益性用地制度体系的完整性,尤其是公法与私法在公益用地上的体制过渡,应当考虑在对我国《民法典》中所规定的地役权制度技术性参照的必要性以及其具体方法,而这是具有国际经验与历史经验的。

第三章　公共地役权的域外立法比较与经验分析

基于公共利益考虑的他主土地利用秩序形成的难点在于，公权力介入的方式、程度对固有土地财产权利秩序造成影响的可控性与正当性把握。对私人（或他人）土地公益性征收的公共利益实现的全面快捷方式，到私人之间基于普通地役权合同而对公共利益的局部暂时方式，这之间是土地等不动产多元利用方式由公法向私法调整中心的制度过渡序列。公共地役权是过渡序列中间状态的重要一环。罗马法役权制度中地役权与人役权分梳却又理念牵连的发展线索，不仅随着罗马法对后世大陆法与英美法不同方面与程度的影响，而体现在代表性国家的代表性役权制度的形成发展过程中，更通过这些国家相关制度呈现出了通过公共地役权或类似制度，力求在土地的公益性他住利用问题上形成公权力介入与普通地役权模式的相互角力又融贯的国别性经验及教训总结。这些经验及教训，也将对在《民法典》适用背景下获得我国公益性用地他住利用问题的一揽子法律解决方案，及其中公共地役权制度建构与演化路径，构成重要的参照系。

第一节　美国"保存地役权"

美国保存地役权肇端于20世纪三四十年代，这一概念是由记者威廉怀特（William H. Whyte）提出的。早期的保存地役权主要表现为联邦政府或州政府通过购买公路周边或风景名胜地使用权的方式，限制或禁止土地所有权人实施有损于自然风景的开发利用行为。该项土地保护措施因有别于普通法上的传统地役权而存有被法院否决其效力之风险，故而各州开始以立法的形式确定保存地役权的合法性，并通过税收减免等激励措施促进保存地役权的广泛运用，使土地所有权人在自愿的基础上出售或捐赠自己的保存地役权以达到限制土地使用之效果。因此，保存地役权成了一种区别于征收、征用而独立存在的、以私人手段对土地所有权人权利予以限制的土地保护机制。

一 美国"保存地役权"的形成动因与制度构成

（一）美国"保存地役权"的定义

"保存地役权"是指为了公共利益的需要，财产所有权人和保护组织（通常是政府或土地信托组织等私人非营利组织）之间通过具有法律约束力的协议而设立的，以限制土地未来开发利用的方式实现土地保护目的或其他公共目的的非独占性权益。[1] 在土地上设立保存地役权之后，土地所有权人应当容忍这种负担，不得为保存地役权协议所限制或禁止的行为。

基于英美财产法上的"权利束"理论，所有权是由各种具体范畴所组成的一束权利的集合，其中每一项利用权均可分离出来作为一项独立的他物权。[2] 因此，保存地役权事实上也是从所有权中分割出来的部分利用权。土地所有权人虽将该部分利用权让与他人，但其所享有的占有、使用、收益、处分权能并未因保存地役权的设立而被完全剥夺，某些重要的财产权利仍属于土地所有权人。例如，土地所有权人仍享有排他权、处分权和有限的非开发使用权等。这里的非开发使用权主要是指从事农业、放牧或低影响的娱乐活动的权利。对于保存地役权协议所未禁止或限制的生产经营活动，土地所有权人仍可在不影响公共目的实现的情况下开展。此外，该土地上的现有发展亦不受影响，供役地上所建立的谷仓、房屋等仍可继续用于存储和居住。除非保存地役权协议规定应容忍公众进入土地，土地所

---

[1] See Bill Schmidt, "Protecting the Land: Conservation Easements Past, Present, and Future", *Environment*, Vol. 43, no. 1, 2001, p. 41.

[2] 李国强：《"权能分离论"的解构与他物权体系的再构成——一种解释论的视角》，《法商研究》2010年第1期。

有权人可继续将公众排除在供役地外而对土地进行排他性利用。

相较于国家征收而言,一方面,保存地役权在实现公共目的的同时赋予了土地所有权人使用土地剩余价值的自由。土地所有权人在不影响公共用途的情况下,可以行使其他未被限制或禁止的权利,从而避免了土地因征收所招致的单一化、低频率利用。另一方面,由于美国土地多为私人所有,往往几代人均居住在同一片土地上。土地对于私主体而言具有特殊的情感意义,其承载了几代人的美好回忆,若被强行征收,必将有损于私人所有者的依恋之情。保存地役权能够为私人所有者保留继续生活在该片土地的权利,维护其对土地的眷恋。

但是,当一个人将他的财产用于与公众利益有关的用途时,他实际上是将该用途的利益授予了公众,且必须为了保障公共利益的实现而对其权利进行适当约束。① 因此,土地所有权人仍要受到较大限制,不得以保存地役权契约所限制或禁止的方式开发土地。保存地役权可以规定禁止在特定土地上从事一切干扰地面的活动,抑或只禁止从事某一特定的干扰活动。例如,保存地役权可以通过限制特定地区的伐木类型和伐木频率以实现对森林的保护。保存地役权大体与大陆法系上的公共地役权类似,不要求有需役地的存在,其是为了公共利益的需要而设立的,最终受益者是公众。因此,保存地役权持有人只是名义权利人,其负有监督土地所有者执行保存地役权契约之义务,通过限制土地所有权人对土地的过度开发利用,以实现对耕地、开放空间或历史古迹等的保护。总之,保存地役权为在私有化世界中实现公共目标提供了一种有用的操作模式。保存地役权的可执行性和长久性共同确保了这一法律手段将成为长期保护土地的有效措施。

(二)美国"保存地役权"的设立目的

20世纪中叶,随着工业发展和二战后的人口增长,美国城市版图迅速扩张。在农村、乡间与郊区,农业活动与非农业活动抢占有限的土地资

---

① See Sargent, Noel, "Conservation and the Police Power", *Illinois Law Review*, Vol. 12, no. 3, 1917.

源，美国各界对农地缩小、城市扩张的趋势表示担忧。[①] 在这一背景下，最初，保存地役权的设立主要是为了保护或保持土地的自然状态，但随着人们对生活质量水平的要求不断提高，许多保存地役权被设计用于实现更为具体的保护目的。美国《统一保护地役权法案》规定，保护地役权是出于保留不动产所涉及的自然景观或开放空间价值，保障其农业、林业、休闲游憩或开放空间等功能，保护自然资源，维系并提升大气和水环境质量，保存不动产自身的自然、历史、建筑、考古及文化价值等目的，而由役权持有者对不动产赋予限制条件或积极义务的非独占性权利。详言之，保存地役权的设立目的主要有以下几个方面。

首先，保存地役权用于保护开放空间（open-space）、野生动物栖息地和其他敏感的生态用地，旨在保留开放空间价值、为野生动物提供生存环境以及维护生态环境、提高空气质量或水质量。[②] 例如，保存地役权常被用于保护野生动物栖息地。由于美国土地私有化面积较大，土地利用碎片化以及土地开发过度化导致野生动物的生存空间受限。为此，通过在私人土地上设立保存地役权的方式，能够为野生动物提供必要的活动空间，增加受保护的野生动物长廊的丰富度。即便保存地役权设立的重点保护目的不是栖息地保护，其在履行特定使命的过程中仍可能实现对生物多样性的保护。

其次，保存地役权有助于防止土地的过度开发利用，保留土地原有的使用方式，有效缓解城市化发展对森林、湿地、农田的侵蚀。以农业保护地役权为例，政府通过向农地所有权人购买土地发展权，使得所有权人的利用权受到限制。农地只能按照保存地役权协议所允许的用途进行使用，避免因经济开发所导致的农地大面积流失，从而巩固农业的基础地位。

最后，保存地役权对历史标志性建筑的保护具有重要作用。历史文化建筑是除文物以外的具有一定历史文化意义、反映时代特色或地方特色、具有保护价值的不动产。这类建筑虽然是私人不动产，但其承载了历史的

[①] 阙占文：《论环境侵权之诉中的自我妨害抗辩》，《广西民族大学学报》2019年第5期。

[②] See Peter M. Morrisette, "Conservation Easements and the Public Good: Preserving the Environment on Private Lands", *Natural Resources Journal*, Vol. 41, Issue 2, 2001.

发展变迁，蕴含了不同时代的文化传承。后世可通过观摩历史遗迹，领悟不同时代的文化底蕴。保存地役权恰恰可以通过限制建筑物所有权人改变建筑物外观或使其负担维护义务的方式实现对历史文化建筑的保护，从而延续历史文化。

(三) 美国"保存地役权"的产生及立法现状

1. 保存地役权的产生原因

所有权作为一种对世权，其往往涉及国家利益、社会利益以及第三人的合法权益。所有权人在行使其财产权利时必须受到合理限制，才能有效缓解私人与私人利益之间以及私人利益与公共利益之间的冲突。起初，所有权被赋予了社会义务，财产所有人在行使财产所有权时必须符合国家和社会利益，不得对其财产进行任意利用。[1] 但这种社会义务的范围较窄，有时难以满足公共福利的要求，需通过警察权力对所有人的财产施加更多的限制。在现代化发展中，以警察权力限制所有权的现象尤为凸显。随着大片的农田、森林和荒野地区被经济开发，民众生活所需的开放空间和生态环境不断减少。保护国家剩余的自然空间、使其免受进一步的开发和破坏，成为政府亟待解决的问题。根据美国土地所有权制度，60%的土地都属于私人所有。要想实现公共保护目的，公权力机关只能基于警察权力（the police power）对私人财产进行干涉。

警察权力是一个国家或政府为维护和促进公共安全、健康和道德，禁止一切损害社会舒适和福利的行为而制定规章制度的权力。联邦最高法院曾对警察权力进行过阐述，即"国家的权力……制定条例以促进人民的健康、和平、道德、教育和良好秩序，制定法律以发展国家产业，开发国家资源，增加国家财富和繁荣"。[2] 简言之，警察权力是指政府在其管辖范围内指导人们活动的权力。根据警察权力的定义，警察权力是直接以保障和促进公共福利为目的，这意味着包括警察权力在内的所有政府权力都要受到其行使目的的限制，政府只能执行在一定程度上能促进公共利益的行

---

[1] 参见梁慧星、陈华彬《物权法》（第七版），法律出版社2020年版。
[2] See *Barbier v. Connolly*, 113 U.S. 27, 31 (1884).

为。美国的实质正当程序原则就是这一要求的体现。如果政府的监管措施被发现是"任意的、反复无常的或不合理的",法院将宣布其无效。[1]

警察权力事实上是社会法的体现,构成了开明政府概念的基础。它包括了维护和促进公共安全和福利所必需的一切内容,并在公共利益需要时为有关限制或干涉私人合法权益的条例制定提供了正当性理由。[2] 警察权力可延伸至制定规章,以禁止或限制任何可能被视为公害的行为。这包括对公路、铁路和公共交通工具的管制,对地方不良行业的限制以及对扰乱社会秩序行为的治理等一切维护社会公共利益的行为。[3] 立法机构对警察权力的控制能够有效防止公权力的滥用,使警察权力的行使服务于公共利益的实现。

最初,政府通过警察权力实现土地保护政策的方式主要有两种。第一,对土地进行征收。政府将土地收归国有后,再将其用于公共用途。此种方式虽然高效,但给政府施加了过重的财政负担。并且,以投资价值还是现存价值作为土地补偿的标准一直存有争议,政府在收购或征收过程中容易引发纠纷,致使土地保护计划难以推进。因此,在所有其他保护方法都失败之前,不可轻易尝试这种控制方法。第二,通过征收高额税收的方式迫使土地所有者交出土地。例如,在美国土地继承中,继承人必须支付高额的继承税。在无力承担高额继承税的情况下,继承人只能将土地的部分或全部予以出售以换取足够的现金纳税。这一政策既存在剥夺私人合法财产之嫌,也与正义观念背道而驰。此外,土地所有者在出售土地之前,可能会大面积开发利用土地,从而不利于土地保护目的。因此,公共和私营部门都在试图寻找一种以警察权力为后盾的、充分尊重私人意愿的低成本措施,而保存地役权就是其中之一。保存地役权作为一种成本较低且符

---

[1] See Stoebuck, William B., "Police Power, Takings, and Due Process", *Washington and Lee Law Review*, Vol.37, no.4, 1980, pp.1057-1100.

[2] See Hochheimer, Lewis, "The Police Power", *Central Law Journal*, Vol.44, 1897, pp.158-162.

[3] See Dempsey, Paul Stephen, "Local Airport Regulation: The Constitutional Tension between Police Power, Preemption & Takings", *Penn State Environmental Law Review*, Vol.11, no.1, 2002, pp.1-44.

合自由市场原则的保护方式，能够使私人土地所有权人自愿限制土地的开发利用。

2. 保存地役权的定性

在美国普通法上只有三种类型的役权（servitudes）：地役权（easements）、不动产契据（real covenants）和衡平法上的役权（equitable servitudes）。保存地役权必须被描述为这三种类型之一，才能确保其在普通法下的有效性。然而，保存地役权并非传统意义上的"役权"。

（1）保存地役权不应归类为地役权。在三种役权中，地役权受到法律的保护最多。地役权赋予了地役权人有限使用或享受他人土地的权利。换言之，地役权为地役权人以地役权契约所规定的方式使用或享受他人土地部分财产权益提供了正当性基础。例如，人们可以通过协商设立地役权的方式获取在他人土地上通行之便利，或者利用相邻土地进行排水、取水等。

在普通法上，根据地役权的利益类型分类，可将地役权分为两种，即积极地役权（affirmative easement）和消极地役权（negative easement）。如果地役权赋予地役权人积极使用供役地或在供役地上进行特定类型活动的权利，那么它就被称为"积极地役权"。相反，如果地役权仅是限制供役地人在供役地上进行某类活动的权利，则属于"消极地役权"。此外，根据地役权的受益对象不同，也可将地役权分为"属地地役权"和"属人地役权"。如果地役权的设立是为了使某一块占支配地位的土地受益，那么它就被称为"属地地役权"（appurtenant easement）。如果地役权的设立是为了使某一特定个人受益，那么它就被归类为"属人地役权"（easement in gross）。基于此，部分保存地役权，如农业保护地役权等，兼具属人地役权和消极地役权的性质，其设立目的并非为了特定土地的使用便利，而是为了社会公众的利益需要。保存地役权通过对土地的用途施加限制，能够有效阻止土地所有权人在其土地上进行过度开发利用活动，从而维护农地的原始使用状态不受影响。

然而，美国普通法原则上并不允许这种消极属人地役权的存在。第一，由于保存地役权对土地所有权人、使用权人利用其财产的能力施加了限制，因此具备"消极地役权"的特征。但是，美国消极地役权通常只限于光照、空气、支撑物和人工水流这四种用途。① 对开放空间或生态环境等的保护并不符合传统上公认的四种消极地役权类型之一。因此，普通法不承认这种消极地役权。第二，由于保存地役权是为了社会公众而非特定土地的权利人的利益设立，因此同样具备"属人地役权"的特征。正如"拉蒂诺诉哈特案"（Ratino v. Hart）中，判决就提到："属人地役权不附属于任何土地上的不动产权益，任何人也不因拥有土地上的不动产权益而取得该权利；属人地役权仅是对他人土地的个人利用权，它纯粹是个人的。"② 但是，在普通法视野下，属人地役权本质上是对土地的积极利用，其与保存地役权的消极限制属性不相符。第三，保存地役权往往是对土地的永久性限制，这与普通法禁止对限制可转让性的财产实行"死手控制"的理念相背离。因此，保存地役权不应被归为传统的地役权。

（2）保存地役权不应归类为不动产契据。由于传统地役权法只允许四种消极地役权，对私人土地的其他限制只能通过不动产契据来完成。不动产契据是土地所有权人就财产的使用限制所作的承诺，并以正式协议的形式呈现。一般而言，不动产契据记载了土地所有权人承诺在其财产上做或不做某事的要求，主要用于限制某一特定土地上的建筑物或发展项目的规模、类型和设计内容。③

相较于地役权而言，保存地役权的土地使用承诺属性使其更接近于一种不动产契据。然而，两者的效力差异决定了保存地役权难以成为不动产契据。根据美国普通法，以财产形式持有的不动产契据通常不能在利益上限制继承人，只有在继承人同意负担该利益时，不动产契据才能约束财产继承人。而保存地役权被转让给政府或土地信托组织后，保存地役权协议中所约定的任何限制都将与土地共存而约束该土地的未来所有权人。换言之，无论是否经得土地所有权人或其继承人的同意，保存地役权均能够对

---

① See Cheever, Federico, "Public Good and Private Magic in the Law of Land Trusts and Conservation Easements: A Happy Present and a Troubled Future", *Denver University Law Review*, Vol. 73, no. 4, 1996, pp. 1077-1102.

② See *Ratino v. Hart*, 424S. E. 2d753, 756（W. Va. 1992）.

③ See Blackie, Jeffrey A., "Conservation Easements and the Doctrine of Changed Conditions", *Hastings Law Journal*, Vol. 40, no. 6, 1989, pp. 1187-1222.

土地的现在及未来所有权人进行约束。此外,保存地役权条款的可强制执行性也使保存地役权有别于不动产契据。在供役地人不履行不动产契据的情况下,地役权人唯一可寻求的补救办法就是要求土地所有权人进行金钱损害赔偿。虽然地役权人获得了经济赔偿,但不动产契据保护未来土地发展的目的将难以实现。相反,如果供役地人违反了保存地役权契约,地役权持有人可以要求强制执行保存地役权条款。显然,通过使用禁令来强制执行不开发某地产的承诺更有利于实现对土地功能价值的保护。因此,虽然保存地役权与不动产契据有一些相似之处——两者都是限制财产使用的承诺——但不动产契据的普通法适用规则与保存地役权的基本原理和意图并不相容。

(3)保存地役权不应归类为衡平法上的役权。相较于上述两种役权,衡平法上的役权是一种"更灵活"的财产权益替代形式。与不动产契据一样,衡平法上的役权也是基于土地使用限制的正式协议而产生的,但其可以被强制执行,法院在判令执行衡平法上的役权条款方面具有很大的自由裁量权。如果土地所有权人违反了其土地上所负担的衡平法上的役权条款,法院可以通过禁制令的方式指示土地所有权人遵守役权条款来强制执行役权契约。由于衡平法上的役权制度提供了更有效的执行机制,土地保护主义者认为,它们比不动产契据更适合用作土地保护手段。虽然衡平法上的役权可以强制执行,但其是属地地役权,具有从属性,其利益应当从属于需役地,即"随地而动"(running with land),而保存地役权并不以需役地为存在前提。此外,同不动产契据一样,如果土地所有权人要出售有关财产,除非受让人同意继续负担役权契约,新的土地所有者不必再遵守该契据。因此,保存地役权并不属于衡平法上的役权。

总而言之,适用于地役权、不动产契据和衡平法上的地役权的普通法规则与保存地役权相冲突,它们在设立、实施以及效力方面与保存地役权均存在较大差异,从而难以获得普通法上的承认。正如在"FOS 诉诺顿案"(*Friends of Shawangunks, Inc. v. Knowlton*)[①] 中,法院认为"在授权法令通过之前设立的普通法属地地役权不受法令的保护"一样,保存地役

---

① See *Friends of Shawangunks, Inc. v. Knowlton*, 487N. Y. S. 2d543, 545-46 (1985).

权由于没有法律的明文规定,在法院判断保存地役权契约效力时,常被认为是无效契约而不受法律保护。

3. 保存地役权的立法过程

为了使保存地役权合法化,各州陆续开始通过制定法律以保护保存地役权所产生的非独占性利益。在1939年,威斯康星州就通过立法明确了为了国家公园道路发展的目的,可以州的名义取得所有通行土地的所有权或地役权。1956年,马萨诸塞州成为第一个通过保存地役权立法的州,其保存地役权主要包含保存限制(conservation restriction)、保全限制(preservation restriction)、农业保护限制(agricultural restriction)、流域保护限制(watershed restriction)和可负担房屋限制(affordable housing restriction)五个类别。此后,加利福尼亚州也开始重视保存地役权立法。1959年《加州风景地役权法》在马萨诸塞州法律基础上扩展,授权地方政府可为保护开放空间而设立保存地役权,土地所有者因负担保存地役权可获取一定费用或较少利益,其他州也纷纷效仿。然而,加州立法机构既没有为该法令的具体适用提供可操作性规则,也没有为保存地役权的设立提供激励措施,导致该法令未能被实际实施。与此同时,国会开始为保存地役权的发展加大推动力。1965年《联邦公路美化法案》中,国会对联邦所拨付的用于修建公路的资金用途明确予以规定。其中,为了确保公路沿途风景的美观,该法案要求修建款中的3%须用于景观美化。[①] 由此,至少有29个州通过颁布新的或附加的高速公路法规对公路修建资金用于美学的要求予以响应,而该项资金的重要去处之一即设立保存地役权以改善公路周围的环境。[②]

为了鼓励更多的州通过这样的立法,美国统一州法全国委员会于1981年颁布了《统一保护地役权法案》。该法案积极推动各州保护地役权立法的统一,截至2018年,半数以上的州在不同程度和形式上采纳了该法案。该法案规定:"保护地役权是有效的,即使:①它不是不动产权益的附属

---

① 魏钰等:《保护地役权对中国国家公园统一管理的启示——基于美国经验》,《北京林业大学学报》(社会科学版)2019年第1期。

② See Blackie, Jeffrey A., "Conservation Easements and the Doctrine of Changed Conditions", *Hastings Law Journal*, Vol. 40, no. 6, 1989, pp. 1187–1222.

物；②它可以或已经转让给另一个持有人；③它不是普通法传统上承认的性质；④它施加了消极负担；⑤它向财产权益的所有人或持有人施加了积极的义务负担；⑥利益不涉及或涉及不动产；⑦不存在不动产权益或合同的相对性。"随后，各州也陆续颁布了保存地役权法律。虽然各州对于保存地役权的规定有所差异，但大部分法律都是以1981年《统一保护地役权法案》为基础。美国50个州和哥伦比亚特区颁布的保存地役权授权法规与《统一保护地役权法案》存在一些共同特点，如均要求将保存地役权转让给政府机构或慈善组织等为公众服务而组织和运营的实体持有。这些法律法规的制定通常都是为了扫除保存地役权设立和保持长期有效性所面临的普通法障碍，即可能因为违背普通法上的传统役权而被宣布为无效。为此，大多数州法律明确规定普通法的役权禁令不适用于在法定权力下创设的保存地役权。可以说，州赋权法创造了一种在普通法中并不存在的全新的役权类型。保存地役权实际上是成文法的产物。

为了推动保存地役权的广泛适用，联邦税法还规定了相应的税收减免措施以激励土地所有权人积极捐赠保存地役权。《国内税收法典》第170(h)条和相关的美国财政部法规规定，在保存地役权"永久授予"并给予"专门为保护目的的合格组织"的情况下，"合格财产权益"可以获得税收减免。[1] 由此，税收减免所产生一系列配套规则也就应运而生，后文将详细进行论述。

二 美国"保存地役权"的理论基础

美国保存地役权的理论基础主要源于公共信托理论（the public trust doctrine）以及国家亲权（parens patriae）。

（一）公共信托

1. 公共信托的概念

公共信托理论是指国家接受社会公众的委托，负有管理和维护公共资

---

[1] See Nancy A., McLaughlin, "Internal Revenue Code Section170 (h): National Perpetuity Standards for Federally Subsidized Conservation Easements", *Real Property, Trust and Estate Law Journal*, Vol. 45, Issue 3, 2010, pp. 473-528.

源的信托义务；作为受益人的公众，有权按照公共信托用途对公共资源进行非排他性利用。① 具体而言，大气、水体、土壤岩层、生物圈等环境型自然资源国家所有权事实上构成一种公益信托，其目的是防止环境退化、维护资源循环以保障当代与后代人民的可持续分享。公益信托性质的所有权不具有私人所有权完整的收益性与排他性。人民为了个人生存，于不损害环境可持续发展的限度内，可以采集、狩猎、捕捞等方式非排他的自由先占取得其中具体成分。② 此外，主权国家同样也担负着保护公共资源的义务。当公共资源遭到他人非法侵害时，国家有权对侵害人提起诉讼，要求其承担赔偿损害责任并强制其采取措施恢复原状。③ 若国家不履行其信托义务，公众可以诉请法院强制其履行。因此，公共信托理论为保存地役权的设立提供了正当性基础。

保存地役权作为基于公共利益需要而设立的土地保护措施，同样构成了一种类似信托的法律安排。首先，公众事实上代表了信托中的"受益人"，因为州立法机构和法院已经承认，公众从保存地役权中获得了重大利益。在"贝内特诉科纳食品农业案"（Bennett v. Comne'r of Food and Agric）中，法院认为："保护限制的受益者是公众，保护限制加强了立法规定的公共目的……。"④ 其次，作为保存地役权的合格持有人，政府和慈善组织实际上扮演着"受托人"的角色，他们维护保存地役权的行动被推定为符合公众的利益。一方面，政府、慈善组织的定位决定了其是为了公众利益而非自身利益采取行动。另一方面，当一个政府实体基于其警察权力采取行动时——例如取得和持有保存地役权——该行动应当符合一般公众利益。最后，保存地役权属于持有人，而保存地役权的利益流向持有人以

---

① 肖泽晟：《社会公共财产与国家私产的分野——对我国"自然资源国有"的一种解释》，《浙江学刊》2007年第6期。
② See Austin W. Probst, "Go with the Flow: The public Trust Doctrine and Standing", *Wayne Law Review*, Vol. 62, 2017, p. 537.
③ See Kanner, Allan, "The Public Trust Doctrine, Parens Patriae, and the Attorney General as the Guardian of the State's Natural Resources", *Duke Environmental Law & Policy Forum*, Vol. 16, no. 1, 2005, pp. 57-116.
④ See *Bennett v. Comn'r of Food and Agric*, 576N. E. 2d1365, 1367 (Mass. 1991).

外的其他受益人,这一事实也与传统的信托框架高度相似。综上所述,这些因素强烈表明保存地役权具有信托的性质,州政府或公益机构是保存地役权的名义持有人,公众作为实际受益人可在合理范围内对公共资源进行非排他性的利用。

2. 公共信托的演变历程

公共信托理论作为古老的法律学说,最早可以追溯到罗马法,其基础原则是"公众对某些自然资源拥有不可侵犯的权利"。[①] 之后,它由罗马法演变成英国普通法,并传到美洲殖民地。从那时起,该学说逐渐通过一系列的法院判决而演变为普遍规则。

在罗马法时期,公共信托概念就已经萌芽。除了公共物品外,罗马人还承认了古代君主的权力,即征用权,通过征用私人土地而供公众使用。此外,罗马人还对土地用途进行了控制,如对住房和建筑进行限制以实现公共利益。为此,以权利为基础的财产概念逐渐包含了各种公共责任的内涵。

到11世纪和12世纪,英国的村庄虽然大部分是封建的,但存有放牧牲畜的"公共"土地。公共土地原则上仍属于领主,但领主的土地一旦进入共同体而被纳入公地制度中,它就生发出了相对于领主的很大程度上的独立性,从而具备了一定的公共财产性质。[②] 因此,在中世纪的公地制度中,村民有权在封建领主没有使用的土地上进行有限数量的放牧活动,并有权砍伐树木、采泥炭或揭取草皮作为燃料。甚至从一开始,公地制度的适用规则就已经成型:村庄有权决定公地上允许存有的动物种类和数量、放牧的时间以及吃草量。虽然公地制度持续了几个世纪,但富裕地主滥用公地制度的情况时有发生,最终导致19世纪中期大部分公共土地被地主进行排他性利用。经过几个世纪的发展,某些土地永远属于君主的学说在17世纪初于英国重新流行起来,从而将君主拥有的土地定性为公共资源。在

[①] See Richard J. Lazarus, "Changing Conceptions of Property and Sovereignty in Natural Resources: Questioning the Public Trust Doctrine", *Iowa Law Review*, Vol. 71, Issue 3, 1986, pp. 631-716.

[②] 赵文洪:《公地制度中财产权利的公共性》,《世界历史》2009年第2期。

许多关于王权范围的争论中，公共信托被重新提及。

当殖民者到达美洲时，他们从英国带来了公共信托理论。由于公共信托理论的本质在于满足公众不断变化的需要，其适用对象、范围、规则等逐渐有别于英国的传统模式。随着时间的推移，公共信托理论慢慢地被塑造和扩展，以符合其造福公众的目的。最早，公共信托理论主要用于动物保护。从1694年的马萨诸塞湾开始，殖民地开始限制捕杀野生动物。到美国独立战争时期，除乔治亚州外的每一个殖民地都对鹿的猎杀设立了限制。随着人口的增加，人们逐渐认识到人类活动空间的不断扩张给野生动物生活所带来的严重威胁，因此开始制定法律保护野生动物的生存空间。最典型的例子是要求磨坊主在其水坝中安装鱼道的法规。如在1845年马萨诸塞州设立的埃塞克斯公司（Essex Company），被立法机构要求在梅里马克河（Merrimack River）上修建的大坝中为鱼类通行提供通道设施。

由于公共需求的不断增多，公共信托不再仅限于水道，其适用范围有所扩张。在"吉尔诉康涅狄格案"（Geer v. Connecticut）中，美国最高法院将公共信托理论适用于对野生动物的掠杀。在一次事故中，石油泄漏杀死了波托马克河上的一些鸟类。当联邦政府和弗吉尼亚州起诉污染者时，被告认为双方政府都不拥有这些鸟。然而，法院认为公共信托原则赋予了政府在国家野生动物资源中保护公众利益的义务。自此，一些法院开始利用这一理论保护托管水域的鱼类和水禽。与此同时，关于解决土地使用冲突的法律也在变化。最初，私人权利神圣不可侵犯以及洛克（John Locke）的理论——如果一个人为某物付费，那么他想怎么做就怎么做，使得财产权拥有无边界的自由适用范围，禁止或限制私人部分权利以服务公众的理念难以被世人所接受。然而，随着美国城市化发展，所有权范围无限扩张所导致的社会无序性使得公共控制变得尤为必要。为了防止土地所有者的权利行使损害公共利益，各城市开始运用他们的警察权力制定法令，限制某些对公众影响较大的活动，如皮革厂、蜡烛制造商、带有气味和垃圾的屠宰场只能按规定在城市的特定地区设立。

由此，公共信托理论从原先只适用于水域资源以及与此相关的通航、商业和渔业权利，扩大到了诸如海滩、乡村公园、野生动物和历史遗迹等更为广泛的公共资源。一些法院甚至还将公共信托理论运用到风景和娱乐保护中。随着土地保护问题愈演愈烈，保存地役权这一创新性措施的诞生同样也获得了公共信托理论的强烈支持。与其他公共信托资源一样，保存地役权也是为了公众的利益而以类似信托的方式持有的。保存地役权虽然并非由公众直接行使，但其存在本身就是在以不同的方式实现社会公共利益，比如维护风景名胜以供公众审美享受、保护自然资源以保障人类可持续发展等。一些法院将公园的"娱乐"目的定义为"审美娱乐"，并认为致力于"保护自然资源"的地区有资格称为"公园"。[①] 因此，负担保存地役权的土地在某些司法管辖区可被列为"公园"，成为一种公共信托资源。

3. 公共信托的宪法化及国家责任

随着公共信托理论的普遍适用，其逐渐被各州写入宪法中，而不再仅是一项古老的普通法原则。例如，《宾夕法尼亚宪法》第1条第27节是古典公共信托理论宪法化的一个典型例子，它规定：人民有权享有清洁的空气、纯净的水，有权对自然、风景、历史和美学价值的环境进行保护。宾夕法尼亚州的公共自然资源是所有人的共同财产，包括未来的几代人。作为这些资源的托管人，联邦政府为了全体人民的利益应当保存和维护这些资源。此后，其他州也纷纷效仿宾夕法尼亚州。例如，佛罗里达宪法确定了政府为公众托管土地的合法性。又如，夏威夷宪法规定土地属于公共信托财产。

公共信托理论的宪法化以及国家在托管土地上的主权地位决定了国家为了公众利益负有一些保护义务，即一项保护资源的"积极义务"（affirmative obligation）。虽然国家在履行公共信托所规定的信托义务时存有广泛的自由裁量权，但国家不能自由转让或消灭信托。除非是在特定的、非常有限的情况下，否则国家不得破坏或放弃对公共资源的控制。[②] 因此，国

[①] See Richard J. Lazarus, "Changing Conceptions of Property and Sovereignty in Natural Resources: Questioning the Public Trust Doctrine", *Iowa Law Review*, Vol. 71, Issue 3, 1986, pp. 631–716.

[②] See D. Musiker et al., "The Public Trust and Parens Patriae Doctrines: Protecting Wildlife in Uncertain Political Times", *Public Land Law Review*, Vol. 16, 1995, pp. 87–116.

家在管理公共资源时被赋予了与普通受托人类似的保护责任。

4. 违反公共信托的后果

若违反公共信托，将给公众或者特定利益群体带来损害，因此修复、修理、更换和丧失使用的损害赔偿成为公共信托案件中最为常见的赔偿方式。

（1）补偿性损害赔偿：恢复、修理和更换。补偿性损害赔偿的目的是恢复受损人的合法权益。从经济学的角度来看，补偿性损害赔偿要求侵权人对他们行为所造成的损害承担责任，而价值通常被认为是衡量权益损害的标准。对一国自然资源所受损害的价值进行评估，存在市场估值、恢复费用以及替代成本这三种方法。

首先，在自然资源被破坏的情况下，法院常试图通过市场估价的方式对自然资源的损害设定一个金额，并判给受损人这个金额的赔偿。由于没有确定资源价值的标准公式，对于私有资源的损害，法院会根据资源减少的市场价值来确定损害赔偿。[①] 例如，对生产性树木的损害，通常会将土地使用价值的减少额作为损害的衡量标准。然而，对于市场估值的主要批评在于，自然资源的存在价值（existence value）在市场估值中没有体现出来。

存在价值强调的是社会对自然资源存在的重视，而不是对自然资源可能产生的"实用"用途的重视。存在价值的三种类型包括选择价值（option value）、替代价值（vicarious value）和跨期价值（intertemporal value）。学者弗兰克·克罗斯（Frank B. Cross）解释了这三种形式的存在价值：存在价值有三个不同的子类别。第一，人类可能把自己的"选择价值"放在保护自然资源上。"虽然我从未参观过约塞米蒂国家公园，但我可能有一天会想去，所以，我重视对它的保护。"因此，保留自然资源未来利用的选择权具有重要意义。第二，人类可以从自然资源中获得"替代价值"。"即使我从来没有打算去参观约塞米蒂国家公园，我可能仍然重视对它的保护。对一些美国人来说，知道一个特定的自然环境受到了保护是很有价值的，因此，对自然的替代性欣赏具有明显的经济价值。"第三，保护自

---

① 王树义、刘静：《美国自然资源损害赔偿制度探析》，《法学评论》2009年第1期。

第三章　公共地役权的域外立法比较与经验分析

然资源可能具有"跨期价值"。"即使我对参观约塞米蒂国家公园没有兴趣，我也希望我的后代和他们的后代有机会参观这个公园"①。因此，存在价值是考察一种资源的存在本身对人类的价值，而这一价值难以通过市场估值予以确定。

其次，在许多情况下，自然资源不仅本身被破坏，而且破坏行为还留下了有毒物质。这些物质有继续损害人类健康或其他自然资源的潜在危险性，因此必须对其予以清除。由此，环境污染破坏行为所造成的损失不再仅限于自然资源减少的价值，为恢复生态环境所产生的成本以及因自然资源破坏所产生的其他损害都应当纳入损害赔偿的范围中，如此才能对因违反公共信托所产生的损失进行全面赔偿。

最后，考虑到修复的巨额费用，一些法院可能会根据替代成本要求侵权人完成生态功能的恢复义务，即要求侵权人创造一个类似的、与受损地点具有同质性的地点，而不是修复原受损的地点。在"美国诉佛罗里达基斯社区学院董事会案"（*A Federal Court in United States v. Board of Trustees of Florida Keys Community College*）中，联邦法院就采用这种方法。在该案中，佛罗里达基斯社区学院在海滨建造了一座建筑物，从而破坏了半英亩的鱼类栖息地。鉴于有关证据表明修复将带来极为昂贵的费用，法院命令被告在其财产上建造一个类似的栖息地。

（2）"使用损失"损害赔偿。"使用损失"损害赔偿是指公共资源在被损害期间丧失使用能力的损害赔偿。《公园系统资源保护法》（the Park System Resource Protection Act）将自然资源的损害定义为恢复和使用损失价值的补偿。使用价值有两个方面：消费性使用和非消费性使用。消费性使用主要是对资源的消耗利用，而受损期间损失的非消耗性使用价值更多地与资源的审美和娱乐使用有关。例如，因公园被破坏，导致人们暂时失去可供观赏和休憩的地方。又如，在对河水污染进行治理的修复期间内，依赖该河水经营漂流娱乐项目的运营商可能会出现巨额的旅游娱乐收入损

---

① See Frank B. Cross, "Natural Resource Damage Valuation", *Vanderbilt Law Review*, Vol. 42, Issue 2, 1989, pp. 269-342.

失。这些恢复期间的非消耗性使用损失有时甚至可能超过消耗性使用损失，对于这部分损失的赔偿也应予以考虑。

(3) 惩罚性损害赔偿。虽然惩罚性损害赔偿的适用严格受到限制，但在一些公益信托案件中，仍有惩罚性赔偿适用的可能。当侵权人被认为是放任损害结果的发生或损害是基于商业选择故意造成的结果时，法院可基于侵权人对公共信托物长期存在的不合理干扰而要求其承担惩罚性损害赔偿。例如，伊利诺伊州规定任何受保护权利约束的财产所有人，如果故意违反该保护权利的任何条款，法院可以酌情裁定其承担惩罚性损害赔偿责任，赔偿金额与受保护权利约束的不动产的价值相等。

(二) 国家亲权

"国家亲权"一词来源于拉丁语"parens patriae"，原意是"国家父母"(parent of nation)、"终极父母监护人"(state as parent)。根据《布莱克法律词典》，国家亲权的涵义为：作为主权者，国家应尽可能地保护无法自力更生者的合法权益；作为法则，政府有责任代表公民特别是那些处于法律弱势地位的公民提起有关诉讼。① 最初，国家亲权要求政府在法律上扮演着不能为自己做主的人的监护人的角色，以此保护被监护人的合法权益，包括为保护青少年和精神病患者的合法权益而设的系列法律保护措施等。随后，法院扩大了这一原则的适用范围，将政府起诉以纠正对国家利益中的"准主权"利益的损害的权力也包括在国家亲权范围内。

国家利益指国家或其他任何法律实体为了公众利益而以自己的名义所主张的利益。国家利益可分为主权利益和"准主权"利益，每个人都有持续的责任避免侵犯国家的主权和准主权利益，维护国家主权和准主权利益的行动有时被称为"国家亲权诉讼"(parens patriae actions)。其中，国家的主权利益包括"制定和实施一项法典的权力"和"要求其他主权者承认的权力"。② 若因违反刑法、民法或其他规范性法律的行为损害了国家的主

---

① 张鸿巍：《少年司法语境下的"国家亲权"法则浅析》，《青少年犯罪问题》2014年第2期。

② 马存利：《全球变暖下的环境诉讼原告资格分析——从马萨诸塞州诉联邦环保署案出发》，《中外法学》2008年第4期。

权，国家可以自己的名义提起民事诉讼。然而，国家的任务不仅是执行它的法律，其同样担负着保护"准主权"利益（"quasi-sovereign" interests）的责任。"准主权"利益包括公民的健康和福利、州的环境与自然资源以及州的一般经济等①，是由全体公众所分享的利益。"准主权"利益源于"国王特权"（royal prerogative），即国王有保护子民健康和安宁的权力和责任；之后演变为"国家亲权诉讼资格"（parens patriae standing），国家主权者有权代表公民对损害"准主权"利益的行为提起诉讼。美国联邦最高法院在"斯内普公司诉波多黎各案"（*Alfred L. Snapp & Son, Inc. v. Puerto Rico*）中也将"准主权"利益定义为"非主权利益、专有利益或国家作为名义当事人追求的私人利益"。国家虽然对财产并不拥有所有权，但可以依据"准主权"而捍卫公共利益。② 因此，保存地役权符合国家亲权的标准，由国家采用设立保存地役权的方式对土地所有权人的土地使用方式进行限制，从而实现特定的公共保护目的。在供役地人不履行保存地役权所约定的义务时，州检察长可以根据公共信托和国家亲权提起诉讼以纠正对环境等公共资源的损害行为。

三 美国"保存地役权"的一般特征

保存地役权契约是土地所有者与地役权持有者之间具有法律约束力的协议，通过限制土地的开发和未来使用以促进公共利益的实现。正如上文所述，保存地役权有别于美国普通法上的役权，鉴于其肩负着某些特殊的保护目的，因此它具有一些独有的特征。

（一）保存地役权基于公益目的而设立

保存地役权具有明显的公益性，没有特定的土地从保存地役权中受益，也没有任何的单个私人受益，其受益人是公众。从设立目的来看，保存地役权是为了生态环境保护或其他利于公众的目的而设立的，具有公共

---

① 王树义、刘静：《美国自然资源损害赔偿制度探析》，《法学评论》2009 年第 1 期。
② See Kanner, Allan, "The Public Trust Doctrine, Parens Patriae, and the Attorney General as the Guardian of the State's Natural Resources", *Duke Environmental Law & Policy Forum*, Vol. 16, no. 1, 2005, pp. 57–116.

利益属性。无论保存地役权是为了保存开放空间、保护自然资源，还是为了维持健康的空气质量，公众都可从保存地役权的保护目的中获益。从权利义务内容来看，保存地役权持有人不仅不会从中获利，并且还负有监督管理义务。在供役地人不履行义务时，保存地役权持有人需要督促其履行。因此，持有人的职责之一是保留或保护不动产的自然、风景或开放空间价值。从执行措施来看，许多保存地役权法案规定的第三方执行权亦能证明保存地役权的公共目的属性。例如，美国《统一保护地役权法案》规定，如果慈善机构持有人未能根据保护地役权协议履行其作为公共受托人的义务——确保土地使用方式得到有效的限制，那么任何其他有资格作为持有人的组织均可寻求执行限制。[1]

（二）保存地役权不以需役地的存在为前提

传统的地役权是为了便于需役地的利用而设立的，故从属于需役地。而保存地役权具备属人地役权的特征，其设立并非为了相毗邻土地的利益，而是在于促进公共利益的实现；其受益者亦非是相毗邻土地的占有、使用者，而是社会公众。当然，保存地役权与罗马法中的人役权仍有所不同，保存地役权是为了不特定公众的利益而设立，该权利的持有人一般是政府或者公益组织，最终受益人是社会公众。而人役权是为特定人的利益而设立的旨在以他人之物供特定人使用和收益的权利。[2] 因此，两者的适用对象存在差异。

（三）保存地役权采用自愿协商的合同模式取得

保存地役权一般是由土地所有者与政府或者公益信托组织通过契约设立的，充分尊重了土地所有者的意思，属于约定地役权。由于保存地役权的最终目的是保障公共利益的实现，因此在制度设计上体现出了兼顾公私利益的折中性本位观。一方面，法律对于保存地役权的设立目的有明确的规定，只有在法律规定的目的范围内，才可以设立保存地役权。另一方面，在保存地役权持有人的选择上，可由公益团体、信托组织等与土地所

---

[1] See Blackie, Jeffrey A., "Conservation Easements and the Doctrine of Changed Conditions", *Hastings Law Journal*, Vol. 40, no. 6, 1989, pp. 1187–1222.

[2] 周枏：《罗马法原论》（上册），商务印书馆2014年版，第414页。

有权人协商签订保存地役权契约，从而允许政府之外的主体进入保存地役权市场，这充分体现了主体地位平等的私法理念。

（四）保存地役权的存续期限通常具有永久性

根据美国《统一保护地役权法案》第 2 条第 3 款规定，保存地役权在期限上是无限的，除非创造它的文书另有规定。此外，根据《国内税收法典》的规定，非永久建立的保存地役权并不能使土地所有权人享有联邦所得税和遗产税优惠。因此，绝大多数州立法规定，如果保存地役权没有约定存续期限，则默认为永久期限。永久期限的好处在于对土地的永续限制能够实现对土地的长期有效保护，避免短期效应所带来的不稳定性。但也有很多学者不赞同永久性保存地役权，认为现今所做的土地用途保护决定通常是临时的、零碎的，而且是在信息不完全的情况下做出的。保存地役权永久性地限制土地的某类用途，使得土地难以适应未来不断发展变化的环境。为此，一些州将保存地役权的存续期间规定为固定期限。例如，蒙大拿州法规规定，保存地役权的保护期必须至少为 15 年。

四　美国"保存地役权"的具体类型

美国保存地役权已经成为土地保护的一项重要措施，随着其适用范围的不断扩张，保存地役权呈现出多种形态，主要包括以下几种类型。

（一）保护地役权

传统的保护方法通常忽略了一种可能性，即私人行为者亦可能独立于政府监管而采取行动保护环境。由于私营部门是许多环境退化和污染的根源，人们往往认为，私人行为者本身无法保护环境。这一假设的必然结果是，解决环境退化问题只能通过政府和公众行动来达成。然而，这一假设过于武断。公共行为者有时同样会破坏环境，而私人行为者经常为了自身财产利益不受环境退化的影响而积极采取措施保护环境。对私人土地进行有效的长期环境保护，不仅取决于政府的监管，也取决于土地所有者个人的行为，私人和公共保护自然环境的行动是相辅相成的。尽管政府在管理私人土地上的行为方面拥有广泛的权力，但对私人土地所有者的强制限制并不能使私人土地所有者顺从，除非他们自愿选择按照政府的要求行为。

民法典背景下公共地役权的制度建构与体系融入

任何真正有效地保护私人土地环境的努力无疑都需要在很大程度上依赖于私人土地所有者的个人行动。[1] 因此，为达到特定的政策目的，需要公共行为主体和私人在政策制定和执行中的不断合作[2]，而保护地役权正是公私合作以保护环境的一项重要手段。保护地役权不仅可以实现与政府管制相同的目标，而且充分尊重了土地所有者的意愿，促使土地所有者自愿、主动履行保护地役权协议所约定的义务，实现政府和私人共同的保护目标。

保护地役权的产生经历了一段思想变化过程。在国家的自然资源似乎无穷无尽的时候，提倡保护环境而不是经济开发土地的社会政策难以被公众和政府接纳。经济增长的好处随处可见，而生态代价在短期内并不会显现。因此，即使是早期的保护地役权，也仅仅是为了提供一种美学上的感官享受，而非为了资源保护。[3] 美国对于土地的利用主要是围绕这样一个原则发展起来的，即"最佳利用"（best use）原则，这意味着土地所有者应当进行"最有利可图的使用"（most profitable use）。从经济收益的角度来看，土地资源用于商业等经营性用途所带来的利益远高于其他用途所产生的收益。[4] 基于利益驱使，土地所有者或使用者更倾向于对土地进行经营性利用，而忽略对环境的保护。但随着工业化时代的到来，工业发展给人类生活环境所带来的负面影响越来越显性化，其损害的不可逆性以及巨额的治理成本让公众意识到环境保护的重要性以及开放空间对人类生活的不可替代性。到20世纪中期，美国联邦最高法院认为，限制财产权的政府权力既可以基于美学价值也可以基于经济价值，其保护对象既可以是精神内容也可以是物质内容。[5] 此外，越来越多的证据表明，保护土地的努力可以带来实质性的物质利益。立法者也开始认识到，在某些情况下限制土

---

[1] See James R. Farmeretal, "Why agree to a conservation easement? Understanding the decision of conservation easement granting", *Landscape and urban planning*, Vol. 138, 2015, pp. 11–13.

[2] 王卫明：《超越管制的治理模式》，载罗豪才主编《行政法论丛》第9卷，法律出版社2006年版。

[3] See Blackie, Jeffrey A., "Conservation Easements and the Doctrine of Changed Conditions", *Hastings Law Journal*, Vol. 40, no. 6, 1989, pp. 1187–1222.

[4] 熊晖：《异化与回归：我国城市土地储备制度的正当性考辨》，《现代法学》2006第4期。

[5] 耿卓：《我国地役权现代发展的体系解读》，《中国法学》2013年第3期。

地使用给公众带来的好处即使不是更多，至少也是与土地开发一样多。因此，州立法机构纷纷进行保护地役权立法，通过限制土地用途以实现公共利益。例如，肯塔基州法令中规定了禁止影响采矿作业的限制性条款。而特拉华州法令不仅列举了可能被禁止的事项，还具体规定了可能不被禁止的事项，即保存地役权应当允许土地所有者、使用者在土地上从事一定的狩猎、捕鱼或其他娱乐活动。[①] 具体而言，保护地役权主要分为以下几类。

1. 农业保护地役权（agriculture conservation easement）

在美国的保护地役权发展过程中，最为典型的是"农业保护地役权购买计划"[②]（purchase of agriculture conservation easement）。这一计划的背景系二战结束后直至20世纪70年代，大量美国居民涌入城市郊区与乡村。每年有大量的土地被转化为农业用地，乡村土地面临被蚕食的风险。农业保护地役权购买计划的目的在于防止城市化进程造成的农地流失损害，通过对土地所有者补偿的方式实现对土地用途的有效限制。通过农业地役权购买计划的实施，使想要长期从事农业生产的农场主获得融资并长期保有土地所有权的资格。[③]

美国并非单一的土地所有制国家，除了州政府、联邦政府的土地外，还包括大量的私人土地。对于这部分私人土地，土地所有者享有完全的占有、使用、收益、处分权。土地所有者不仅可以利用其享有的土地使用价值在土地上自由地进行各种开发利用活动，还可以利用土地交换价值进行

[①] See Cheever, Federico, "Public Good and Private Magic in the Law of Land Trusts and Conservation Easements: A Happy Present and a Troubled Future", *Denver University Law Review*, Vol. 73, no. 4, 1996, pp. 1077-1102.

[②] 该计划是指作为计划一方的当事人（农地权利人）仅将农地的发展权/开发权转让给另一方当事人（政府机构或者其他公共机构），其仍保有土地的其他权利，并能因此从政府机构或者其他公共机构获得补偿。其实质是政府机构或其他公共机构通过与农地权利人签订永久或者长期契约，支付一定的对价取得限制农地权利人对农地进行开发的地役权，预防农地用途因城市扩张而发生转变，以实现维持当地的农地保有量、保证当地农业的发展、不断提高农地生态价值的特定目标。参见郭雪娇《基于环境保护的地役权研究——以不可量物侵入为视角》，《山东农业大学学报》（社会科学版）2015年第2期。

[③] 张晓平等：《美国约克县农业空间保护规划与管控》，《国际城市规划》2021年第6期。

抵押，或者将其出租给他人利用。而农业保护地役权购买计划则是土地所有者从所有权中剥离出土地的开发利用权，并将这一权利以保护地役权的形式出售给政府。政府从土地所有者处购买保护地役权后，所有者的开发利用权发生移转，其只能为土地保护地役权未禁止或限制之行为，从而达到保护农业耕地的目的。[①]

农业保护地役权在各州得到了有效的实施，其中农地和牧草地保护项目（Farm and Ranch Lands Protection Program）就采用了农业保护地役权的方式以实现对农地和牧草地的保护。该项目由美国农业部设立，农业部自然资源保护局负责管理，地方政府、非营利组织以农产品信贷公司提供的资金购买农业保护地役权。负担农业保护地役权的土地只能被用于农业生产、保障粮食的可持续产出，而不能被开发用于非农用途。

2. 开放空间地役权（open-space easement）

开放空间地役权是最常见的保护地役权类型，其在社会、经济以及美学方面均具有益处：开放空间具有保持自然风貌，维持自然状况以及维护生态环境的功能。例如，开放空间能够维持分水岭、洪泛区和河口等地貌，而其景色也能带来舒适的心理享受，同时也能为野生动物提供栖息地。[②] 受开放空间地役权限制的土地所有者承诺不以保护地役权协议所限制或禁止的方式对其地产进行开发利用。若土地所有者本就不打算改变土地用途，其完全可以通过将开放空间地役权捐赠给一个合格的非营利机构的方式获得税收减免，从而在确保能够承担得起所得税和遗产税的情况下继续按照自己的意愿保有土地。

许多州对于开放空间地役权都有所规定。以加州为例，加州立法机构于1974年颁布了《开放空间地役权法案》（Open Space Easement Act of 1974），以回应人们对于风景名胜保护和城市面貌改善的广泛关注。立法机构认为，开放空间地役权是维护国家经济的有效和可行的手段，其能够确保持

[①] 张迪、颜国强：《美国农业保护地役权购买计划概述及对我国的借鉴》，《国土资源情报》2004年第8期。

[②] W. H. White, "Securing Open Space for Urban America: Conservation Easements", *Bird-Banding*, Vol. 31, 1959, p. 8.

续地提供土地以生产食物、欣赏美景、休闲娱乐以及保护自然资源。[①] 在确定开放空间地役权购买计划时，应当将收购对象锁定在具有较大美学价值、最易受到开发侵蚀的区域，从而有助于最具潜在价值和最濒危的地区得到迅速的保护。

此外，开放空间地役权在实施应对生态系统破碎化的问题方面也发挥着关键作用。开放空间地役权可以在私人土地上建立涵盖数万英亩的保护区，并将私人保护区和公共保护区连接起来，形成大型的生态保护长廊，有效平衡土地的经济价值与生态价值，实现生态系统和生物多样性保护。例如，为了保护杰克逊洞（海拔6400英尺，四周群山环绕的宽阔山谷）的私人土地，杰克逊霍尔土地信托公司（Jackson Hole Trust Company）于1980年在怀俄明州提顿县设立。其通过在私人土地上设立保护地役权的方式，为野生动物栖息、优美风景观赏提供了空间。

3. 历史文化遗产保护地役权（historic easement）

历史文化遗产保护地役权主要适用于历史建筑与文化遗产保护领域，土地或历史建筑的所有者与政府机构或特定的保护组织达成协议，由所有者永久性地出让部分权益以实现对财产的限制性保护。[②] 例如，1954年马萨诸塞州即通过法规授权波士顿大都会委员会为大都会公园区的"运动和娱乐"购买所有权或其他土地权的权利，并通过1956年的另一项法案授权马萨诸塞州自然资源专员通过各种方式获得开放土地所有权或者土地权益，这使马萨诸塞州成为美国第一个立法明确保护地役权的州。后续，美国许多州的立法机构都发现，城市的扩张与蔓延将会侵占、消除许多规模不同、性质不同的空间，其中就包含具有重要美学价值的空间，而这些空间将会构成未来大都市发展重要的物质、美学以及经济资产。在马萨诸塞州的法律基础上，加利福尼亚州、康涅狄格兰州、伊利诺伊州和马里兰州均在不同程度上扩展，授权县和市在保护"公众享用的开放空间和区域"的目的下，可以使用公共预算取得土地所有权或任何不

[①] See May, Laurence M., "The California Open-Space Easement Act: The Efficacy of Indirect Incentives", *Santa Clara Law Review*, Vol. 16, no. 2, 1976, pp. 359-378.

[②] 沈海虹：《美国文化遗产保护领域中的地役权制度》，《中外建筑》2006年第2期。

动产的权利及利益。而这也使美国国家公园管理局逐渐关注到通过地役权对历史文化遗迹保护的必要性和重要性。通过设立历史文化遗产保护地役权，建筑物所有权人负有防止建筑物历史文化特征消亡的义务，因此需要定期对建筑物的内外表面装饰进行维护，同时为公众的观赏提供便利。

早期的文化遗产保护项目通常依赖于政府的主动行动，即直接收购历史地产。以警察权力将某一单一建筑指定为历史地标的方式遭到了部分学者的质疑。首先，对政府是否具有鉴别能力存在异议，将非文化遗产进行强制收购可能损害私人财产所有者的权益。其次，某一建筑物被单独区分出来享受特殊待遇可能会被指责为不公平的区域划分。政府的不可靠性和分区权力的局限性成为历史文化遗产保护实施的障碍。最后，购买私人财产的价格昂贵，政府不能将历史文化遗产进行全部收购。由此，一些学者主张，可以通过对旧建筑的适应性再利用来鼓励人们对历史文化遗产进行保护。这项方案要求在保留建筑物原有结构的同时，允许新的、可替代的用途。[1] 换言之，建筑物所有权人在保持建筑物原有外观、结构的同时，可以对其财产进行自由的使用、收益。以协议方式设立保护地役权，有助于调动私人所有者的保护积极性，在对建筑物进行高效利用的同时实现历史文化遗产保护目的。

综上所述，历史文化遗产保护地役权的主要功能在于当重大财产的历史特征因开发利用而受到威胁时，尽可能降低其损害风险。通过签订保护地役权协议，历史建筑所有者或土地所有者在确保历史特征不受改变的情况下可自愿保留将财产用于现代目的的权利，并获得一定经济补偿。

（二）飞行地役权（flight easement）

随着私人飞机和商业航空数量的不断增加，人们的出行越发便利和高效，由此所引发的航空运营困境和群众矛盾也与日俱增。首先，可用于飞

---

[1] See Ellen Edge Katz.，"Conserving the Nation's Heritage Using the Uniform Conservation Easement Act"，*Washington and Lee Law Review*，Vol. 43，Issue 2，1986，pp. 369-398.

机起飞降落的场地供给不足。机场运营的收益难以支付必要的清场区的费用，导致大多数机场运营商未从土地所有者那里获得空域使用权的情况下，直接在邻近私人地产附近设立飞机起飞和降落点，从而侵犯了邻近地产所有者的空中权。① 其次，由于飞机数量的增加，导致上空邻域已经达到了现有塔台工作人员无法安全应对的拥挤程度。最后，飞机低空飞行所产生的噪声给周围居民的生活带来了极大的困扰。一方面居民的私人生活安宁受到侵扰，另一方面居民的地产价值也因噪声而有所降低。

美国联邦最高法院一直试图探寻航空公司、机场所有者、机场运营者和私人财产所有者权利的一般边界，从而确保在不侵害私人财产的情况下满足飞机的飞行需求。其中，具有里程碑意义的是"美国诉科斯比案"（*United States v. Causby*）。美国宪法第五修正案规定，对私有财产的保护是以公共使用为前提的，但在没有补偿的情况下不得将其用作公共使用。因此，美国联邦最高法院认为由螺旋桨驱动的军用飞机继续低空飞行构成了对私人财产的侵占，按照美国宪法第五修正应当予以赔偿。至此，在科斯比，政府逐渐形成了通过在私人地产上取得飞行地役权的方式来缓解空域交通拥堵状况。② 一般情况下，飞行地役权条款应规定飞行的种类、次数及发出的噪声水平。在飞行器不妨碍土地所有人的合法权益的限度内，私人地产的所有者应当容忍飞行器在其地产上空飞行。③

飞行地役权分为两种：一种是航空地役权（avigation easement）。航空地役权允许飞机在联邦航空局规定的最低安全飞行高度以下，不属于公共领域的空域飞行。由于飞机起飞和降落时需要经过一段较低的飞行空域，而这一空域往往属于私人地产所有者，因此需要通过设立航空地役权的方式取得

---

① 空中权是指在土地的空中横切一立体空间（断层）而以之为标的设立的权利，其独立存在于离开地表的空中，并有独立的利用价值与经济价值。该权利是从土地所有权中分割出来的权利，土地所有权人可将空中权转让、出租。参见梁慧星、陈华彬《物权法》（第七版），法律出版社2020年版，第168~172页。

② See Sax, Joseph L., "Takings and the Police Power", *Yale Law Journal*, Vol. 74, no. 1, 1964, p. 70.

③ 苗延波：《关于我国物权法中是否规定空间权的思考——兼评〈物权法（草案）〉中关于空间权的规定》，《河南省政法管理干部学院学报》2005年第6期。

飞机进入私人地产上空领域的合法权利。另一种是清除地役权（clearance easement）。清除地役权是指地役权持有者可以在指定的边界内清除自然或人为的障碍物，并将飞机降低到指定的高度。与航空地役权不同，清除地役权不一定只在跑道的起飞和降落端使用。它们可以适用于任何必要的地方，以确保飞行员在指定的高度享有无阻碍的飞行视野。[1] 但不论是航空地役权还是清除地役权，都禁止土地所有者在飞机降落和上升所需的空域建造房屋。

此外，飞行地役权有别于保护地役权。它不但要求对所有者的财产使用权予以消极限制，而且还要求所有者忍受他人对其财产权益的积极侵害。虽然飞行地役权给财产带来的侵害主要是由噪声因素引起的，但并不仅限于噪声本身。飞机飞行时所产生的烟雾、振动等，同样会影响许多财产的价值用途。再者，许多买家担心低空飞行的飞机可能会在起飞或邻近区域内坠毁，这可能会影响这类土地的市场价值。由于保存地役权的市场价值是以因负担地役权而导致的财产价值减少数额来衡量的，因此在确定飞行地役权价格时应当进行多方面评估，确保飞行地役权负担给供役地所带来的实际价值减损得以完全弥补。如果飞行地役权的取得导致地役权界线以外的较大地块受到损害，则还可能涉及遣散费和特殊福利。[2]

（三）航行地役权（navigation easement）

"航行地役权"是指在江河、湖泊、海洋等水域上设立可供公众通行的地役权，水域所有者负有容忍船舶穿越其水域的义务。[3] 航行地役权早期被认为是美国在发展中国家的主要交通要道上行使警察权力的正当性基础。政府对水路的控制有助于防洪、发电以及流域开发。[4] 在流域上进行

---

[1] See Plattner, Frank B., "Jet Aircraft Noise-Avigation and Clearance Easements", *JAG Journal*, Vol. 15, no. 5, 1961, pp. 87–96.

[2] See Sullivan, Roger M., "Avigation Easements", *Law Notes for the General Practitioner*, Vol. 7, no. 1, 1970, pp. 26–30.

[3] 肖泽晟：《公物的二元产权结构——公共地役权及其设立的视角》，《浙江学刊》2008年第4期。

[4] See Brady, James M., "The Navigation Easement and Unjust Compensation", *John Marshall Law Review*, Vol. 15, no. 2, 1982, p. 359.

商业活动，能够给流域所有者以及政府带来可观的回报收益。此后，航行地役权逐渐被各州所认可，用于对河岸土地所有者在可通航河流的水域和河床上所享有的权利进行有利于公众在该水域航行的约束。[1]

然而，航行地役权的设立不仅会对水域所有者进行限制，同样也会对河岸土地的所有者造成影响。早在"斯克兰顿诉惠勒案"（Scranton v. Wheeler）中，法院对航行地役权的影响进行了一般性陈述：无论河岸所有者所享有的与公共通航水域接壤的土地的利益性质如何，其所有权无法像与该航行水域没有直接联系的土地所有权一样完整。它是一种限定所有权，是一种纯粹的技术所有权，不像其他土地所有权那样完全由所有者支配，而是始终服从于对水下土地和水上水流的使用，而这种使用应当符合公共航行权的要求。[2]因此，航行地役权的行使不可避免地会给私人财产造成负担，公正补偿成为航行地役权的行使前提。通常，公正补充的标准是财产的市场价值。基于财产被适用和可能被适用的最有利可图的用途，在评估河岸土地的市场价值时，应将河岸土地所有者对河流的使用权和潜在的水电使用权考虑在内。[3]

五 美国"保存地役权"的主要内容

（一）地役权持有人

保存地役权的持有人一般是政府或土地信托组织。各州授权法令对于保存地役权的合格持有人的定义存在不同的规定。根据最初的马萨诸塞州和加利福尼亚州自然资源保护地役权法，唯一合格的持有人是一个政府实体。[4] 由于这些早期法规只允许政府持有保存地役权，且对于何时以及如何行使保存地役权提供较少指导，因此这些法规并没有被广泛适用。直至

---

[1] See Daniel J. Morgan and David G. Lewis, "The State Navigation Servitude", *Land and Water Law Review*, Vol. 4, no. 2, 1969, pp. 521-538.

[2] See *Scranton v. Wheeler*, 179 U. S. 141 (1900).

[3] See Wheeler, Willard C. Jr., "Compensation for Flowage Easement—Recent Developments", *Mercer Law Review*, Vol. 13, no. 2, 1961, pp. 416-420.

[4] See Cheever, Federico, "Public Good and Private Magic in the Law of Land Trusts and Conservation Easements: A Happy Present and a Troubled Future", *Denver University Law Review*, Vol. 73, no. 4, 1996, pp. 1077-1102.

民法典背景下公共地役权的制度建构与体系融入

1969 年，马萨诸塞州才颁布法令允许政府和非营利组织持有保存地役权，并由此被各州所效仿。蒙大拿州在 1975 年颁布了一项法令，允许非营利组织持有保存地役权。加利福尼亚州在 1979 年也重新颁布了一项全面的保存地役权法案，将慈善机构等非营利组织纳入保存地役权持有人的资格范围内。[1] 1981 年，美国统一州法全国委员会专员会议通过了《统一保护地役权法案》。该法案规定，公共机构和非营利组织均可以持有保存地役权，从而为各州起草保存地役权法案提供了借鉴。

根据 1981 年美国《统一保护地役权法案》，保存地役权持有人是指：①根据本州或美国法律，有权持有不动产权益的政府机构；②慈善公司、慈善协会或慈善信托。采纳了这一统一法律版本的各州都对保存地役权的潜在私人持有者有一些类似的限制。例如，阿拉斯加州和弗吉尼亚州明确要求私人持有者为非营利性实体；马萨诸塞州则更加严格，要求慈善公司或信托的设立目的应当与保存地役权的限制目的保持一致，即保护农业、流域或历史文化遗产等。还有一些州对保存地役权持有人提出了更为严格的要求，规定持有人必须符合免税组织的资格，或者持有人必须存在一定年限才能取得保存地役权。例如，科罗拉多州的法令规定作为保存地役权持有人的慈善组织必须成立两年及以上才有资格取得保存地役权。弗吉尼亚州规定持有人要么在联邦有一个主要办事处且至少存续达 5 年，要么是一个在联邦有一个存续 5 年及以上办事处的国家组织，且它已在国家公司委员会注册并有良好的信誉。在持有人满足这些要求之前，持有人可以与另一个符合要求的持有人共同持有保存地役权。对于一个有资格成为这些慈善实体之一的组织来说，由于法规通常要求该组织的设立目的必须是执行某些保护目标或使命，因此绝大多数的非营利组织在满足联邦法律条件的同时，必须符合其经营所在州的保存地役权条例对地役权持有人的要求。[2]

---

[1] See Peter M. Morrisette, "Conservation Easements and the Public Good: Preserving the Environmenton Private Lands", *Natural Resources Journal*, Vol. 41, Issue 2, 2001, pp. 373-426.

[2] See Cheever, Federico, "Public Good and Private Magic in the Law of Land Trusts and Conservation Easements: A Happy Present and a Troubled Future", *Denver University Law Review*, Vol. 73, no. 4, 1996, pp. 1077-1102.

慈善机构等非营利组织一般是由州一级组织设立的，对于一些特殊的机构，如红十字会和国家地理学会等，还需要联邦政府特许。在保存地役权中，地役权持有人多为土地信托组织。土地信托组织可以广泛地定义为地方、州、区域和全国性的非营利组织，这些组织通过征收、廉价购买、捐赠等多种方式获取土地和保存地役权，积极地为公众利益保护土地。[①]其中，最具代表性的是土地信托联盟（LTA）。土地信托联盟是一个伞式组织，为国家土地信托提供技术和教育支持，帮助公众了解土地信托，并代表土地信托在公共政策问题上的利益。

关于土地信托组织的监管，一般是由总检察长负责。根据定义，慈善事业的目标是促进公众利益，而总检察长恰恰代表了公众的利益。普通法下的总检察长责任反映了社会期望，即政府机关有义务保障慈善信托目的实现以及有必要保持信托财产的生产力，防止信托组织假公济私、将慈善基金进行不当使用。在大多数司法管辖区，总检察长都被法律赋予了收集信托组织信息的法定权力，并负责管理和监督有关慈善募捐，通过保护公众和捐助者免受欺诈性募捐行为或信托组织滥用捐赠财产所造成的损害，从而确保为受益人的利益正确使用捐赠财产。[②]

简言之，保存地役权持有人不能以营利为目的行使保存地役权，必须避免任何仅有利于某一特定私人利益的行为。同时，持有人不得参与政治竞选活动、游说活动，必须以满足"公众支持测试"的要求为目标。[③]

（二）保存地役权的取得及其评估方式

保存地役权是土地所有者和地役权持有人基于自愿、自由的市场交易规则，双方就保存地役权的内容、范围以及价格等在进行充分谈判的基础

[①] See Nancy A., McLaughlin, "The Role of Land Trusts in Biodiversity Conservation on Private Lands", *Idaho Law Review*, Vol. 38, no. 2, 2002, pp. 453-472.

[②] See Fishman, James J., "Stealth Preemption: The IRS's Nonprofit Corporate Governance Initiative", *Virginia Tax Review*, Vol. 29, no. 3, 2010, pp. 545-592.

[③] See Cheever, Federico, "Public Good and Private Magic in the Law of Land Trusts and Conservation Easements: A Happy Present and a Troubled Future", *Denver University Law Review*, Vol. 73, no. 4, 1996, pp. 1077-1102.

上所设立的非独占性权利。① 土地所有者通过出售或捐赠的方式将保存地役权让渡给保存地役权持有人，为此所产生的土地限制事实上是由土地所有者和保存地役权持有人共同努力达成的结果。持有人在取得保存地役权时，需要就保存地役权的价值对土地所有者进行补偿，最常用的方法是以"公平市场价值"标准对保存地役权进行评估。

"公平市场价值"是指财产在自愿买方和自愿卖方之间易手的价格，双方均不受强制买卖的影响，且对相关事实有合理的了解。公平市场价值通常是根据可比财产的销售情况来确定的。由于没有可比的"销售额"来衡量保存地役权的公平市场价值，实践中常采用"前后"对照方法对保存地役权进行价值评估，即比较捐赠前土地的公平市场价值和捐赠后土地的公平市场价值。这两个值之间的差值代表了土地所有者所付出的成本，同时也代表了土地所有者慈善贡献的价值。

"前后"对照法虽然为保存地役权的评估提供了一种可具操作性的方式，但其仍然存在一些缺点。首先，为保存地役权捐助者提供税收优惠的目的在于鼓励土地所有者自愿保护公共物品，但"前后"对照法并没有以任何方式衡量这些公共物品的价值。相反，"前后"对照法只衡量了保存地役权捐赠的市场成本，抑或对土地开发和使用进行永久性限制所降低的公平市场价值。在确定保存地役权的购买价格或税收减免价值时，可能出现土地所有者所获得的利益远大于保存地役权的保护利益的情况。其次，按照"前后"对照法进行评估将导致保存地役权的价值范围很广，其合理支持价值和真正滥用价值之间的界限模糊。况且，美国国税局缺乏保存地役权估价经验，其只能依赖纳税人单方面的价值主张以确定保存地役权捐赠时土地所有者所获得的税收减免额。而对于纳税人而言，保存地役权的估值越高，其所能获得的税收减免额就越多。因此，纳税人通常会基于利己心理而尽可能高地主张保存地役权价值。由于保存地役权的价值范围不甚明确，导致美国国税局成功驳斥其认为的滥用估价的行政成本增加。再

---

① See Tapick, Jeffrey M., "Threats to the Continued Existence of Conservation Easements", Columbia Journal of Environmental Law, Vol. 27, no. 1, 2002, pp. 257-296.

者，法律还为估价师的估价行为提供了很大的灵活性。例如，对于某一地产的估价，估价师可基于该地产的最高和最佳用途进行评估。该估价方式所获得的价格是假定地产被最大效益开发的价格，而非该地产现有的市场价值，由此造成保存地役权的评估价值可能偏高。最后，"前后"对照方法对于房地产的价值评估具有较强的投机性。正如保存地役权本身没有可比"销售额"一样，负担保存地役权的财产也极少在交易市场中流通。由于没有可供参考的财产价值，评估师通常采用各种"类比估价"技术来评估保存地役权设立后的价值。"类比估价"技术在寻找可比销售数据时，往往考虑其他受类似保存地役权的开发使用限制的产权销售（例如限制分区、陡坡或洪泛区、通行受限以及偏远地区）[1]，该估价方式所附有的主观性使得财产评估的价格具有一定的投机性。此外，评估师还采用一种复杂的土地评估方法，通常被称为"细分开发分析"（subdivision development analysis），以夸大保存地役权设立之前的土地价值。

在评估土地价值时，评估师虽受到土地"最高和最佳利用"原则的影响，但其仍应在充分了解相关事实的基础上，评估土地出售者和潜在购买者之间的土地易手价格。换句话说，估价师应该估计出捐赠人在公开市场上出售土地的实际价格。但越来越多的评估师倾向于"细分开发分析"方法，该分析方法旨在模拟有意购买开发用地的潜在买家所采用的估价过程。评估师先确定土地开发到最大限度可变现的总收益，再根据潜在开发商可能考虑的各种因素对总收益数字进行折现。这些因素包括获得项目批准的费用、运营费用、迟延出售地块的时间成本、基础设施成本以及与房地产开发相关的其他成本，还包括开发商希望从开发中获得的利润。[2] 折现后的数字即作为该房产的"公平市场价值"。如果估价师高估了设想的开发项目可实现的总收益，或未能以详细和现实的方式估算与开发项目相关的所有成本和风险，则细分开发分析可能产生不切实际的高价值。此

---

[1] See Nancy A., McLaughlin, "Increasing the Tax Incentives for Conservation Easement Donations: A Responsible Approach", *Ecology Law Quarterly*, Vol. 31, no. 1, 2004, pp. 1-116.

[2] See Nancy A., McLaughlin, "Questionable Conservation Easement Donations", *Probate and Property*, Vol. 18, no. 5, 2004, pp. 40-45.

外,无论在使用细分开发分析方法时多么谨慎,相较于更传统的评估方法(如销售比较法)所获得的价值而言,它对公平市场价值的预测存在很高的投机性。

为了防范保存地役权的过高估值,主要有以下几种措施。

1. 细分开发分析的适用限制

现有的评估规则对细分开发分析方法有严格的限制。一般情况下,在进行细分开发分析以确定土地价值之前,必须具备两个条件:①土地的"最高和最佳利用"必须用于细分目的;②不存在可比销售,或者可比销售很少且与标的地产不同,不得使用销售比较法。① 虽然代表保存地役权捐赠人的律师没有资格评价捐赠人的估价师所主张的价值的准确性,但律师应警惕估价师的主张价值具有无法辩护的可能性。鉴于保存地役权捐赠交易正受到越来越多的审查,保存地役权捐赠者及其律师被建议使用细分开发分析时应保持足够谨慎,以防有被驳回的风险。如果评估师采用细分开发分析来确定保存地役权设立前捐赠者的土地价值,律师应该确保评估师额外采用一种减少投机方法,或者评估师在评估报告中给出了一个论证充分且令人信服的案例,说明为什么细分开发分析是合适的评估方法。若保存地役权的评估价值明显被高估,律师应及时提出反对意见。

2. 证实和报告的要求

根据《国内税收法典》第170条规定,纳税人对价值超过5000美元的财产进行捐赠而要求税收减免的,必须获得专业估价师对该财产的合理评估,在纳税人首次申报扣除额的申报表上附上该评估的摘要,并在纳税人的记录中保留完整的评估报告。该条规定的证实和报告义务旨在确保纳税人对慈善捐赠价值的主张得到由专业估价师编制的详细、及时的评估报告的支持。专业估价师具备评估捐赠资产类型所需的专业知识,能够较为准确地对财产进行估值。如果评估师虚假或欺诈性地夸大捐赠财产的价值,将受到民事处罚(civil penalties),并可能导致职业生涯的终结。

---

① See Nancy A., McLaughlin, "Questionable Conservation Easement Donations", *Probate and Property*, Vol. 18, no. 5, 2004, pp. 40-45.

3. 过高估价的惩罚

根据相关法律的规定，为了取得联邦税收优惠而夸大其捐赠价值的纳税人将受到一定的惩罚，但对于该惩罚性条款的适用进行了限制，只有在估值严重过高的情况下才会触发惩罚机制。纳税人声称的价值必须是"实际"价值的两倍，才能触发第一级罚款；是"实际"价值的四倍，才能触发第二级罚款。此外，法律还规定了免除惩罚的"合理原因例外"：①出于善意和合理理由行事；②依赖合格评价师的合格评估；③对捐赠财产的价值进行了善意调查。①

4. 土地信托组织的责任

土地信托协会创建的指南（The LTA Guidebook）比较详细地阐述了作为保存地役权受让人的土地信托组织在地役权评估方面的责任。土地信托组织阻止估价滥用的动力在于，土地信托组织非常重视其在群众中的声誉，不希望被群众认为是为特定当事人获得不当利益的帮凶，也不希望在地役权估值被国税局驳斥后受到土地所有者的无理责怪。因此，该指南建议土地信托组织应尽可能地帮助捐赠人及其评估师，当发现明显滥用地役权评估的情况时，土地信托组织应作出以下回应：①告知土地所有者有关地役权评估的意见，即现有评估数值具有可疑性或滥用性；②让负责土地信托的律师以书面形式通知土地所有者，并明确提及土地所有者可能面临的过高估价惩罚；③建议土地所有者重新进行评估；④拒绝继续交易。②

（三）保存地役权出让的激励方式

利用财政奖励鼓励私人土地所有者自愿参与保护措施已成为私人土地保护的一种有效方法。其中，一套旨在鼓励私人土地所有者通过捐赠保存地役权来自愿限制其土地的开发和使用的联邦税收激励措施成功被大众所接受。对于那些本就希望对其土地进行保护的私人所有者而言，保存地役权捐赠能够相当大比例地分担土地保护的经济成本，即私人所有者能获得税

---

① See Nancy A., McLaughlin, "Increasing the Tax Incentives for Conservation Easement Donations: A Responsible Approach", *Ecology Law Quarterly*, Vol. 31, no. 1, 2004, pp. 1-116.

② See Sylvia K. Bates et al., *The Land Trust Standards and Practices Guidebook*, Land Trust Alliance, 2006.

收优惠。因此，从土地所有者的角度来看，保存地役权最具吸引力的方面可能是各种税收减免和在个人财产上设立保存地役权所带来的其余好处。为了创设保存地役权，土地所有者可以选择将保存地役权所代表的财产权益捐赠或出售给符合条件的保存地役权持有人。如果选择捐赠保存地役权，土地所有者可以根据土地开发权的评估价值获得税收减免，但前提是保存地役权是永久设立的。总的来说，保护措施背后的价值原理是合理的，即私人土地保护的成效应取决于土地所有者自愿参与的程度。1964年，美国国税局首次规定纳税人可将捐赠给合格慈善组织的保存地役权价值从纳税额中予以扣除。[1] 至此，各州开始通过制定法的方式确认保存地役权捐赠的税收减免政策。

1. 税收减免的形成历史

保存地役权税收减免规则的形成经历了一个漫长的过程。在1964年营收裁决（revenue ruling）中，美国国税局首次正式批准了保存地役权捐赠的慈善所得税减免，参与这项裁决的纳税人是拥有联邦高速公路附近土地的私人。美国希望保留纳税人土地的树木外观以及毗邻公路的其他土地的树木外观，从而确保从公路出发的旅客能够看到较为优美的风景。该裁决指出，纳税人无偿向美国转让其土地上的永久保存地役权以保护高速公路上的风景的，有权享受与保存地役权的公平市场价值相等的慈善所得税扣除。紧随其后，在1965年美国国税局发布的一份新闻稿中，美国国税局宣称，土地所有者若向联邦、州和地方政府捐赠风景名胜地役权，就有资格享受慈善所得税减免。然而，在1969年《税收改革法案》（Tax Reform Act of 1969）中，国会修订了《国内税收法典》，拒绝对财产中大部分利益的慈善捐赠进行所得税、赠与税和遗产税的减免。唯一可扣除的部分财产权益是部分或百分比的"未分割的财产权益"（undivided interest in property）。未分割的财产权益主要是指多个人共同拥有某一财产时，即使各共有人对该财产所拥有的份额不同，但仍拥有对该财产的全部受益权和控制

---

[1] See Blackie, Jeffrey A., "Conservation Easements and the Doctrine of Changed Conditions", *Hastings Law Journal*, Vol. 40, no. 6, 1989, pp. 1187-1222.

权，与该财产有关的所有决定都必须由共有人一起作出。该财产权益多发生在共同租赁中。例如两个人共享一个租赁权益。一个人拥有 20% 的权益，另一个人拥有 80% 的权益。尽管两人的权益份额不同，但有关财产的所有决定均需要所有承租人一起作出。它类似于我国的共同共有，但也存在一定区别，即共有人内部存有份额。法律之所以允许对未分割的财产权益进行扣除的原因是，未分割财产的权益虽是共有人共同使用，但其毕竟存在着内部的比例问题，在纳税时应将另一方共有人的权益按比例予以扣除。由此可见，保存地役权并不符合严格意义上的"未分割的财产利益"。委员会认识到这一问题后，在1969年会议报告中插入一段声明：若双方参议人拟将开放空间地役权予以捐赠，那么在所捐赠的保存地役权属于永久性保存地役权的情况下，该保存地役权可视为不可分割的财产权益。此后，为了填补保存地役权捐赠下税收减免的立法空白，国会于1976年修改了《税收改革法案》（Tax Reform Act of 1976），将保存地役权捐赠纳入所得税、赠与税和遗产税的扣除项目中，并规定了保存地役权捐赠的目的，主要包括，①保存土地以供公众户外娱乐或教育，或观赏风景；②保存历史上重要的土地或建筑物；③保护自然环境系统。由于受定期保存地役权约束的土地很可能在期限届满时得到开发，从而无法达到长期保护土地的效果，因此1977年《减税和简化税法》（Tax Reduction and Simplification Act of 1977）将税收减免的范围限缩，只允许对捐赠给政府实体或符合资格的慈善组织的永久性保存地役权进行税收减免，且这一永久性保存地役权必须专门用于1976年《税收改革法案》中规定的三个保护目的中的一个或多个。1980年，《国内税收法典》再一次被修改，国会将保存地役权扣减条款作为该法典的永久性部分，但对扣减施加了实质性的新限制。根据该法典，保存地役权只有在下列情况下才可获得税收减免：①必须具有永久性；②由政府单位或公众支持的慈善机构（或该慈善机构的附属机构）持有；③用于户外休闲领域、生态领域、历史文化领域等的保护。由于现有的税收优惠尚不足以刺激土地富裕、现金匮乏的土地所有者捐赠保存地役权，国会于1997年又通过了《纳税人救济法案》（Taxpayer Relief Act of 1997），并规定了一项新的联邦遗产税减免措施，允许通过捐赠保存地役权的方式将至多40%的土地价值从遗产税中予以排除。[①] 但税收减免的前提是保存地役权是捐赠的（而不是出售的），并且该捐赠符合慈善所得税减免的要求。由此，税收减免得到了各州的关注和重视，并相继制定了有关保存地役权捐赠税收减免的相应规范。

2. 税收减免的主要内容

根据税收减免相关法律的规定，保存地役权捐赠必须在符合下列一个或多个条件的保护目的时，才有资格获得税收减免：①保护土地供公众户外娱乐或教育之用。这包括保留供公众划船或钓鱼用的水域，或供公众使用的休息和远足路径。总之，需要留有充足的户外场地供大众开展娱乐或教育活动；②保护鱼类、野生动物、植物或类似生态系统的相对自然的栖息地。该保护的前提是栖息地或生态系统必须是重要的，且受保护的生物必须正常生活在那里。只有受保护的生命才能继续以一种相对自然的状态存在，被人类活动改变的土地区域才符合和谐发展的要求；③保护具有重要历史意义的土地或经过认证的历史建筑。经认证的历史建筑一般是指在国家登记册中列出的建筑、结构或土地区域，或位于注册历史区并经内政部长认证对该地区具有历史意义的建筑。这包括了独立且重要的土地区域和历史遗迹，以及保留有重要历史建筑或地区文化的土地区域；④保护开放空间（包括农田和林地）。对于开放空间的保护必须符合以下目的：为广大市民提供景观享受，并产生显著的公众效益；实施联邦、州或地方政府明确规定的保护政策，并产生了重大的公共利益。

保存地役权捐赠的税收优惠主要涉及以下几项税收的减免。

（1）财产税的减免。财产税主要是指对法人或自然人在某一时点占有或可支配的财产课征的一类税收，其类似于我国的房产税。早在1636年马萨诸塞州的海湾殖民地就已经开始征收这一税种[②]，其目的在于保障分配公平、缩小贫富差距。财产税通常是在地产的价值基础上计算的，即对地产的公平市场价值和基于最高和最佳使用的改进而享有的价值进行综合判

[①] See Nancy A., McLaughlin, "Increasing the Tax Incentives for Conservation Easement Donations: A Responsible Approach", *Ecology Law Quarterly*, Vol. 31, no. 1, 2004, pp. 2-18.

[②] 胡洪曙：《构建以财产税为主体的地方税体系研究》，《当代财经》2011第2期。

断所得出的合理价值。而许多州在确定财产税时，亦将保存地役权导致的财产减少价值考虑在内。若在土地上设立保存地役权，土地的开发利用潜力将受到严格的限制，土地价值的降低使得土地所有者的财产税缴纳数额也相应降低。缅因州在其立法中则对用于不同公共目的开放空间地役权进行分类，并规定了不同类别的财产税减免比例。若开放空间地役权同时符合多种公共目的，可以进行累计减免。[1]

（2）所得税的减免。1980年《国内税收法典》规定了保存地役权捐赠下的税收减免规则。此外，美国《联邦所得税法典》也规定，自愿在重要的自然栖息地、开放空间、风景区、林地等私人财产上无偿设立保存地役权的土地所有者，有权享有应税所得减免。其适用条件与《国内税收法典》一致，要求保存地役权必须是永久性设立，且必须服务于一定的保护目的而捐赠给有资质的专门机构。因此，所得税减免以保存地役权的形式为发展权的转让提供了动力。

在确定联邦所得税时，首先计算纳税人的总收入（gross income），即包括薪金、工资、政府补助、养老金、利息收入、股利收入等在内的一切增加纳税人财产净值的收入总和。在此基础上，将某些法定扣除项目从总收入中扣除，以达到一个中点，这个中点被称为调整后总收入（AGI）。其次以AGI为基准，根据累进税率确定最终的所得税额。因此，保存地役权捐赠者在缴纳所得税时，允许将保存地役权捐赠作为AGI的分项扣除项目逐项扣除。但《国内税收法典》对所得税的扣除条件有所限制，每年所能扣除的金额只能是土地所有者年总收入的30%，且保存地役权的价值必须在六年内扣除完毕。例如，某一纳税人的AGI为6万美元，慈善捐款为5万美元，则该年扣除额的总体限制为1.8万美元，即AGI的30%，超过缴款限额的部分只能在剩余五年内抵扣。因此，在捐赠价值5万美元的保存地役权的情况下，捐献者在第一年将获得1.8万美元的减免，并将剩余3.2万美元转到第五年。如果捐赠人的AGI在下一年仍保持不变，则其仍可获得1.8万美

---

[1] 吴卫星、于乐平：《美国环境保护地役权制度探析》，《河海大学学报》（哲学社会科学版）2015年第3期。

元的减免。以此类推,最后剩下的1.4万美元将在第三年使用。[1]

(3) 遗产税的减免。由于美国60%的土地都是私人所有,所有者若要将其土地给自己的继承人,其继承人将支付高额的遗产税。继承人在财力不支的情况下,只能选择将继承的土地出售以支付遗产税。而保存地役权的设立,能够为继承人保有土地所有权提供可能性。土地所有者将保存地役权捐赠给土地信托组织后并未失去土地所有权。相反,其可以限制开发权为对价而获得遗产税减免。如果土地所有者需要现金,亦可将保存地役权以低于"公平市场价值"的价格出售给土地信托组织,并从公平市场价值和售价之间的差额中获得税收减免。在保存地役权交易市场中,联邦政府、州政府和地方政府有时亦扮演了市场参与者的角色。许多土地信托公司从事他们所谓的"预先收购"——从私人手中购买开发权,然后将其转交给政府以换取资金。政府对保存地役权的兴趣极大地增加了土地所有者获得地役权现金补偿的机会。[2] 通过创建二级市场,土地信托组织可以转售保存地役权的方式获取充足资金继续购买其他土地所有者的保存地役权,从而实现业务发展的稳定性。对于土地所有者而言,此种方式也使得其将土地传给他们的继承人具有了现实可行性,从而有效减少了继承人变卖土地支付遗产税的情况发生。关于保存地役权捐赠情况下遗产价值的排除范围,1997年《纳税人救济法案》(the Taxpayer Relief Act)规定,在评估继承财产的价值时,允许农场主或农民将其财产价值的40%予以排除。

(4) 赠与税的减免。如果土地所有人将财产赠与除继承人以外的人,设置保存地役权亦可获得税收减免。美国联邦赠与税实行每年申报制度,任何美国公民或居民都需要针对自己当年的赠与情况进行申报。[3] 在计算

---

[1] See Madden, Janet L., "Tax Incentives for Land Conservation: The Charitable Contribution Deduction for Gifts of Conservation Easements", *Boston College Environmental Affairs Law Review*, Vol. 11, no. 1, 1983, pp. 105-148.

[2] See Cheever, Federico, "Public Good and Private Magic in the Law of Land Trusts and Conservation Easements: A Happy Present and a Troubled Future", *Denver University Law Review*, Vol. 73, no. 4, 1996, pp. 1077-1102.

[3] 陶冶、陈斌:《美国个人慈善捐赠税制安排的现状、特点与启示》,《河北大学学报》(哲学社会科学版) 2016年第5期。

应税赠与额时,允许将保存地役权捐赠的价值从赠与财产价值总额中予以扣除,从而减少赠与税的缴纳。

3. 税收减免滥用的防范

为了防止保存地役权税收减免制度滥用,要求永久性保存地役权必须被捐赠给政府机关或公众支持的慈善机构(或其附属机构)并符合法定保护目的。保存地役权持有人属于公共信托的受托人,其存在目的在于有效维护公共资源以造福公众。保存地役权的真正受益人是公众,为了使公众能够分享公共利益,要求保存地役权持有人所接收的保存地役权必须是能够实现公共利益的那一部分地役权。但在实践中,判断保存地役权设立价值的机制并不健全。虽然保存地役权是为保护公众利益而专门设立的,但针对保存地役权制度的公众问责机制并不完善,政府机关、土地信托组织对保存地役权进行审查时亦可能会受到政治或其他与保存地役权的公共价值无关因素的影响。因此,为了确保捐赠的保存地役权符合法律规定的保护目的,向政府机关、土地信托组织提供保存地役权的捐赠者必须提供额外的证据以证明满足"明确界定的政府保护政策"的要求。[①]

政府机关和土地信托组织在评估保存地役权设立的必要性时扮演着重要角色。由于这些组织使用政府拨款或投资人的资金获得保存地役权,他们在选择时可能更加谨慎。保存地役权不会为这些组织带来经济利益,反而会带来持续的监督和执行义务,通常需要在有限预算下完成。因此,对于设立价值不明显超过监督执行成本的保存地役权,政府和土地信托通常不会接受捐赠。

此外,相较于政府机构,土地信托组织还有额外的保护动因。土地信托组织通常是专门为公众提供利益而以公众支持的慈善组织的形式运作,他们的活动受州监管机构(通常是州总检察长)、美国国税局和公众的监督。由于州总检察长和美国国税局并非专职监督机构,很少对土地信托组织的土地保护活动进行调查。因此,更多的监督来自向土地信托组织提供

---

① See Nancy A., McLaughlin, "Increasing the Tax Incentives for Conservation Easement Donations: A Responsible Approach", *Ecology Law Quarterly*, Vol. 31, no. 1, 2004, pp. 1-116.

必要资金以资助其持续收购业务的出资人以及社会公众。为了对出资人和支持它们的公众负责，相较于政府机构而言，土地信托组织会更有动力去监管保存地役权的执行情况以响应公众需求。

（四）保存地役权的登记

在缺乏登记制度的情况下，随着时间的推移，保存地役权可能会丢失或被遗忘，其公共利益也将随之丧失。此外，保存地役权设立众多，登记制度的缺乏会阻碍土地使用规划者对保存地役权的清点，从而不利于土地的规划管理。因此，保存地役权通常会与其他房地产利益一并记录在本地契约登记处。这一做法一方面为未来的业主在购买地产时知悉该土地的保存地役权负担提供了信息渠道，促使买受人在自愿的基础上作出是否购买以及以何种价格购买的合理判断；另一方面也有助于土地使用规划者充分了解土地权属状况。

一般而言，所有与土地所有权有关或影响土地所有权的契约、抵押和其他文书都必须登记，保存地役权作为影响土地使用权能的重要权益，理应登记。保存地役权的设立目的是公共利益的实现，而长期公共利益实现的前提是对地役权持有人、土地所有者、位置、限制、监控、转让、修订和终止等信息的方便获取。搜集保存地役权数据并为公众提供这些数据的访问途径，是公众对保存地役权进行公共问责的最基本方式。[1] 例如，马萨诸塞州建立了一个"公共限制目录索引"（public restriction tract indexes），即绘制了一套保存地役权相关信息的地图，公众可以随时查询。此外，记载于公共限制目录索引中的保存地役权无须再依照该州《可销售产权法案》（The State's Marketable Title Act）的规定而对超过30年的财产权益进行重新登记。[2] 通过此种方式，一方面便于公众对保存地役权的识别和监督，另一方面也保障了保存地役权的有效执行。以下表格对州登记制度的

---

[1] See Pidot, Jeff, "Conservation Easement Reform: As Maine Goes Should the Nation Follow", *Law and Contemporary Problems*, Vol. 74, no. 4, 2011, pp. 1-28.

[2] See Madden, Janet L., "Tax Incentives for Land Conservation: The Charitable Contribution Deduction for Gifts of Conservation Easements", *Boston College Environmental Affairs Law Review*, Vol. 11, no. 1, 1983, pp. 105-148.

相关程序安排进行了不完全列举（见表3-1）：

表 3-1

州	法律规定
伊利诺伊州	登记员或业权登记官在登记时，须将保存地役权副本邮寄给自然资源部。
密西西比州	记录保存地役权的法院书记员应将其核证副本连同登记日期和地点的通知邮寄给密西西比州总检察长和密西西比州野生动物、渔业和公园部门。
纽约州	记录保存地役权的工作人员必须立即向环境保护部递交一份副本，环境保护部必须将其存入档案。在国家取得保存地役权（或签订一份收购合同）的30天前，必须向预算主任提供书面通知，并在国家登记册和环境通知公报上公告。
犹他州	受保存地役权约束的财产所有人在登记后10天内需将保存地役权副本及其登记证明交给财产所在县的评估人。
加州	每个县的县记录员在现有的索引系统内建立一个县内土地保存地役权的综合索引。该索引必须包括在2002年1月1日及以后记录的所有保存地役权。

资料来源：McLaughlin, Nancy, *Uniform Conservation Easement Act Study Committee Background Report*, Utah Law Faculty Scholarship, 2018, pp.10-12。

此外，为确保登记的保存地役权具有真实性，一些州还设定了前置程序，要求公共机构在登记保存地役权之前对保存地役权进行审查和核准。例如，蒙大拿州的法律要求，保存地役权必须经过供役地所在县的地方规划局审查才能予以登记。在阿肯色州，法律规定保存地役权所设立的保护限制在登记备案时必须附上该州纪念委员会的批准证书。

综上所述，保存地役权登记制度及其配套措施有助于防止保存地役权协议灭失所造成的地役权遗忘。通过政府系统及相关备案记载，能够准确获知保存地役权的相关信息，并作出相应的权利义务安排。

（五）保存地役权的变更和消灭

关于保存地役权的变更和消灭事由一直饱受争议，主要观点有三。其一，如果保存地役权不能再履行其预定的保护目的，则保存地役权应予以修改或终止。其二，如果保存地役权持有人有机会用一个可行的保存地役权与土地所有者换取另一个具有更大保护价值的保存地役权或财产权益，那么地役权持有人有权利变更或终止原有的保存地役权。因为在这种情况下，修改或解除地役权显然比地役权的继续存在更符合公众利益。其三，当供役地所有权归地役权人的情况下，可发生保存地役权消灭的效果。事实上，上述观点可以总结归纳为两类学说：条件变化说和合并原则说。

条件变化说是指当设立保存地役权的前提条件发生改变、无须再进行特殊保护或者为了更大的利益需要时，应当允许对保存地役权进行变更或者终止。相反，在没有条件变化的情况下，保存地役权应继续存续以造福公众。这一观点的缺点在于土地所有者可能企图利用这一规定来破坏保存地役权的存续条件，以便释放沉重的财产负担。当然，这一做法毕竟占少数且操作难度较大，可以通过保存地役权持有人的持续监管防范这类现象的出现。因此，学界普遍认可条件变化说。

争议相对较大的是合并原则说。合并原则说是指如果供役地人取得了负担财产上的役权，或者役权持有人拥有了负担财产，那么役权将自动消失。合并原则适用于保存地役权的最可能的情况是，保存地役权持有人获得了负担该保存地役权的土地的所有权。例如，将保存地役权捐赠给土地信托组织的土地所有者在其死亡时将其土地的所有权转让给土地信托组织。在这种情况下，土地信托组织既拥有了保存地役权，同时还拥有了土地的所有权。根据合并原则，保存地役权将会消失。

在实践中，保存地役权捐赠给政府实体或土地信托组织以永久保护特定土地的公共价值时，经常会出现合并问题。尽管保存地役权协议通常会对保存地役权的转让、变更、消灭条件进行严格限制，但保存地役权持有人可能会利用合并原则与土地所有者勾结，约定：若土地所有者将设有保存地役权的土地赠与持有人的，将不再受转让、出售或其他处置此类土地的任何限制，保存地役权就此消灭。由此，保存地役权持有人在取得无负担的土地后，又将该土地转让给原所有权人。事实上，保存地役权并不属于合并原则说的适用对象。

《美国财产法第三次重述：役权》提及了合并原则：当所有的利益和负担归为一个人所有时，奴役就此终止。这一原则同样适用于私人之间设立的地役权。因为，普通地役权的地役权人并非以代表公众利益的身份持有地役权，除地役权人以外的任何人，对于地役权均不享有利益，也没有强制执行地役权的权利。当地役权和供役地所有权集中于一人身上时，该权利人完全可以凭借其享有的所有权自由利用供役地，并排除他人和其他组织的不当干涉，供役地上的地役权也就没有存续的必要了。但是，对于保存地役权而言，合并原则并不具有适用可能性。保存地役权持有人受制于一项义务，即按照保存地役权协议的约定以及相关法律的规定对保存地役权的执行进行监管。在这种情况下，政府实体或土地信托组织作为保存地役权持有人仅是为了代表社会公众监督保存地役权的履行情况，社会公众才是保存地役权的真正受益人。即使保存地役权持有人最终取得了供役地的合法所有权，但由于保存地役权所代表的是公共利益，保存地役权持有人无权消灭保存地役权。相反，保存地役权将继续为了公共利益需要而对供役地上的开放空间、野生动物栖息地和风景特征等进行永久性保护。因此，保存地役权持有人在取得供役地所有权后将按照原有的保存地役权负担继续限制土地的开发使用。

合并原则适用于保存地役权同样受到了麦克劳克林（McLaughlin），南希（Nancy）等众多学者的强烈反对。如果合并原则被误用于保存地役权，将产生重大的负面公共政策后果。保存地役权不像邻里之间的通行权地役权一样为了私人利益而在私人之间签订合同。相反，保存地役权的设立条件受到了相关法律明确限制，且其持有者是代表公众利益的政府实体和慈善组织。由于保存地役权是基于社会公众利益的需要而设立的，因此合并原则绝不能成为有意损害无辜第三方的工具。[①] 若将合并原则适用于保存地役权，那么当保存地役权持有人取得供役地时，保存地役权将自动消灭，而无辜第三者也将因此受到不当损失。这里的第三者既包括社会公众，也包括为保存地役权的取得作出贡献的任何资助者。也就是说，在没有证据表明继续将土地用于保护目的已变得不可能或不切实际，也没有国家总检察长、法院或代表公众的其他实体判断保存地役权是否符合消灭条

---

① See Nancy A., McLaughlin, "Conservation Easements and the Doctrine of Merger", *Law and Contemporary Problems*, Vol. 74, no. 4, 2011, pp. 279-296.

件的情况下，持有人可以通过获得供役地所有权的方式消灭永久性保存地役权。若承认这一消灭效果，持有人可能会全然忽视保存地役权的设立意图以及保存地役权所代表的公共利益，将新的无权利负担的土地再次出售以获得高额利益，从而使合并原则沦为不良居心者谋取不当利益的工具。

此外，保存地役权是通过政府对保存地役权购买计划进行财政拨款以及向保存地役权捐助者提供税收优惠等方式而取得的。若允许保存地役权通过合并原则消灭，将与作为国家保存地役权授权法规和保存地役权捐赠税收激励制度基础的保护政策相违背。为了保障公共利益的实现和避免各种优惠措施的不当浪费，许多州授权法规、联邦税法和管理慈善捐赠的法律对保存地役权的转让、修改和终止施加了限制，而合并原则恰恰为土地所有权人和保存地役权持有人提供了规避这些法律后果的途径。因此，不能将合并原则作为保存地役权消灭的理由之一。

若保存地役权协议中没有另行约定，则只有在法院通过法定程序或类似的衡平法上的程序批准后，才允许变更或消灭保存地役权。一般情况下还要求向州总检察长提供参与此类诉讼的机会，由总检察长作为公众代表判断变更或消灭保存地役权是否合理，但其最终决定权仍属于法院。法院应当从多方因素考虑保存地役权存续的必要性，这些因素包括当事人的意图、条件变化的可预见性、潜在利润的损失、土地所有者的经济负担、变化的地点、土地所有者的利益以及限制的持续时间等。[①]

关于保存地役权变更、消灭的程序，各州也予以了规定。以缅因州为例，缅因州的保存地役权立法十分完备，涵盖了所有类型的保存地役权持有人（土地信托以及联邦、州和地方政府），并延伸到法律颁布时已经存在的保存地役权。关于变更、消灭程序，该州法律规定。第一，任何变更或消灭实质性地减损保存地役权的保护价值都需要得到法院的批准，而对保存地役权的保护价值仅产生非实质性影响的修正案可以在没有法院批准的情况下进行。针对保存地役权是否发生实质性减损的判断，虽然赋予了

[①] See Blackie, Jeffrey A., "Conservation Easements and the Doctrine of Changed Conditions", *Hastings Law Journal*, Vol. 40, no. 6, 1989, pp. 1187–1222.

保存地役权持有人合理的自由裁量权，但仍要求其谨慎行事。若保存地役权的变更、消灭构成实质性减损但未提交法院批准，总检察长很可能会提起诉讼要求撤销变更、消灭决定。为了在结案的情况下将这种风险降到最低，保存地役权持有人可以征求总检察长办公室的非正式意见，了解修正案是否需要根据实质性减损标准获得法院批准。第二，在寻求批准保存地役权变更或消灭的法庭诉讼中，总检察长必须成为当事人。因为总检察长是公众的代表，让其参加诉讼有助于保障公众的利益。第三，法院对修正案或保存地役权终止的批准必须基于保存地役权协议中所表达的保护目的、公共利益以及其他相关因素。第四，如果土地所有权人的不动产价值因变更或消灭保存地役权而增加，则必须将增加的费用交付给保存地役权持有人或法院指定的非营利组织或政府机构，用于土地保护。土地所有权人不能持有增长利益的原因在于保存地役权中预留的开发和使用权属于保存地役权持有人而非土地所有者。这一规定消除了土地所有权人为了增加其不动产产权价值或经济用途而变更或消灭保存地役权的动机，确保了土地所有权人不会因保存地役权变更或消灭而获得不义之财。此规定属于抑制私人投机的重要条款。[1]

（六）保存地役权的执行

保存地役权设立之初并不能立竿见影地给公众带来明显好处，而是随着岁月累积才能够感受到它所带来的公共利益。因此，保存地役权代表着一种在不确定未来需遵守的诺言。在保存地役权存续期间，土地所有者很可能不会履行承诺而使保护目的付诸东流。虽然政府在保存地役权设立过程中会进行一定的审查，但一旦完成捐赠，政府就很少再参与保存地役权的履行过程。基于保存地役权的公共信托原理，只能由作为受托人的土地信托组织或其他保存地役权持有人对保存地役权的执行情况进行监督。例如，缅因州于2007年出台的《环境保护地役权改革法》明确了保护地役权持有人的监察和管理义务以及持有人破产的替代履行

---

[1] See Pidot, Jeff, "Conservation Easement Reform: As Maine Goes Should the Nation Follow", *Law and Contemporary Problems*, Vol. 74, no. 4, 2011, pp. 1–28.

权利。由于监测、文件记录、土地所有者关系维持和其他管理责任需要持续的费用支出，因此，保存地役权与其说是持有人的资产，倒不如说是一种永久性负债。正如世界上最大的私人地役权持有者大自然保护协会 TNC 所说：保存地役权不仅是土地所有者的永久性义务，而且是地役权持有者的永久性义务，因为需把保存地役权以及对其执行进行监督的责任附加给持有组织。

因此，保存地役权的效力取决于持有人长期监督、管理和执行它们的能力。一旦获得保存地役权，持有人就必须有足够的财力和精力确保保存地役权的良好运行。为了使保存地役权能够实现其设立之初的保护目的，应当要求保存地役权持有人定期监管。美国《统一保护地役权法案》并未提及地役权持有人的监督义务，但有些州对此有所涉及。例如，缅因州改革方案规定，每个持有人至少应当每三年对不动产的状况进行一次监视，并编写和保存书面监测报告。又如，俄亥俄州要求持有人须每年视察保存地役权标的土地，视察的目的在于确保未发生保存地役权条款所禁止的发展。此外，持有人应编制年度书面监测报告，并报农业部农田保护办公室备案。如有必要执行保存地役权条款，持有人应依照规定采取纠正措施，农业部部长可同意与持有人分担这些执行和监督责任。

除了要求保存地役权持有人监管之外，在供役地人被多次警告后仍不履行保存地役权协议所规定的义务时，保存地役权可以被强制执行。很多州都对保存地役权的强制执行规则做了规定（见表3-2）：

表3-2

州	法律规定
阿肯色州	保护地役权可以通过强制令或其他衡平法程序强制执行。
伊利诺伊州	根据本法案设立的保存地役权可在该地区所在县的巡回法院寻求禁令救济、具体履行或损害赔偿的诉讼中强制执行。
罗得岛州	保存地役权可以通过法律诉讼、禁令或其他衡平法程序来强制执行。
田纳西州	保存地役权可以通过禁令、衡平法诉讼或法律诉讼来强制执行。

续表

州	法律规定
缅因州	法院可通过强制令或衡平法诉讼强制执行保存地役权。只有当法院发现环境的变化使保存地役权不再符合公共利益或不再服务于保存地役权中确定的公共利益保护目的时，法院才可拒绝执行保存地役权，并将赔偿作为强制执行地役权诉讼的唯一救济。

资料来源：McLaughlin, Nancy, *Uniform Conservation Easement Act Study Committee Background Report*, Utah Law Faculty Scholarship, 2018, pp.14-18。

此外，美国还存在第三人执行制度。《统一保护地役权法案》规定，地役权持有人、授权执行保存地役权的第三人或其他法律授权的人可以提起强制行动。纽约州规定保存地役权可由其持有人或任何具有第三方强制执行权的非营利保护组织依法强制执行。这意味着如果土地所有者违反了保存地役权条款，那么第三方将有资格以土地所有者未遵守保存地役权条款为由将土地所有者告上法庭，从而取得强制执行判决。虽然所有州似乎都允许地役权持有人执行地役权，但一般来说，只有采用《统一保护地役权法案》的州才允许第三方强制执行。

第三人强制执行保存地役权的理由是，在保存地役权持有人不能或不愿强制执行地役权时，由第三人强制执行地役权具有一定的补充作用。被法律授权执行保存地役权的人通常是地役权所在州的总检察长。总检察长作为国家法律的执行者，是追求国家利益的最佳人选，是公共信托的受托人，是国家主权和准主权国家利益的家长。其可通过向法院提起诉讼的方式要求供役地人履行保存地役权条款。例如，缅因州改革法对于总检察长在保存地役权执行中的角色予以明确规定。总检察长提起诉讼的前提是，除了未对任何影响保存地役权的行为进行干预外，保存地役权持有人需满足其中一项条件：①不再存在；②破产或无偿付能力；③在经过合理的努力后无法联系持有人；④在收到办事处通知90天后仍未采取合理行动。[①] 因此，总检察长对于支持保存地役权的执行工作、加强保存地

---

① See Pidot, Jeff, "Conservation Easement Reform: As Maine Goes Should the Nation Follow", *Law and Contemporary Problems*, Vol.74, no.4, 2011, pp.1-28.

役权的持久性、缓解公众的担忧等方面具有重要作用。又如，弗吉尼亚州相关法律规定，当持有人破产时，可以自动将保存地役权转让给其他公共机构执行。

六 美国"保存地役权"的性质探视

针对保存地役权的性质是属于公法还是私法，学界有诸多讨论。公权说主要依托于罗马法学家乌尔比安（Domitius Ulpianus）提出的"利益说"抑或"目的说"，以是否维护社会公共利益作为公私法区分的判断标准。基于此观点，保存地役权无论采取何种方式设立，只要其根本目的是维护社会公共利益，均属于受公法调整的公权。然而，"利益说"在本质上具有一定缺陷并受到其他学者的质疑，如北欧法学家罗斯（Ross）即认为任何法律都是同时服务于公私两种利益，亦难将公私利益割裂而判断其具体服务于何种利益。[①] 故而很难根据保存地役权的显性化利益，而径直判定保存地役权属于纯粹的公权。而私权说则更多立足于设立的自愿性以及利益的最终归属性进行论证。有学者认为，保存地役权是用传统私法方法协调公私利益的制度尝试，应为私法属性。保存地役权基于"两权分离"，将政府的行政权能和财产权能区分开来，是作为公共利益代表或自然资源所有权代表的政府与不特定私主体的利益交换。该制度的逻辑起点是保障私权。[②]

本书认为，保存地役权具有公私混合属性。保存地役权具有明显的公权属性。保存地役权的出售抑或捐赠往往涉及政府财政的支出或是税收减免的相关制度，其均需要公法予以调整。此外，保存地役权较好地体现了"公共信托"属性，其制度重心在于通过公法手段来实现在州政府对地役权的名义所有的控制下，将社会公众作为地役权实质受益人的，对供役地无偿（或廉价）、自由与非排他的使用目的。然而，"公法与私法的区分并非绝对，公法与私法在某些领域是类似的，尤其是体现为财产内容时公法

---

① Alf Ross, *on Law and Justice*, University of California Press, 1959, pp. 211-212.
② 潘佳：《管制性征收还是保护地役权：国家公园立法的制度选择》，《行政法学研究》2021年第2期。

关系与私法关系最具有类似性"。① 保存地役权事实上涉及双方平等协议下的土地权能分割与转让，故而仍具有私法技术调整的空间，具体表现如下。

（一）保存地役权设立的自由意志

意思自治是私法的精神内涵所在。保存地役权的设立便是在土地所有权人和政府、土地信托组织等非营利机构基于自由的市场交易，就保存地役权的限制条款以及对土地所有权人的补偿方案进行充分协商的情况下所完成的。也即，土地所有权人是在自愿接受所有条件的基础上设立的保存地役权，并将该权利出售或捐赠给非营利性机构。故而，保存地役权充分尊重了土地所有权人的自由意志，是双方当事人相互妥协、共同努力达成公共利益保护目的结果。那么在一方违约的情况下，该纠纷理应依据美国《合同法第二次重述》（Restatement of the Law Second, Contracts）② 的相关规定以及保存地役权合同的相关条款进行处理，故而具有私法介入的必要性。

（二）保存地役权持有人的私法属性

根据1981年美国《统一保护地役权法案》，保存地役权持有人包括政府或慈善公司、慈善协会或慈善信托。首先，不能依据孟德斯鸠"主体说"的观点，以保存地役权持有人是政府而直接否定政府在取得保存地役权时所建立的法律关系属于公法关系。一方面，政府具有作为私权主体进入民商事领域的可能性。例如，我国《民法典》中机关法人即承认了政府机关在特定情形下的私权属性。另一方面，即使是一个国家的民法典，其法典中的某些规范仍可同等适用于私人与国家。③ 以该规范调整的是国家或政府间的法律关系而否认民法典的私法属性，不具有合理性。因此，依据"主体说"而排除保存地役权私法属性的做法存在逻辑缺陷。其次，依

---

① 〔日〕美浓部达吉：《公法与私法》，黄冯明译，中国政法大学出版社2003年版，第202~204页。
② 美国《合同法第二次重述》，https://www.ali.org/publications/show/contracts/#toc，最后访问时间：2024年11月29日。
③ 王勇：《私权的分析与建构》，北京大学出版社2020年版，第55页。

据公共目的所设立的组织或法人也并不一定是公法组织，慈善公司、慈善协会或慈善信托等均是由私人组织设立，其类似于我国《民法典》中的非营利法人，其通过协议而设立的保存地役权亦应认定具有私法的色彩。

（三）价值评估与交易机制设计下的私法调整

保存地役权的设立必然导致物权关系的变动，故而往往需要私法予以调整。此外，在物权变动的同时，也常伴随着相关利益的交换，即给付相应的金钱。保存地役权除了以捐赠的方式设立外，还存在以出售和税收减免的方式取得。在美国，保存地役权是以"公共市场价值"确定补偿价值或税收减免额。正如上文而言，"公平市场价值"是指财产在自愿买方和自愿卖方之间易手的价格，双方均不受强制买卖的影响，且对相关事实有合理的了解。故而，其价值的评估以及价值引发相关纠纷的解决常需私法的介入。此外，在因行使公权而使私人权利受限时，相对人很少能获得与市场价值同等的补偿，在美国也是如此。以美国土地征收为例，政府依警察权力而征收土地时，虽是以市场价值给予评估与补偿，但对于土地增值利益部分的补偿并不完全归属于私权利主体，政府仍会以相应税收的形式予以一定扣除。而在计算保存地役权价值时，对于因土地增值而引发保存地役权价值增高的部分，保存地役权持有人会完全补偿给私人主体。故而，保存地役权的转让过程更像是一种商事交易，而非公权下对私人权利的限制与补偿。

（四）保存地役权的可转让性

1981年颁布的《统一保护地役权法案》规定："保护地役权是有效的，即使：①它不是不动产权益的附属物；②它可以或已经转让给另一个持有人；③它不是普通法传统上承认的性质；④它施加了消极负担；⑤它向财产权益的所有人或持有人施加了积极的义务负担；⑥利益不涉及或涉及不动产；⑦不存在不动产权益或合同的相对性。"其中第2项表明，保存地役权具有可转让的空间，若仅是作为一种公权对待，该权力往往掌控在公权主体手中，而无转让之可能性。故而，保存地役权并非完全属于一项公共产品，保存地役权持有人亦可通过受让保存地役权而实现自身某一利益的最大化，例如，保存地役权持有人取得环境保护地役权后，可对供役地进行林业种植与翻新,从而通过发展旅游行业的方式获取收益。

总而言之,保存地役权秉持了兼顾公私利益的折中性本位观,为在私有化世界中实现公共目标提供了一种有用的操作模式。只有以私法调整保存地役权主体具体利益的分配,以公法确认保存地役权协议的稳定实施,才能最终保证保存地役权公共利益目标的实现。

七 美国"保存地役权"的优劣评析

(一)保存地役权的优点

保存地役权制度已在美国实施数十载,其已然成为一种保护土地资源、促进公益事业建设的有效手段。保存地役权具有私法向度和公法向度的双面构造,既可运用在私法领域而满足私人利益,又可在公共领域中予以适用而服务于公共利益。[①] 相较于强制征收这种传统的公共利益实现方式,保存地役权本身具有一定的独立存在的优越性。具体表现为以下几点。

1. 设立方式的自治性

保存地役权是土地所有权人和政府、土地信托组织等非营利机构基于自由的市场交易而设立的非独占性权益,双方就保存地役权的限制条款以及对土地所有权人的补偿方案进行了充分协商。土地所有权人是在自愿接受所有条件的基础上设立的保存地役权,并将该权利出售或捐赠给非营利性机构。因此,保存地役权充分尊重了土地所有权人的自由意志,是双方当事人相互妥协、共同努力达成公共利益保护目的的结果。

采取合同协商的方式设立保存地役权能够使当事人的意思自治最大化,尽可能避免公权力频繁介入私人财产领域所造成的私权利侵害,确保土地所有权人就其应得到的补偿与保存地役权持有人充分协商,减少由于补偿方式和标准的异议所造成的冲突与矛盾。[②] 从保存地役权限制内容来

[①] 焦琰:《我国保护役权的构建研究——基于环境保护与财产权限制方式的探讨》,《北方法学》2018 年第 3 期。
[②] 林旭霞、王芳:《历史风貌建筑的权利保护与限制——以公共地役权为解决方案》,《福建师范大学学报》(哲学社会科学版) 2012 年第 3 期。

看，政府、土地信托组织等非营利性机构在和土地所有权人磋商的过程中，能够对目标土地的情况有更为清晰的了解。在确定土地限制范围时，既不至于限制过严、造成土地资源浪费，也不至于过松、导致难以达到保护要求。确定适当的土地限制范围，一方面能够确保公共利益的实现，另一方面也能保障土地所有权人的正常生活、生产。从土地限制的补偿标准来看，由于不同土地的地理位置、环境条件等各不相同，补偿标准也就不尽相同。只有在充分协商的情况下，才能将各种影响因素考虑在内，最大限度地保障土地所有人的合法权益。从土地保护的实施效果来看，由于保存地役权是土地所有权人自愿负担的不利，本着诚实信用的要求，一般情况下，土地所有权人也会积极配合保存地役权的行使。

2. 实施成本的低耗性

保存地役权并未剥夺土地所有权人的所有权，仅是对部分使用利益进行限制。因此，政府无须对土地的全部价值予以补偿，而仅需对限制土地使用的那一部分价值进行补偿，从而避免了土地征收所带来的巨额财政负担。

相较于征收而言，采取设立保存地役权的方式实现公益目的能够最大限度地利用土地。事实上，土地可以承载多元化的使用方式，而在征收的情况下，政府通常不会对土地进行除公共用途以外的其他利用。相反，在设立保存地役权的情况下，虽然土地的使用受到了一定的限制，但其与所有权人的使用权完全被限制的其他用益物权——建设用地使用权等不同，土地所有权人仍然可以在不违反保存地役权协议的前提下继续利用其所拥有的土地。这对于维持原有的土地利用方式、实现物尽其用以及确保利害关系人所受损失最小化具有重要作用。[①] 此外，一些为公共事业建设而使用的土地，也不宜采用征收的方式获取。例如埋设天然气管道等，其仅要求对管道上方的土地进行使用限制。若对管道所途经的整块土地进行征收，除了财政负担过重外，也将导致土地大量闲置而大大降低土地利用率。

---

① 王明远：《天然气开发与土地利用：法律权利的冲突和协调》，《清华法学》2010年第1期。

3. 调整手段的灵活性

保存地役权相较于其他土地保护措施更为灵活，其是私人发起的土地使用限制，保存地役权协议所规定的土地使用限制是结合地理位置、保护目的、人文环境等多方面因素，有针对性地为特定的财产和私人所有者利益所量身定制的限制，因而具有良好的适用性。每一块土地都有不同的保护需要和价值，每个土地所有者对土地的使用和享受也存有不同的愿望，即使是同一块土地在不同时期也有不同的保护需求。例如，在湿地保护方面，虽然法规有助于所有湿地进行分类保护、使其免受一些重大干扰，但保存地役权的获取有助于在特定地点保护具有特定边界的特定湿地。因为每一片湿地就像每一块土地一样都是不同的，通过设立保存地役权对特定湿地进行特定的保护安排能够更好地保护湿地。[①] 此外，为保障公共利益的长期稳定实现，每个保存地役权条款都可以在设立条件发生变化的情况下，按照法律规定和保存地役权协议的约定进行修改，以满足不同时期的不同限制需求。因此，保存地役权条款设计的灵活性有助于达到因地制宜的效果，最终促使保护目的的实现。

再者，保存地役权的经济手段也具有灵活性。一方面，土地发展的价值得到了认可，政府或土地信托组织等非营利机构会以税收或现金的形式将土地使用受限所减少的价值补偿给土地所有权人，避免土地所有权人产生抵触心理。在评估因设立保存地役权所导致的土地减少价值时，评估师可以灵活采用多种评估方式以确保评估结果的准确性。另一方面，以经济手段而非行政手段去管理土地，有利于地方政府在执行土地管理时面临较小的阻碍。[②] 税收激励的方式能够有效提高土地所有权人捐赠保存地役权的积极性，促使土地所有权人参与到环境保护和公共事业建设中。

（二）保存地役权的缺陷

保存地役权为开放环境的保护以及公共利益的实现提供了一种灵活低

[①] See Cheever, Federico, "Public Good and Private Magic in the Law of Land Trusts and Conservation Easements: A Happy Present and a Troubled Future", *Denver University Law Review*, Vol. 73, no. 4, 1996, pp. 1077-1102.

[②] 参见罗建《公共地役权制度研究》，载刘云生主编《中国不动产法研究》第9卷，法律出版社2014年版。

廉的私人手段。由于该手段涉及多方主体，利益平衡的要求使得保存地役权的设立与实施程序较为复杂，其中不可避免地存在一些缺陷，具体包括以下几点。

1. 公众知情权难以得到保障

由于保存地役权通常涉及土地所有者和土地信托组织等之间的私人交易，因此，保存地役权是否能够达到保护公众利益的目的以及保护目的实现的持久性方面往往受到质疑。毕竟，保存地役权归根结底仍是一种公众投资，联邦以及越来越多的州税法和直接融资项目为保存地役权提供了高达数十亿美元的公共补贴，而这些补贴实际上是由公众缴纳的税款转换而来。因此，公众对于财政支出动向以及是否达到维护公共利益的成效具有知情和监督的权利。

将保存地役权公开的好处在于能够使公众对保存地役权具有较为准确的认知，协调保存地役权的公共规划过程，在此基础上对保存地役权的执行情况进行监督，确保运用于保存地役权上的公共投资能够产生足够的公共利益，提高保存地役权的运行质量。然而，依据现有制度，很少有州授权法规规定保存地役权登记、跟踪、汇总、持有人资格认证、监督、规划、终止、修订、后备执行、公共透明度或问责制。[1] 由于保存地役权设立的不透明性以及公众监督机制的缺乏，大多数保存地役权交易虽可能会在短期内吸引大量土地所有者和土地信托公司，但在其执行过程中，会因土地所有权人懈怠等各种原因导致公众的长期利益难以实现。

简而言之，如果没有完善的法律机制来管理保存地役权，随着时间的推移，保存地役权所在土地的位置、限制内容以及持有人可能将难以确定，最终造成公共利益的丧失。即使后世能够知悉保存地役权的存在，也可能因为记录不全而导致纠纷频发，从而成为一种社会负担。当然，信息披露以及记录保存都需要付出成本，而这一承担无疑都将由土地信托组织等保存地役权持有人承担。公开每增加一笔时间和金钱上的成本，都将消

---

[1] See Pidot, Jeff, "Conservation Easement Reform: As Maine Goes Should the Nation Follow", *Law and Contemporary Problems*, Vol. 74, no. 4, 2011, pp. 1-28.

耗保存地役权持有人的人力和财力资源,使其无法圆满完成慈善使命——监督保存地役权的执行。因此,即便要对保存地役权进行披露,也需要把握好公开的力度和成本,防止给保存地役权持有者施加过重的负担。

2. 税收减免制度设计存在弊端

(1) 适用受众范围受限。保存地役权捐赠往往涉及两类成本:一是对土地的开发和使用施加永久性限制而导致的土地公平市场价值降低的成本(市场成本);二是与捐赠相关的法律咨询、价值评估和其他服务费用(交易成本)。其中,交易成本往往决定了参与保存地役权捐赠的群体阶层。例如,土地所有者在捐赠保存地役权时,将承担获取法律和税务建议的咨询费用、对财产进行必要调查的调查费用,以及获得合理估值以实现税收减免的评估费用等相关费用。此外,许多土地信托组织还要求保存地役权的捐赠者进行部分现金捐赠,从而分担土地信托组织执行和监督保存地役权的成本。[①] 因此,保存地役权捐赠所涉及的交易成本可能较高,对于不太富裕的土地所有者而言可能构成不可逾越的障碍,他们可能没有足够的现金来支付这些费用。由此引发的后果是,并不是所有阶层的土地所有者都有能力参与到保存地役权捐赠中,保存地役权的参与人群具有一定局限性。

此外,税收抵扣方式也导致中低收入群体不愿捐赠保存地役权。保存地役权捐赠产生的税收减免额一般等于保存地役权设立导致负担土地公平市场价值减少的数额。在实践中,保存地役权通常会使负担土地的公平市场价值降低几千美元,甚至几十万、几百万美元。而根据慈善所得税减免规则,捐赠保存地役权的土地所有者仅能在捐赠当年和接下来的5年内,按一定的比例将公平市场价值减少额从所得税中予以扣除。如果不能在6年期间内申请全部扣除,则未申请的扣除部分就会丧失。由于所得税与土地所有者的收入挂钩,对于中低收入土地所有者而言,很难在规定的税收减免抵扣期限内将公平市场价值减少额从所得税中予以扣除。

---

① See Nancy A., McLaughlin, "Increasing the Tax Incentives for Conservation Easement Donations: A Responsible Approach", *Ecology Law Quarterly*, Vol. 31, no. 1, 2004, pp. 1-116.

（2）评估方式缺乏科学性。其一，未充分考虑保护地役权的保护效益"前后"对照法以保存地役权设立后土地减少的公平市场价值作为保存地役权的估值，虽然有助于维护土地所有权人的合法权益，却忽略了该价值评估方法是否能够满足保存地役权设立的初衷以及是否造成了公共资源浪费。根据"前后"对照法，保存地役权的价值可能为 100 万美元，但这并不意味着存有 100 万美元的保护利益。例如，若将这一价值 100 万美元的保存地役权用于保护某一濒危物种的栖息地，这 100 万美元的估值仅反映的是土地价值降低的损失，而不是濒危物种保护的肯定价值，保存地役权所保护的价值事实上可能并未超过 100 万美元。

一般来说，只有保护效益大于保护成本，这一保护行为才是有意义的；反之，则是无意义的。如果为设立保存地役权所付出的成本远远大于了保存地役权所要保护的公共利益价值，那么保存地役权可能并非最佳的保护手段。而"前后"对照方法在对保存地役权进行价值评估时，未将保护效益等因素考虑在内。其直接将土地减损价值等同于保存地役权价值的做法，很可能会导致政府所给予的税收减免补贴高于保护地役权所带来的实际保护效益价值，从而偏离保存地役权作为一种低成本保护措施的制度定位。

其二，未对不同保护地役权税收减免进行区别对待。在 20 世纪 80 年代早期，财政部为国会准备了一份关于使用慈善扣减来刺激保护地役权捐赠的报告。财政部在这一报告中指出，是否需要通过提供税收优惠的方式来刺激保存地役权的捐赠，很大一部分取决于这些优惠措施能否真正促使保存地役权捐赠数量的增加。如果税收优惠不能刺激任何保存地役权的捐赠，所有的捐赠在没有税收优惠的情况下也会进行，那么提供税收优惠事实上是在变相放弃税收。[1] 在实践中，许多最有可能捐赠保存地役权的土地所有者是那些未对土地进行开发利用，也不打算在未来将土地用于经济开发等他种用途的人。在他们本愿意以比当前税收优惠更低的价格转让保

---

[1] See Nancy A., McLaughlin, "Increasing the Tax Incentives for Conservation Easement Donations: A Responsible Approach", *Ecology Law Quarterly*, Vol. 31, no. 1, 2004, pp. 1-116.

存地役权的情况下，法律仍规定可将损失的经济发展价值作为税收扣减项目，无疑增加了保护地役权的实施成本。乔希·伊格尔（Josh Eagle）教授认为，使用损失的经济发展价值作为保存地役权价值会产生显著的"主观价值差"，这一"主观价值差"是指经济减损价值与纳税人对捐赠财产的主观价值之间的差异。在保存地役权捐赠过程中，虽非绝大多数，但常出现保存地役权价值大于纳税人对捐赠财产的主观价值的情况，这意味着保存地役权计划中存在着重大浪费。

在对保存地役权捐赠进行税收减免时，亦未针对保存地役权的不同类型设计不同的减免规则。虽然法律将景观娱乐、开放空间、历史文化遗产和生态系统保护视为不可分割的保护对象，但每一类保存地役权所侧重的公共利益价值不同。很显然，对于生态环境保护的紧迫性远大于对公共娱乐、开放空间的需求。因此，为保障绿色发展战略的稳定开展，应当给予该类土地所有者特殊的税收减免待遇，从而促使土地所有者积极参与到生态环境保护中。

其三，过于依赖评估师的评估结果。根据现有的保存地役权价值评估制度，国税局以及接受保存地役权捐赠的机构很少参与到评估程序中，对于保存地役权的评估价值也缺乏专业的判断力。防止保存地役权估价过高的责任在很大程度上落在了专业评估师肩上。然而，评估师毕竟受雇于保存地役权捐赠者，基于利益驱使，他们往往会倾向于维护保存地役权捐赠人的利益，从而尽可能高地对保存地役权估值以取悦他们的客户。再者，对于保存地役权等难以确定市场价格的资产，合理评估与滥用估值之间的界限十分模糊，证明保存地役权价值评估较高、超过合理范围的难度较大。因此，试图通过评估行业防止保存地役权估值滥用的实际能力必然是有限的。此外，在对保存地役权捐赠者提出的过高估值进行惩罚时，法律将"依赖合格评价师的合格评估"作为了免责事由。这一规定很容易被有心者利用而成为过高估值惩罚的有效责任逃脱手段。单对评估师的评估行为予以严格规范尚不足以保障评估结果的合理性，法律还应当加重捐赠者的责任。

（3）易激发权力寻租现象。对于税收减免而言，其事实上是政府为了支持某一活动而产生的税收支出，法律对于保存地役权税收减免的条件进行了严格的限制。然而，法律制定后并不可能自动实施，法律效果取决于制度在实践中的落实情况，因此判断保存地役权是否符合捐赠条件的权力归属于政府机构。正如首席大法官约翰·马歇尔（John Marshall）所写的那样，如果"……征税的权力涉及破坏的权力"，那么免税的权力就为恐吓、骚扰和欺凌提供了机会。无论是税款的征收还是减免，由于所涉及的群众面较广，在实践中不可避免地会出现利益勾结的情况。例如，《税收改革法案》规定保存地役权捐赠必须符合以下目的之一：一是保存土地以供公众户外娱乐、教育或观赏风景；二是保存历史上重要的土地或建筑物；三是保护自然环境系统。对于捐赠的保存地役权是否满足法定保护目的的判断，政府机关享有很大的自由裁量权。某些土地所有者为了骗取税收优惠，会向具有税收减免决定权的机构或个人进行利益输送，从而导致保存地役权捐赠过程中的腐败现象频出。

3. 保存地役权执行监管力度较弱

一方面缺乏事先预防机制。关于保存地役权的执行，保存地役权持有人负有监督管理义务，在供役地人、保存地役权持有人违反法律和保存地役权协议所规定的义务时，总检察长有权向法院提起诉讼，强制执行保存地役权。这一措施仅将确保保存地役权执行的责任赋予国家机构和持有人，并没有对供役地人义务的履行起到任何的促进作用。一项保护措施的实施，必须依赖于民众的积极配合，仅靠机构的监管很难达到预定的实施成效。

此外，现有的执行措施更多的是事后补救机制，针对供役地人的事前预防机制仍处于空白。为此，可以考虑有针对性地对违反保存地役权协议的行为采取适当的经济制裁。金钱惩罚性赔偿能够一改过去不法利益大于违法成本的畸形现象，通过事前向供役地人、保存地役权持有人施压的方式促使他们在作出违约决定时更为慎重。过去未采用金钱惩罚赔偿的最初目的是避免过重惩罚使捐赠者和持有者在设立保存地役权时望而却步。但现在的保存地役权业务已然趋于成熟，在有充足保存地役权捐赠源的情况下能够保障公共利益的实现。因此，激励捐赠者和持有者设立保存地役权在当下难以成为他们不诚信违约行为的免责理由，可以考虑设计违约惩罚性赔偿制度以加强事前预防。

另一方面滥用保存地役权捐赠制度。在设立保存地役权时，必须对其必要性予以判断，并非所有的土地上都需要设立保存地役权。但现有的制度设计尚无法将某些无意义的保存地役权捐赠排除在外。

首先，并非所有的土地用途限制都能够给公众带来利益。由于税收减免所确定的土地保护目标的广泛性、土地使用用途的多样性以及"公共利益"概念固有的主观性，使得在判断保存地役权是否满足法定保护目的时不可避免地包含着容易被滥用的主观标准。由于美国国税局历来很少对保存地役权捐赠者进行审查，即使对这些捐赠者进行审查，也仅关注保存地役权的评估问题。对于保存地役权满足法定保护目的的符合程度，国税局几乎没有进行调查。因此，一些不具有开发性的土地通过保存地役权捐赠的方式获得了巨额的税收减免。例如，一些开发商通过捐赠高尔夫球场、球道或其他不可开发的土地（如剩余的河滩和陡峭的山坡）的保存地役权以获取税收减免。这些土地所能提供的公共利益价值本就极少，从中所分离出来的保存地役权甚至还可能存在极度夸张的估值。

其次，某些保存地役权限制土地利用的范围过窄，导致最初的设立目的难以实现。迄今为止，美国国税局在很大程度上依赖于政府机构和土地信托组织在接受保存地役权捐赠时的判断，以确保保存地役权中保留给土地所有者的开发使用权不会干扰保存地役权的保护目的或不会破坏重要的保护利益。[①] 而政府机构和土地信托组织的专业能力比较有限，其并不能准确判知保存地役权的限制范围能否达到保护公共利益的要求。

最后，即使保存地役权的设立能够促进公共利益的实现，但其设立成本过高，限制土地使用所带来的利益远不值得耗费如此高额的成本。保存地役权的设立和执行往往涉及多种成本，除了保存地役权设立而造成的税收收入损失以及土地使用受限所造成的经济发展价值损失外，还包括与保存地役权捐赠相关的大量交易成本、受赠组织的持续监控成本以及保存地

---

① See Nancy A., McLaughlin, "Questionable Conservation Easement Donations", *Probate and Property*, Vol. 18, no. 5, 2004, pp. 40-45.

役权纠纷所产生的诉讼费用,而这些管理成本主要由政府(也由纳税人)承担。[①] 从近年来美国国税局投入了相当多的财产来遏制保存地役权滥用的现象中可以看出,"保存地役权"计划的管理成本很可能并非微不足道。而这些成本在保存地役权价值评估中并没有被考虑在内,导致在判断保护效益是否大于成本时未能做出准确界定,使得一些设立、管理负担远超过保护效益的保存地役权获得税收优惠,从而造成保存地役权制度的滥用。

八 经验启示

美国的保存地役权制度有效解决了如何利用私人土地实现公共目的的问题。虽然我国并未采用土地私人制,但保存地役权对于我国环境保护和公共事业建设同样具有益处。当前,我国土地制度实行国家所有制和集体所有制,而国家所有制的土地很大一部分属于城市土地,基于市民生活和经济发展的需要,政府往往以设立建设用地使用权的形式将土地利用权转让给了开发商进行开发。集体所有制下的土地亦如此,农村集体经济组织在集体土地上为农村设立农村承包经营权和宅基地使用权,从而使我国大部分的使用权掌握在了私人和企业手中,并具有排他利用效力。国家欲利用已设立用益物权的土地,只能通过征收或者提前收回建设用地使用权的方式使土地所有权恢复到可供国家自由支配的圆满状态。就征收而言,其强制性、单方性的特点易滋生公权力滥用的乱象,群众性矛盾将越发激烈。将土地的所有权、使用权予以全部征收,一方面加重了财政负担,另一方面也因排除了土地的其他任何用途而不利于充分发挥土地资源的经济效益。[②] 就建设用地使用权提前收回而言,法律规定了严格的限制。若任意收回,必然使政府的信誉下降,引发群众信任危机。相反,保存地役权能够有效解决这一系列问题。正如前文保存地役权优势所言,保存地役权制度为公共利益或公众利益的实现提供了一种私力保护措施。由于保存地

[①] See Colinvaux, Roger, "The Conservation Easement Tax Expenditure: In Search of Conservation Value", *Columbia Journal of Environmental Law*, Vol. 37, no. 1, 2012, pp. 1-62.

[②] 参见罗建《公共地役权制度研究》,载刘云生主编《中国不动产法研究》第9卷,法律出版社2014年版。

役权是在双方当事人充分协商的基础上自愿设立的,从而避免了强制征收所带来的公权力和私权利的冲突对立,大大节省了政府财政支出。并且,所有者或使用者的权益并没有被完全剥夺,其仍可以在供役地上进行保存地役权协议未禁止或限制的利用活动,从而实现了对土地的最佳使用。

保存地役权通常要求土地所有者避免从事某些活动,比如禁止将供役地适用于工业用途、禁止对耕地草原森林进行开发等。当然,也有要求土地所有者为了公共利益的需要而积极配合相关活动的进行。例如,铺设公用管道、允许飞机、船舶通行等。而保存地役权持有人也有义务为了公众的利益而监督保存地役权条款的实施。虽然保存地役权并非在任何情况下都有用,也不应被视为政府管制或收购关键土地的替代品,但它们在特定场合确实能够作为一种有效的低成本公共利益实现工具,推动国家有关政策计划的顺利进行。[1]

我国目前并未明文规定保存地役权制度,但在一些公共设施建设立法中对于财产的限制性利用已有规定。例如,《石油天然气管道保护法》第30条、《电力法》第53条以及《森林法》第15条对土地、建筑以及森林的使用设定了限制。又如许多地方规章、规范性文件规定,不得将历史文化建筑用于商业使用、不得改动建筑原有的外貌等。虽然法律法规基于公共利益的需要对土地、历史文化建筑的利用进行了限制,但对于限制的法律基础为何、权利人如何救济等问题,并没有相关法律法规予以明确。此外,我国目前推行街区制改革,如何使小区道路公共化亦存在实施困境。鉴于传统的征收、提前收回建设用地使用权等方式存在实施上的僵化,因此,有学者主张通过设立保存地役权(亦可称为"公共地役权")的方式实现街区制改革。[2] 总而言之,设置保存地役权的方式能够为公私部门合作提供机会,促进公共机构的保护计划顺利进行。基于现实的需要,我国

---

[1] See Nancy A. McLaughlin, "The Role of Land Trusts in Biodiversity Conservationon Private Lands", *Idaho Law Review*, Vol. 38, no. 2, 2002, pp. 453-472.

[2] 张力、庞伟伟:《住宅小区推进"街区制"改革的法律路径研究——以"公共地役权"为视角》,《河北法学》2016年第8期;赵自轩:《公共地役权在我国街区制改革中的运用及其实现路径探究》,《政治与法律》2016年第8期。

民法典背景下公共地役权的制度建构与体系融入

可以参考美国保存地役权制度设计出符合我国国情的公共地役权制度。本书认为可以参考以下几点。

（一）设立的条件

首先，保存地役权的持有人应为政府或非营利法人。地方政府作为公共地役权的名义权利人是符合法技术要求的。在这一法律地位上，地方政府既是通过抽象或具体行政行为在必要情况下设立公共地役权的发起主体，更是已设立公共地役权的第一"监护人"。为此，地方政府必须负担地役权设立与维持的程序正义保障义务与"公共信托"的受托人义务。[①] 至于美国保存地役权所规定的土地信托组织等慈善机构作为保存地役权持有人的情况，由于我国的慈善机构发展并不成熟，信托制度也不甚完善，若效仿美国允许慈善机构作为公共地役权持有人，可能会因专业知识匮乏而难以对公共地役权作出科学合理的权利义务安排，致使设立公共地役权的目的落空，但可以尝试由以公共利益为目的的非营利法人持有。因此，由政府或者相对成熟的非营利法人作为公共地役权的名义权利人较为合理。

其次，公共地役权的设立必须服务于公共目的。以法律法规的形式确定公共地役权的公共目的，在一定程度上能够防止保存地役权的过度设立。美国保存地役权的设立目的存在多种，包括环境保护、历史文化遗产保护、农用地用途管制、公共设施运营等。我国可以参考上述目的，规定符合我国公共利益要求的目的，即可以采取"列举+概括"的立法模式，一方面将一些服务于环境保护、公共事业建设的目的予以具体化，便于设立公共地役权时参考；另一方面采用概括式的兜底条款将未来可能出现的公共利益需求纳入其中，避免封闭式规定所带来的制度局限性。至于公共地役权最终是否满足公共利益的需要，仍取决于政府的判断。政府应聘请专业的团队进行实地勘察、评估，确保公共地役权的设立能够达到预设的公共效益。当然，个人利益与公共利益本质上具有高度的一致性，不存在

[①] 参见张力《公共地役权在我国民法典中的制度构建》，载刘云生主编《中国不动产法研究》第2辑（总第18卷），法律出版社2018年版。

超然的、绝对的、脱离了个人需求的公共利益,公共利益一旦脱离个人利益就失去其应有价值。① 公共地役权的设立虽未导致所有权的移转,但其本质上限制了私人权利,因此需要对公共地役权的限制内容进行谨慎判断。我国可以通过设置听证会的方式广泛听取民众意见,使得公共地役权的设立符合比例原则的要求。例如,美国俄勒冈州法规要求各州机构和其他州政府实体在获得保存地役权之前举行一次或多次公开听证会。听证会必须在保存地役权所在地的社区举行,所有有关人士必须被赋予出席并发表意见的权利。

最后,公共地役权应采用登记生效模式设立。公共地役权并非仅在当事人之间产生效力,其同样具有对外效力,即赋予了社会公众或某一特定群体一定的权利。由于公共地役权设立的最终目的是服务公众,公众应当具有了解公共地役权的存在及边界的权利。通过登记设立的方式,一方面,能够确保公共地役权信息被完全记录在案,以防公共地役权合同丢失造成的保存地役权遗忘;另一方面,登记能够明确公共地役权权利义务范围、防止不必要的纠纷,也能够使公众对公共地役权进行监督、确保供役地按照规定用途使用。而我国目前采用的是"意思主义"的地役权物权变动模式,大量的地役权因缺乏登记而不具有对抗效力。当供役地转让时,由于地役权未经登记,受让人难以知悉土地上的地役权负担。为保护受让人的信赖利益,需役地权利人无法向其主张地役权而只能重新谈判,由此造成地役权设立成本的增加。② 因此,公共地役权采用登记设立的方式能够有助于减少纠纷、降低交易风险,促使公共利益的长期稳定实现。

(二)取得的方式

公共地役权取得方式可以参考美国的相关制度安排,采用购买或者接受捐赠的方式取得公共地役权,并给予适当的现金补偿或税收减免。美国保存地役权相较于大陆法系的公共地役权的一个最大特色之处就是

---

① 孙悦:《公共地役权在不动产利益冲突调和中的适用》,《甘肃政法学院学报》2020 年第 4 期。
② 郭雪娇:《基于环境保护的地役权研究——以不可量物侵入为视角》,《土地问题研究》2015 年第 2 期。

税收减免，通过将捐赠的保存地役权价值从应纳税额中予以扣除，促使土地所有者积极捐赠土地上的保存地役权，由此有助于适当缓解政府的财政压力。

我国在选择公共地役权取得方式时，无论是选择购买还是接受捐赠，都涉及对公共地役权的评估。美国目前主要采用的是"前后"对照法，即以保存地役权设立前的土地价值与保存地役权设立后的土地价值之间的差值作为保存地役权的价格。这一方法具有一定的可操作性，可以考虑借鉴。但在评估价格时，应当由作为公共地役权持有人的政府聘请专业的团队进行评估，防止估价团队与供役地人勾结造成不合理的高价。当然，若供役地人对于评估的价格存有疑问，亦可聘请团队进行评估，并依据评估结果与政府重新谈判，从而保护供役地人的合法权益。

此外，在对当事人进行补偿时，除了考虑纯粹的经济发展利益损失外，还需考虑公共地役权所带来的保护效益以及保存地役权的管理成本，尽可能将公共地役权的设立、管理成本控制在小于保护效益的范围内。关于保护效益的衡量标准，可以将公共地役权所实现的公共目的因素作为参考。例如，以公共地役权保护开放空间，其保护效益可以通过清洁的空气和水、医学发现、防洪、艺术灵感、肥沃的土壤和稳定的气候来衡量。又如，当一个政府为了水源净化的利益而选择保护森林，而不是开发土地并承担建造、运营和维护水处理厂的费用时，许多成本和效益都可以被衡量和评估。在公共地役权评估中将保护效益和管理成本考虑在内，有助于防止公共地役权的过高估值。

（三）监管的方式

公共地役权的设立成效并非全部都能立竿见影，有的公共地役权所带来的公共利益需要漫长的维护才能显现。因此，确保公共地役权的长期稳定运行尤为重要。一方面，作为公共地役权持有人的政府为了公共利益的实现有义务确保公共地役权的执行。例如，可参照美国缅因州的做法，定期对公共地役权进行监督管理并记录在案。另一方面，美国规定的第三人执行措施亦可借鉴，总检察长在供役地人和保存地役权持有人没有履行保存地役权协议所约定的权利义务的情况下可以提起诉讼。对应到我国，可以尝试由检察院基于公共利益的需要提起公益诉讼。在供役地人不履行公共地役权义务而公共地役权持有人又未及时进行管理的情况下，检察院可以提起公益诉讼要求供役地人履行义务。

（四）惩罚赔偿

关于公共地役权的执行，除了依赖于相关部门的监管外，还需要供役地人的积极主动配合。法律法规在赋予一些正向奖励的同时，还需要反向施压。当供役地人违反公共地役权的情况下，除了要求供役地人继续履行义务外，还可以考虑对其进行惩罚性赔偿，尤其是为了环境保护而设立的公共地役权。若供役地人未遵守公共地役权的约定而进行过度开发，即使未达到《民法典》第1232条所规定的污染环境、破坏生态的主观故意，但其有违约的故意且给环境造成破坏，可以要求供役地人承担惩罚性赔偿责任。通过设立惩罚性赔偿制度，能够对供役地人起到一定的警示作用，促使其履行公共地役权义务。

事实上，公共地役权暗含着一种社会责任，每个人都应当为了公共利益的需要而适当程度地限制自己财产权。无论公共地役权制度如何设计，其最终目的都是想要供役地人积极配合政府、共同努力实现公共利益。以美国为例，税收减免虽然起到了一定的促进作用，但其可能并非决定性因素。美国相关组织机构曾对个人捐赠保护地役权的动机进行了调查：土地信托交易所（the Land Trust Exchange）调查结果发现，"对土地的热爱"和慈善所得税减免是激励人们捐赠保存地役权的主要的因素。1995年，密歇根大学自然资源和环境学院的研究生詹姆萨·奥克特斯基（Jamesa Ochterski）对向密歇根信托公司捐赠保存地役权的个人开展了一项调查，结果发现土地所有者捐赠保存地役权主要是基于对土地未来发展保护的个人承诺、对生态管理的关注以及对经济的担忧。1997年，纽约州立大学、环境科学与林业学院和佛蒙特土地信托合作对土地所有者授予保存地役权的动机和他们对保存地役权的满意程度开展了一项研究项目。调查显示，原始委托人愿意出售或捐赠他们的保存地役权主要是因为他们对土地的依恋、利他主义意识和他们对土地进行管理的承诺。因此，对于大多数保存地役权捐赠人而言，强烈的个人依恋和对土地保护的密切关注是其捐赠保存地役权的主要动因，而税收优惠一般起辅助或补充作用。[①] 有鉴于此，我国若要引进公共地役权制度，除了可以采用税收减免的激励方式外，亦应向供役地权利人传授公共保护理念，耐心解释公共地役权设立的重要性，唤起他们的社会责任意识，鼓励他们积极参与到环境保护和公共事业建设中来。当然，由于对土地的限制已经超过了社会责任要求权利人所应容忍的范围，因此，政府应当给予合理的补偿。

第二节 法国"行政役权"

《法国民法典》确立了财产神圣不可侵犯的理念，强调了所有权的绝对性。随着时代的发展，这种对所有权绝对性的强调与日益增长的公共事业建设需求不可避免地产生了严重矛盾。于此背景下，法国立法者开创性地确立了"行政役权"制度。立法者在《法国民法典》第544条一方面延续了《法国民法典》传统的"所有权是指，以完全绝对的方式，享有与处分物的权利"这一基本原则，另一方面又对所有权使用规定了"法律或条例禁止的使用除外"的限制，为行政役权的设立提供了基础。基于此基本法规定，法国得以采取独特的行政役权制度构建路径：在《法国民法典》第二卷第四编中确立役权与地役权的基本原则与框架，同时授权行政机关通过特别法令对具体实施细则进行规制。这种立法构建既尊重了民法对财产权基本秩序的规范传统，又通过行政法令实现了对公共利益的灵活维护，从而在私法传统与公法创新之间达成了制度协作与平衡。

一 历史动因与立法现状

（一）历史动因

《法国民法典》作为法国大革命胜利的产物，其意在树立私有财产神圣不可侵犯的理念，强调财产的归属秩序。在此种理念的指导下，《法国

[①] See Nancy A., McLaughlin, "The Role of Land Trusts in Biodiversity Conservation Private Lands", *Idaho Law Review*, Vol. 38, no. 2, 2002, pp. 453-472.

《民法典》视域下的所有权是对物绝对无限制地使用、收益及处分的权利。所有权不负有任何限制，所有权人得依自己的意思对自己所有的物进行任何排他性的利用与支配。因而《法国民法典》第544条规定："所有权是指，以完全绝对的方式，享有与处分物的权利，但法律或条例禁止的使用除外。"尽管在那个时代，树立私有财产神圣不可侵犯的理念对于将所有权从种种封建束缚中解脱出来具有极其重要的意义。但是在一个正常运转的社会中，所有权不受任何限制却几乎是不可能的。倘若每个独立的个体都将自己权利的效用发挥到极致，各自为政，然则整个社会的公共福祉将无法得到有效保障。于是法国法在承认所有权不负有任何限制的同时另辟蹊径选择了经过改造后的役权来承载对所有权施加限制的制度功能，以实现社会公共利益。自20世纪末，法国学者便开始关注美国的相关实践与立法，并作相关地役权立法论的正当性与实践性研究论证。多数意见肯定了保存地役权在生态保护上的重要意义，但由于法国法律体系与美国的不同，如何引入、改造保存地役权便成为重要问题。于是，行政役权应运而生。

（二）立法现状

1. 现行立法条文

《法国民法典》第二卷第四编设专编对"役权与地役权"进行了详尽的规定，以下摘选出部分有代表性的法律条文。

①《法国民法典》第639条规定："地役权的产生，或由于现场的自然情况，或由于法律规定的义务，或由于所有人之间的契约。"

②《法国民法典》第649条规定："法律规定的役权，得为公共的或者地方的便宜，亦得为私人的便宜而设立。"

③《法国民法典》第650条规定："为公共的或地方的便宜而设立的役权，得以沿通航河川的通道，公共或地方道路的建筑或修缮，以及公共或地方其他工事的建筑或修缮为客体。一切有关此种役权的事项，由特别法令规定之。"

2000年通过的《法国环境法典》L132~3条还规定："不动产所有权人可以与公共机构或者私人实体签订协议，以维护、养护、管理或恢复生物多样性的组成部分或生态功能。"

2016年通过的《恢复生物多样性法》规定："只要相关义务以维持、保护、管理或修复生物多样性或生态功能为目的，为了让不动产所有权人或者财产后续所有权人承担费用的情况下产生在其看来有益的对物义务，不动产所有权人可与为保护环境而行动的公共共同体、公共机构或私法人签订协议。"①

根据《法国民法典》的相关规定，法国地役权可以分为自然地役权、法定地役权、意定地役权。自然地役权类似于我国法律所规定的相邻关系，即为了实现不动产利用效果最大化而对相邻不动产权利的限制。自然地役权并非我国法律意义上的地役权，意定地役权才是我国法律意义上的地役权。法定地役权既可以为公共利益设立，也可以为私人利益设立，但仅有为实现社会公共利益而设立的地役权才可被称作行政役权。换言之，行政役权属于法定地役权的下位概念，法定地役权的范围大于行政役权。而《恢复生物多样性法》的规定克服了《法国民法典》的限制，通过合同的权利义务确保生物多样性和生态功能的维持，从而确定了积极作为与消极不作为的环境义务，并通过协议避免行政公权的过分介入。

2. 行政役权的种类

在法国，行政役权的种类非常之多，包括但不限于通行、进入、航行、捕捞、采集等领域的地役权。比如在公共道路相交处、转弯处和危险处，私人不动产的利用不能妨碍公共道路的良好可见度；为了保证国有道路和高速公路的正常通行以及养护，可以设定相应的保留土地，不予发放建筑许可证；又如在公墓附近100米范围内，不得修建建筑物以及挖井。在所有类型的行政役权中，城市规划地役权最为典型，其强制要求不动产权利人负担不作为的禁止性义务，如禁止建设或者要求建设施工的高度、密集度、建筑和非建筑面积比例等达到一定条件。具体而言，法国《城市规划法典》将其分成四大类。

（1）保护文化遗产的公用地役权（自然遗产、森林、海岸线、水域、

---

① 莫菲等译：《法国环境法典》，法律出版社2018年版，第79页。

自然保护区、国家公园和文化公园、历史古迹）。

（2）保障某些资源和设备正常使用的公用地役权（如水管、电网的铺设、河流、航运、铁路和航空列车、第三方网络、空中交通、机械升降机和滑雪道）。

（3）国防公用地役权（射击场边界隔离带）。比如，军事要塞之地可以设立一定的缓冲区，在不同的区域内可以从事的活动等级不同。在优先保护级别最高的区域内，不得建设任何类型的建筑；在优先保护级别较次的区域内，可以进行少量简单的建筑物建设。在对国防安全构成妨碍时，军事当局若要求排除妨碍，私人应当立即予以配合。在优先保护级别最低的区域内，进行任何事项建设必须预先获得当局的批准。例如飞机场附近一定区域内，不许建设和维持任何障碍物，必须允许架设信号标志等。

（4）公共安全与卫生公用地役权（预防可预见自然风险规划）。

3. 行政役权的特征

（1）设立的强制性。强制性是指行政役权可由行政法令特别规定予以强制设立，受警察权力的保障。在不能通过与权利人协商设立行政役权时，可以牺牲权利人的部分利益以换取公共利益的实现。

（2）目的的公益性。公益性是指行政役权的设立必须是为了满足公共利益的需要，即公益性应是判断是否设立行政役权的核心要素。

（3）需役地的不必要性。在传统地役权的构造模式中，必须同时存在供役地与需役地。但在公共地役权的构造模式中，仅存在供役地，而不存在需役地。因为公共地役权的受益者是不特定的多数人，不存在为某一个人的利益而设定公共地役权，故而需役地或者说需役地的利益其实在行政役权的构造模式中是不甚明确的。也即行政役权的构造模式中缺失了传统地役权构造模式中需役地这一必备要件。

4. 行政役权的立法模式

《法国民法典》第650条规定："为公共的或地方的便宜而设立的役权，得以沿通航河川的通道，公共或地方道路的建筑或修缮，以及公共或地方其他工事的建筑或修缮为客体。一切有关此种役权的事项，由特别法令规定之。"《法国民法典》在对行政役权作出原则性的规定之后，将行政役权设立的具体事项交给了特别行政法令。《法国民法典》本身并未明确在何种情形下可设立行政役权，只是规定了设定行政役权应当具备的一般性要件，如必须是为了实现公共利益。但对行政役权设立的程序要件、实体要件、对权利人造成妨碍的补偿标准以及权利人的救济程序等均未作出规定，这些未在法典中明确载明的事项却都是实践中亟须解决的事项。由于法典修改的困难性以及社会实践状况变化的快速性，法国法选择将其交由行政法予以规定，以行政法令的灵活性来应对社会实际状况变化的快速性无疑是一个不错的选择。

5. 行政役权的性质

就行政役权的性质而言，有人认为其属于公法规制，典型观点如："这种行政地役权究其实质，应视为一种行政机关依公共利益而对私人利益的剥夺、征用，属于一种类似于征用私人财产的准征用行为。"[①] 有人甚至明确指出，这种地役权并非民法上的地役权概念，与民法典中的地役权概念相去甚远，只是行政法或公法体系借用民法名词而已，本质上属于公法制度。[②] 与上述观点不同的是，也有人认为公共地役权是一种特殊的地役权，并建议在物权法的现行框架下规定公共地役权的内容。[③]

法国的私法学说指出，法律规定的地役权是一项不可剥夺的权利。与"不动产物体的自然位置"或两个不动产所有人之间因合同所产生的私法中的地役权不同。这一立场明确指出，行政役权是为了公共利益，而不是为了占支配地位的不动产的利益。法国的判例同时指出，这与司法领域的地役权不同，行政役权的期限不受限制（不使用超过 3 年并不意味着终止）；其内容由法律确定，行政役权内容和范围的修改是不可能通过司法行动进行的；行政机关也不能扩大修改范围，受益于修改的个人也不能放弃修改。为了使所有权人的利益与行政役权主体的特权相协调，法国的法理确立了两项原则：地役权不应导致剥夺所有权人的占有权；所有人也无权获得全额损害赔偿。但这并不妨碍所有权人对财产

---

① 王利明：《物权法专题研究》（上），吉林人民出版社 2002 年版，第 730 页。
② 参见刘乃忠《地役权法律制度研究》，中国法制出版社 2007 年版，第 48 页。
③ 蔡斌：《公共地役权性质初探》，《广西管理干部学院学报》2004 年第 2 期。

的正常利用。

虽然学界对行政役权的法律性质仍存有争议,焦点在于对公物所有权法律性质的判断——"民法所有权说""公所有权说""混合所有权说",进而影响了民法典中行政役权本身的性质澄清与定位,但这并不妨碍依行政法上"特别法令规定"所设立的公共地役权,援引私法上固有地役权制度的某些技术构造,以实现其实施目的,如对因承担役权而受损害的不动产所有人的补偿协商、公共地役权人对所有权人排除妨碍等请求权的提出等。①

6. 行政役权的设立程序

行政役权一旦设立就会对私法财产的利用造成一定程度的妨碍,因而行政役权的设立除了要求必须具备一定的实体要件外,还尤为强调设立程序的正当性。就城市规划地役权而言,城市规划地役权的设立必须通过一定的方式向其影响范围内的居民公布,否则该城市规划地役权的设立将不能够对抗该范围内的土地权利人。也即该范围内的土地权利人不必受该城市规划地役权的限制,仍然可以依其自由意志对其土地进行自由利用。尽管行政役权的设立具有强制性,但这种强制性也仅赋予行政机关得依其单方意思设立行政役权的权力,并没有豁免行政机关告知的私法财产权人受不利影响的义务。如果行政机关设立行政役权后却并未及时履行告知义务,那么受不利影响的土地权利人也将无从得知自己的土地上已经存在了相应的负担,那么权利人也就不会按照有利于实现社会公共利益的路径行使权利。因而行政机关在设立行政役权之后,必须及时公布有关事项,使得受不利影响的土地权利人及时知悉相应的权利负担进而寻求救济。此外,如果行政役权载明的事项因情况变化的需要而发生了重大变更时,行政机关则需要在一年内做相应的公示。经公示的"公用地役权"具有对抗土地权利人以及其公示以后出现的新的建筑权的效力。②

---

① 参见张力《公共地役权在我国民法典中的制度构建》,载刘云生主编《中国不动产法研究》第 2 辑(总第 18 卷),法律出版社 2018 年版。
② 李世刚:《论架空输电线路途经他人土地的合法性与补偿问题》,《南阳师范学院学报》(社会科学版)2012 年第 10 期。

民法典背景下公共地役权的制度建构与体系融入

二 社会效果

(一) 为公益目的用地提供了多元的实现机制

行政役权的制度优势在于其在满足私产公共用途的同时,却又不剥夺私产所有权人在法律允许的幅度范围内对私产的继续利用,也即实现了私产公共用途与私产私有用途之间的平衡。理论上将私产所有权人仍可对私产继续利用的权利称作"剩余财产权",因为该私产上存在供公共使用的负担,在性质上已经不完全属于私有财产,私有财产所有权人对物的自由利用必须在法律允许的幅度范围内。换句话说,私产上既存在着"公"的属性也存在着"私"的属性,二者各自在不同的幅度范围内发生作用。

法国法通过创设行政役权制度,避免了在进行公共事业建设时必须征收私人财产所带来的高额成本,从而以较小的经济成本实现了公益目的用地。就行政役权的设立而言,行政役权的设立原则上以无偿为主,但当对私人财产的正常利用造成了较大程度的妨碍时,则应对遭受不利影响的私法财产权人予以相当程度的补偿。较大程度的妨碍应以对私人财产权的限制是否超出所有权应承担的一般社会义务为标准。此外,行政役权的补偿标准与征收的补偿标准存在显著不同,征收的补偿标准定位于对被征收财产的充分有效补偿,而行政役权的补偿标准则定位于对受影响的财产给予合理的补偿,即对其中超出所有权应承担的一般社会义务范围的不利给予合理的补偿,而这种补偿必将是不全面不充分的。

传统民法上,实现公益目的用地的途径主要是征收,这种途径强调国家权力的强制性与私人的服从性,漠视权利人的正当诉求以及物权的绝对性,因而在实践中遭受了权利人的抵触。而行政役权的设立仅在私人财产上增加了一种负担,这种负担通常不会对财产的价值造成重大减损,而是轻微程度的减损,权利人仍然可以正常地利用其财产,权利人的权利也并不因行政役权的设立而消灭。如此一来,行政役权的设立既实现了社会公共利益,也实现了对私有财产权的尊重与保护。

具体而言,就供用热水气以及地下管道、电缆建设等领域而言,国家只需要在土地下或者在垂直空间上铺设相应的管道或者埋设相应的电缆,此等程度的利用不会对土地的利用价值造成重大减损,权利人仍然可以在正常幅度范围内利用土地。如果当局能够与土地权利人达成某种协议,许可公共事业建设者在其土地上施加某种负担并予以适度补偿,那么既不会导致对土地权利人权利的过度妨碍,也不会致使公用事业建设因征收而支出巨额的建设成本。法国法上的行政役权满足了此种需求,有效缓解了财产权保护与财产权管制之间的冲突。最终,行政役权与征收等传统方式形成了多元的公益目的用地实现机制,契合了法国公共事业发展的需求,助推了法国公共事业建设的发展。

(二) 为实现社会主体对公共资源的自由取用提供了制度途径

公共财产的服务对象是全体社会公众,公众应有权利获取满足自己生活所需的一定份额财产,而行政役权正好提供了这样一种绝佳的法律途径,可以实现社会主体对公共财产的自由取用或者自由进入特定的领域。

就法国的海岸保护地役权而言。公众进入海滩度假屋的人数激增使得海滩上的无限制通行变得十分困难甚至不可能,特别是在地中海沿岸。为此《城乡规划法》第146—3条规定,允许在海滨地区进行任何开发但应留出并维持海滩的公共地役权。根据1986年《关于海岸线发展、保护和发展的第86-2号法律》第30条,海滩的使用是免费的。立法机关设立了两种不同的地役权,以满足公众对自由进入海滨的需要。[①] 其一,1976年《关于共和国沿海经济区法令》(Law No. 76-655 of 16 July 1976 Relating to the Economic Zone off the Coasts of the Territory of the Republic) 给予了行人在海岸边3米宽,毗邻海洋公共领域的通行权。如果附近土地是私有的,业主必须支持公众走过其土地。这项公共地役权要求依法自动适用于沿海财产的所有人,无须补偿。[②] 其二,1986年《关于海岸线发展、保护和发展的第86-2号法律》规定了一个地方选择地役权,由行政法令决定,允许行人通过私人土地从公路进入海滩。由此最终实现公众自由地进入海滩

[①] 详见 legifrance, https://www.legifrance.gouv.fr/loda/id/LEGIARTI000006847676/2024-11-29/?isSuggest=true,最后访问时间:2024年12月13日。

[②] 详见联合国官网,https://www.un.org/Depts/los/LEGISLATIONANDTREATIES/PDFFILES/FRA_1976_Law.pdf,最后访问时间:2024年12月13日。

以欣赏大自然给予全体国民的恩赐。

（三）通过法律的形式建立稳固的土地利用法律关系以实现法律对社会现实的制度化调整

行政役权通过对现存土地利用方式的法律化、制度化表达，以建立稳固的土地利用法律关系，平衡各方主体的利益，稳定各方预期以期实现法律对现实生活的制度化调整。具体而言，法国法通过运用行政役权这一制度工具，解决了公用事业基础设施建设、对公共财产的自由利用以及生态环境保护等领域的棘手问题，并通过公共地役权这一法权形式对现行公益目的用地模式予以巩固，既从制度上缓解了财产权保护与财产权管制之间的矛盾，又有效满足了公益目的用地的需要。同时，法国法还通过民法典与行政法令的配合协作完善了行政役权的设立条件、设立程序、补偿标准、役权变更等具体制度，最终携手构建起完善的行政役权法律制度。

三　经验启示

法国法上的行政役权并非完全属于行政法上的特别制度，《法国民法典》第二卷第四编也对役权与地役权进行了详尽的规定，行政役权的特殊之处在于行政法令可以创设地役权，但行政法令创设地役权也要以地役权的基本构造与价值遵循为依托。法国法对地役权的调整采用了公私法联合调整的方式，由民法典对地役权的设立作出原则性规定，同时为应对法律的滞后性以及社会生活的复杂性，法律特别授权行政主体根据实践的需要以特别行政法令的方式设立行政役权。法国法正是充分利用了公私法联合调整的手段，凭借行政役权的制度优势较好地解决了公共事业基础设施建设、对公共财产的自由利用以及生态环境保护等领域的棘手问题。具体而言有以下几点。

首先，法国的行政役权可用来解决我国法律以建设用地使用权解决公益目的用地需求所带来的成本过高问题。根据我国《民法典》的规定，进行公共事业建设只能利用建设用地。但城市储备的建设用地总量是有限的，为满足日益增长的建设用地需求，必须扩大建设用地储备总量。即通过征收把土地变成建设用地，然后在此基础上进行公共事业建设。但是，若不区分具体情形，在进行公共事业建设时一概选用征收办法，不仅建设成本巨大，而且还会招致不动产权利人的严重抵触。就划定电力设施保护区而言，供电企业在安装了相应的电力设施后，需要设定一定的缓冲地带。在该缓冲地带区域内，只要不动产权利人对土地的利用不会对供电设施安全造成妨害，其仍然可以在该区域内进行耕种。此种情形下，征收不动产权利人耕种的土地就是十分不必要的。其次，相邻关系作用范围的局限性就决定了相邻关系不能用来解决公共事业的建设用地需求问题。相邻关系是由法律所规定的为使不动产利用效益最大化而对相邻的不动产权利的某种程度上的限制。相邻关系的作用领域仅限于不动产相互毗邻时，由于相邻关系具有法定性，其对相邻不动产的限制程度必定较低。而且最为重要的是因相邻关系对相邻不动产造成的某种程度上的限制并不需要相邻不动产人给予补偿。但在进行公共事业建设时，无论是对土地利用的广度与深度都与其存在着显著不同。例如，供电企业基于供电需要会在土地上安插电桩，但输电距离往往较远，这些电桩的安插在地理位置上并不绝对毗邻，相邻关系就失去了作用的领域。就石油天然气运输管道而言，基于其运输安全的需要，在管道中心线5米范围内不得进行妨害管道安全的作业。且因运输石油和天然气会产生大量的热量，对作物栽培等人类农业生产活动会造成极大程度的妨碍。这一限制程度早已超出相邻关系的作用范围，须对不动产权利人予以适当程度的补偿。从土地的自由利用到土地被征收这两个极点来看，就决定了在财产权的自由利用与被征收之间理应存在着其他类型的物的利用方式，而公共地役权正是其中的一种绝佳的利用方式。具体而言，我国可以借鉴方面在于以下几个方面。

（一）公共地役权必要时可以强制设立

法国法为了确保公共利益得以实现，规定一切有关行政役权的事项由特别行政法令规定。而行政法令具有强制性，行政相对人必须服从，如此便可解决个别"钉子户"阻碍公共事业进程的难题。具体而言，强制设立公共地役权的途径有两种：一种途径可以是效仿意大利通过司法判决的形式来强制设立公共地役权，另一种途径则是由法律作概括授权，授权行政机关通过制定行政法规来具体明确有关设立公共地役权的事项，以上两种路径皆可资参考。通过司法判决来设立公共地役权的优点在于其严肃性，即司法机关会详细考量个案中公共地役权设立的必要性以及合法性等因素，但缺点就在于通过司法判决设立公共地役权的周期十分长，时间成本较高，不利于公共事业的整体推进，从而耽误相应的工期。授权行政机关通过制定行政法规来规范公共地役权，优点在于其迅捷性以及高效的执行力，因为行政行为一经作出即告生效，即可对行政相对人产生拘束力，从而利于推进公用事业的建设。但其弊端在于没有经过以司法判决方式设立的严格审查，可能会对司法财产权利人的利益造成某种妨碍。我国在进行具体制度构建时，可以避开以上两种模式的弊端，择其优点构建符合我国国情需要的设立公共地役权的方式。此外，还需要考虑强制设立公共地役权与公众知悉公共地役权之间的关系。在法国，如果城乡规划案涉及"公用地役权"，该权利必须通过法定程序向本地居民公示。如果没有公示，规划案本身并非因此而无效，而将不能对抗土地权利人。如果城乡规划案中涉及"公用地役权"的内容被修改或者废止，也需要在一年内做相应的公示。[①] 因此，立法者在规定公共地役权可强制设立的同时，还需要建构完善的公共地役权公示公信制度以解决"强制"与"知情"的问题。

（二）设立公共地役权的补偿问题

在法国，原则上"行政役权"的取得和行使不产生任何补偿责任，除非发生了下列情形，对有形财产造成了"直接而确定"的损害，才需给予一定的补偿：①对已有权利造成实际损害；②对所处地方原始状态的改变；③带来与保护公益的目的不成比例的特殊负担。[②] 之所以确立此种规则，源于法国的所有权几乎不受限制，但对所有权施加必要适度的限制却又是不可或缺的，典型例证为法国法上的自然地役权实为我国法律上的相邻权。在我国的语境下，所有权从来都受限制——其本身承载着特定的社会义务。所有权人行使所有权不应超出法律规定的幅度是其题中应有之义。我国法律上，只要公共地役权的设立对私法财产权的妨害超出了所有

---

① 李世刚：《论架空输电线路途经他人土地的合法性与补偿问题》，《南阳师范学院学报》（社会科学版）2012年第10期。

② 李世刚：《论架空输电线路途经他人土地的合法性与补偿问题》，《南阳师范学院学报》（社会科学版）2012年第10期。

权应承担的一般社会义务范围限度，就应当对供役地权利人给予公平合理的补偿，不能以维护社会公共利益为由过度侵害私人财产权。具体而言，在公共地役权的制度构建中，中国民法应当着重对公共地役权的补偿标准进行细致化的规定。对于适合以协商方式设立公共地役权的，应当提供沟通的平台以及协商的方式、程序等制度性安排，甚至可以考虑将私法财产所有权人或者使用权人与公共地役权人的公平协商作为公共地役权设立的前置程序，通过公平协商确定合理的补偿范围，但这种公平协商应以不致公共利益遭受重大损害为限。

（三）区分所有权的公法限制与地役权

在法国法上，公共地役权具体由行政法规设定，种类繁多，异常庞杂，包括但不限于路政役权、城市规划地役权、为实施公共工程，临时占用土地的役权，因存在水源而发生的役权以及为送水送电而设置的役权等。这些财产权的公法限制均在法国民法典中得以实现，但传统地役权无法承担起这一重担。法国法借助地役权的桥梁，直接将一方的公法义务内化为他方的私法权利，将财产权的公法限制和地役权混为一谈。但本质上，财产权的公法限制系属行政法范畴，地役权系属民法范畴，二者应由不同的法律予以规定，不应混淆所有权的公法限制与地役权。

法国法意义上的法定地役权究其本质多属于法律对所有权的限制性规定，所有权的法律限制与地役权本属民法上的不同制度，但是法国法却强行借用了法定地役权这一外壳以实现对所有权的法律限制。这对于划清民法上不同制度之间的关系是极为不利的，因而我国法律在构建公共地役权制度之时应引以为戒，着重厘清所有权的限制与地役权之间的关系。在法国范式的推进下，此种兼具他种用益物权孵化器作用的地役权在法定地役权的名义下，不仅囊括了各类用益物权之外的其他物之利用形式，还糅杂了对所有权的各种法律限制，其外延极尽膨胀。在现代法国法上法定地役权也因此成了一个包罗万象的概念。[①] 例如，法国法上的城市规划地役权

---

① 胡东海：《地役权制度对所有权公法限制的规制——以意大利强制地役权制度为例》，载陈小君主编《私法研究》第 13 卷，法律出版社 2012 年版。

就是典型的法律对所有权的限制，这并非典型意义上的公共地役权。要实现城市规划的合理布局，在我国法律体系中，公共地役权不是唯一的法律路径，建设用地使用权和相邻关系等制度也是承担该项功能的可用途径。故而，我国在进行公共地役权制度构建时，有必要加强公共地役权制度构建中的中国场景意识，对域外的立法经验进行合理性吸收。

（四）行政役权的适用范围

法国法中的行政役权适用范围十分广泛，这与意大利强制地役权采取种类固定且禁止类推的立法模式存在显著不同。法国的行政役权可以涵盖城市规划领域、道路通行、历史遗产保护等诸多领域。我国在进行公共地役权具体制度构建时可以适当拓展公共地役权适用的领域和范围，譬如油气管道运输、沟通运河等诸多需要公益用地但使供役地人承担的义务尚未达到征收征用的程度等情形。也即使公共地役权成为一个一般的协调公益用地的法权模型，能够在此框架下解决实践中出现的众多问题。由于公共地役权仅仅是在设立的方式上具有强制性，并不必然是无偿设立。因此，公共地役权中公共利益的界定范围可以适当放宽，有学者就主张将公共地役权的适用范围从"公产利益"扩展到"公共利益"，从而使得公共地役权这一法权模型能够在实践中得到较多运用。公共地役权对私法财产权的限制只要超过了私法财产权应承担的一般社会义务而构成管制性征收时，地役权就应当对私法财产权人给予对等程度的补偿，因此适度扩张公共地役权的适用范围不仅不会损害私法财产权人的合法权利，还会使得更多更广泛的公益目的用地情形得到法律的调整，不至于处于法律所不及的灰色地带。而且通过公共地役权这一法权模型还可以稳固双方彼此享有的权利与承担的义务，因而我国在构建具体的公共地役权制度时可以适度拓展公共地役权的适用范围。

第三节 俄罗斯的公共地役权制度

俄罗斯的公共地役权制度的发展历程与该国土地所有制的历史变革密切相关，尤其是基于俄罗斯土地私有化进程。在立法构造上，《俄罗斯联邦民法典》确立了私人地役权的基本原则与框架，《俄罗斯联邦土地法典》

则对私人地役权和公共地役权作出了专门规定。二者协同配合，形成了完整的、体系化的地役权规范体系。对于公共地役权，《俄罗斯联邦土地法典》进行了系统规定，包括设立程序、存续期限以及配套的登记制度等。2018年《俄罗斯联邦土地法典》的修订在保留传统的以不特定多数人利益为目标的公共地役权基础上，又增加了服务于特定组织利益的"新"公共地役权，形成了多类型并行发展的新二分规制结构，建立起一个成熟且复杂的公共地役权制度体系。

一 历史动因

在古罗斯时期，他人的土地上也产生了类似于古罗马时期的地役权。那时所指的土地是广义上的能经营的土地，不仅包括具有重要价值的耕地，还包括草地、林地、渔业用地等土地。人们发现，尽管这些土地属于土地所有者，但是在某些情况下他们也不能阻止某些人为满足自己的需求砍伐木柴、捡拾干草、从事钓鱼等活动。因此，这种现象逐渐成为第三人在他人土地上的权利，对土地所有者而言这是对其所有权的一种限制。

俄罗斯的新兴实践表明，俄罗斯地役权的发展具有独特的历史特征。在十月革命前，由于土地公社所有制形式的普遍性，俄国地役权的发展是由薄弱的经济和法律基础所决定的。在苏联时期，所有土地都归国家所有，土地使用问题的解决已经不再需要设立地役权。国家将特定的土地转让给公民使用具有多种途径，要么从现有使用人手中直接征收本就归属国家所有的土地，要么通过实施土地测量工作来改变土地的边界。在调整土地法律关系的过程中，作为不动产的地块是作为自然客体和自然资源的整片土地的组成部分。针对社会对土地利用效率低下的现状，国家监管在土地使用和林地保护方面发挥着巨大的作用。

20世纪初，俄罗斯的土地改革为地役权的发展作出了巨大贡献。在俄罗斯，土地改革的主要趋势是从土地的公有制向私有制过渡。俄罗斯的土地所有制形式逐渐形成公有制（包括联邦和联邦主体所有）和私有制（包括个人和法人所有）并存的局面。在土地私有化的进程中，地役权的设立顺理成章。因此，在19世纪末—20世纪初的俄罗斯，与地役权有关的司法实践大量产生，关于地役权的立法问题亦开始得到更为深入的研究，这些研究者主要包括比留科夫、舍伊宁等人。

"地役权"（сервитут）的复兴得益于《俄罗斯联邦民法典》的出台。[①] 该法典将"地役权"归入第17章的"不动产所有权和其他物权"之下。其中，《俄罗斯联邦民法典》第216条将地役权明确地归入"非所有权的物权"之下，且在第274条、276条专门规定了地役权的概念、种类、设立理由、设立程序，以及终止等相关问题，在第277条规定了建筑物、构筑物的地役权制度。[②] 另外，《俄罗斯联邦民法典》第619条、694条对地役权也有所涉及。[③] 同时，伴随着2001年10月25日《俄罗斯联邦土地法典》[④] 的颁布实施，"对他人土地的限制使用权"（地役权）与土地的终身使用权及继承权等共同形成了土地的他物权制度。[⑤] 该法典第23条规定了统一的、广义的地役权制度，明确了地役权的类型可以是有期限的抑或无期限的。法律没有囊括所有的地役权类型，因此法律也允许设立符合地役权特征且不与法律规范相抵触的地役权。同时，法律还规定了地役权的设立应最大限度地降低供役地的压力的原则，且规定了地役权设立的强制登记程序，即地役权原则上须在俄罗斯联邦《不动产权利及其法律行为统一国家登记簿》中进行登记。[⑥] 这意味着，现代俄罗斯明确允许土地私有化，将集体利益和个人利益相统一，从而准确地利用土地，平衡土地所有权人和非土地所有权人的特定或不特定的权益。

"公共地役权"这一术语，源自俄联邦企业私有化的浪潮，该权利可

---

① 1994年10月21日通过的《俄罗斯联邦民法典》第一部分较为系统地规定了地役权制度。
② 张建文：《现代俄罗斯法上的公共地役权制度》，《武汉科技大学学报》（社会科学版）2011年第1期。
③ Гражданский кодекс РФ, Электронный ресурс, http://stgkrf.ru/274/（дата обращения: 21.03.2018）.
④ 本文引用的《俄罗斯联邦土地法典》的内容，部分出自中俄法律网，部分参见《俄罗斯联邦环境保护法和土地法典》，马骧聪译，中国法制出版社2003年版。
⑤ 王蜀黔：《俄罗斯转型时期土地他物权制度评述》，《贵阳学院学报》（社会科学版）2007年第3期。
⑥ 参见张建文《独联体成员国议会间大会所有权及其保护示范法》，载刘云生主编《中国不动产法研究》第2辑（总第18卷），法律出版社2018年版。

设立于任何形式的土地上。① 也就是说，供役的土地所有权形式既可以是公有（包括国家和市政所有），亦可以是私有（包括私人所有和法人所有）。但是，对于公共地役权的性质，学界有不同的学说，主要包括"限制说""负担说""权利说"等观点。有的俄罗斯学者认为，公共地役权与罗马时期的地役权概念没有相通之处，它们并不是他物权的一种，而只是对所有权行使的一种限制。这种限制并不等于是限制物权，而只是构成了所有权行使的边界②；有的学者认为它们只是设置在土地上的一种负担，该负担并不会因土地所有权的转移而消失；有的学者甚至根本不承认公共地役权的存在，认为这种现象的存在只是法律规定的不特定公众对土地的平等参与权，如道路自由通行权、采集自然资源权等，只是这种参与权是一种非排他的、有限度的行使。③ 但是，越来越多的学者认为，公共地役权就是一种独立的物权类型，其权能就是对他人不动产客体的有限使用。④ 只不过，相比起私人地役权的私权性质，公共地役权具有浓厚的公法色彩。2001年10月25日，《俄罗斯联邦土地法典》通过，该法典第23条明确将公共地役权规定为"对他人不动产的有限使用权"（地役权）的一种，并明确了公共地役权的概念、设立目的等内容。且《俄罗斯联邦民法典》中有关私人地役权的规定⑤以及《俄罗斯联邦土地法典》中新增的第V.3章的内容不再调整公共地役权，公共地役权主要由《俄罗斯联邦土地法典》的相关条款予以规制。

2018年9月1日，第341号联邦法律生效。《俄罗斯联邦土地法典》中有关公共地役权的内容进行了重大修改，增加了新的第V.7章"为某些特定目的而设的公共地役权"，扩大了公共地役权的范围。区别于传统的

---

① 参见张力《公共地役权在我国民法典中的制度构建》，载刘云生主编《中国不动产法研究》第2辑（总第18卷），法律出版社2018年版。
② ШершеневичГ. Ф. Учебникрусскогогражданскогоправа［M］. T. 1. M. :《СПАРК》, 1995, С. 292.
③ КопыловА. В. Вещныеправаназемлю［M］. M., Изд-ва"Статут", 2002, г. С. 66.
④ 李孝群：《论私法公法化背景下公共地役权的立法路径》，《法学》2023年第6期。
⑤ 这里的有关规定主要包括《俄罗斯联邦土地法典》第216条、第274~277条、第613条、第694条等规定。

为不特定公众利益而设的公共地役权，这一新型的公共地役权是为特定组织实现特定目的而设的公共地役权。本章节规定了设立此种公共地役权的程序、目的、条件、决定机构、费用支付以及许多其他问题。同时，《俄罗斯联邦土地法典》还新增了第V.3章的新的私人地役权类型。可以说，现如今的俄罗斯具有一个成熟且复杂的公共地役权制度体系，只是在不同法律或者不同法条之间尚存在一些自相矛盾之处。

二 立法现状

在探讨公共地役权之前，本书需要讨论与之相关的一些概念。所谓役权，英文为servitutes。在罗马法以及大陆法系国家，通常认为其是施加给所有权的一种负担，其是为特定人或特定土地的便利使用他人之物的权利。在俄罗斯法律中，前述役权更多指向的是区别于公共役权的私人役权。[1] 顾名思义，私人役权指的是为了私的利益而创设的役权，而公共役权则是为了公的利益而设立的役权。[2] 具体来说，公共役权是指为了公共利益[3]而使不动产权利人[4]承受的某种负担或义务，相应地，也是使公益事业、国家或公众取得的要求相关权利人容忍前述负担和义务的一种权利。简言之，不同于私人役权之主体特定的特性，公共役权调整的是国家或不特定公众与不动产权利人之间的权利义务关系，其义务主体是不特定的。

在俄罗斯私有化立法中，最初是在自然资源的立法中出现公共役权，然后是在城市规划立法中出现，最后"公共役权"这一概念被土地立法所采用。[5] 因此，俄罗斯法律中的公共役权，包括"设立在土地和其他

---

[1] 从公法和私法的角度来划分，役权可以分为私人役权和公共役权两种类型。
[2] 张建文：《现代俄罗斯法上的公共地役权制度》，《武汉科技大学学报》（社会科学版）2011年2月第1期。
[3] 公共利益具体包括公益事业、公产利益和公众便利等。
[4] 不动产权利人包括土地所有权人、土地使用权人、土地占有人等。
[5] 张建文：《现代俄罗斯法上的公共地役权制度》，《武汉科技大学学报》（社会科学版）2011年2月第1期。

不动产之上"的公共地役权、①"保障俄罗斯联邦所有公民平等使用俄罗斯水资源"的公共水役权、②"保障公民免费自由地进入该国森林采集或食用蘑菇、浆果、草药等森林资源"的公共森林役权③以及公共城市规划的役权④等类型。仅就地役权而言,通常认为,俄罗斯法律将公共地役权具体细分为私人和公共两种类型。至于地役权的概念,《俄罗斯联邦民法典》第274条将其解释为"有限制地使用他人土地的权利"。在《俄罗斯联邦土地法典》出台后,俄罗斯学界普遍认为民法中调整的地役权仅是狭义的,更多的是将其作为特定的、单独的个人对私人相邻不动产进行使用的可能性的研究。也就是说,《俄罗斯联邦民法典》第274~276条调整的地役权仅指私人地役权,而《俄罗斯联邦土地法典》中的公共地役权不受《俄罗斯联邦民法典》相应条款的调整。这造就了俄罗斯法律对地役权制度的"二元化"调整现象。⑤

三 调整模式

（一）地役权的类型

1. 私人地役权和公共地役权

《俄罗斯联邦土地法典》规定了两种类型的地役权:私人地役权和公共地役权,二者的主要区别在于调整的主体有所差异。前者平衡的是土地所有权人与另一土地（通常是邻地）权利人之间的关系,调整的是因使用他人土地而产生的相邻关系。⑥而后者则通常是指在涉及国家整体利益、地方自治或当地居民利益的情况下,将设立公共地役权来平衡不特定多数人与不动产权利人之间的法律关系。此外,二者的设立依据也有所不同。私人地役权根据俄罗斯民事立法设立,一般是通过合同设立。而公共地役

---

① 《俄罗斯联邦土地法典》第23条的规定。
② 《俄罗斯联邦水资源法典》第43和第44条的规定。
③ 《俄罗斯联邦森林法典》第21条的规定。
④ 《俄罗斯城市规划法典》第64条的规定。
⑤ А. П. Ушакова, "Новый публичный сервитут вдихотомии частное и публичное", ЗЕМЕЛЬНОЕ ПРАВО, 2020, №12.
⑥ 《俄罗斯联邦民法典》第23条第1款的规定。

权则是通过俄罗斯联邦法律和规范性法律文件、各联邦主体和自治地方的规范性法律文件设定。①

2. 有期限的和无期限的（永久的）地役权

根据地役权的存续期间，可划分为有期限的地役权和永久的（无期限）的地役权。例如，如果不动产的所有权人为了进行相关土地的工程建设，需要暂时占有、使用相邻土地的部分区域，就可以设立一定时间的地役权，其中，地役权的存续期间不得超过该土地所有权的存续期间。而无期限的地役权指的是，只要利用土地的事由不消失，这种地役权将持续存在。例如，当只有通过他人所有的土地才可以进入另一块土地时，这种地役权只有在这些土地和邻近土地的边界改变的情况下才会消失，否则它就会永久存在。

3. 有偿的和无偿的地役权

根据地役权的设立是否需要支付费用这一标准，地役权可分为有偿的地役权和无偿的地役权。根据《俄罗斯联邦民法典》和《俄罗斯联邦土地法典》的规定，无论是哪种类型的地役权（私人抑或公共），都可以划分成有偿的和无偿的两种类型。对于私人地役权来说，法律明确规定了土地所有权人有权要求地役权享有者支付相应的使用费，无偿的情况只是法律另有规定的例外情形。然而，对于公共地役权而言，原则上不特定公众可以自由、免费地行使某些公共地役权，例如，公众对国有土地、未圈禁等私人土地的"自由通行权"，对国有或市政土地上自然资源的"非排他采集权"等。例外情况是，如果设立公共地役权致使土地的使用面临严重困难，则土地所有权人有权要求设立公共地役权的国家、地方权力机关等主体支付相应款项。

（二）《俄罗斯联邦民法典》中的私人地役权制度

1. 私人地役权的概念

私人地役权，即我们通常所说的狭义的地役权，《俄罗斯联邦民法典》第274~276条对其做了详细的规定。根据第274条可知，不动产（包括土地和其他不动产）的所有者有权要求相邻土地的所有者、必要时还有权要

---

① 《俄罗斯联邦土地法典》（全译本），马骦聪译，中俄法律网，http://www.chinaruslaw.com/CN/InvestRu/Law/200932103129_869793.htm，最后访问时间：2024年11月29日。

求其他土地（邻地的邻地）的所有者提供土地的有限使用权，这种有限的使用权就是私人地役权。[①] 从双方当事人的角度来分析，这种权利对需役一方来说是权利，但对供役地一方来说是负担。但是，这种对土地设立的负担并不会剥夺土地所有权人继续占有、使用、处分该土地的权利。

2. 私人地役权的特征

（1）目的的私利性。根据《俄罗斯联邦民法典》第274条可知，私人地役权的设立是为了满足私人的便利。具体来说，该制度解决的是两个相邻不动产所有权人之间的利益冲突，为了保障其中一方不动产所有权人在另一方相邻土地上通行、排水等私人利益，在相邻土地上设立限制性使用土地的可能性，这种限制性使用的可能性就是私人地役权。

（2）设立的契约性。根据《俄罗斯联邦土地法典》第23条第2、3款可知，私人地役权由民事立法设立。具体而言，私人地役权依据双方当事人的协议设立，并且须依照既定的程序注册登记。值得注意的是，私人地役权也存在非契约设立的例外情形，即在双方当事人无法就设立私人地役权达成一致协议时，可以通过法院判决来设立私人地役权。

（3）主体的特定性。根据《俄罗斯联邦民法典》第274条第1款可知，私人地役权是特定的人对特定的土地（通常是相邻土地）享有的有限使用权。具体来说，私人地役权关系只能发生在不动产所有权人与相邻地块的所有权人（必要时与邻地的所有权人）之间。也就是说，必须存在属于不同所有权人的两个不动产，并且限定在两块相邻的土地上，这是私人地役权设立的前提。

（4）设立的有偿性。根据《俄罗斯联邦民法典》第274条第5款的规定可知，在法律没有其他规定的情况下，土地所有权人有权要求设立地役权的人对土地的使用支付相应的费用，该费用可视为对土地所有者必须忍受既定产权负担这一事实的补偿。付款的比例取决于施加负担的程度，费用金额由双方协商决定，主要考虑三个指标：第一，土地（或地块）的所有者由于设立地役权而遭受的实际损害；第二，设定地役权对不动产权利人所造成的利

[①] 参见《俄罗斯联邦民法典》（全译本），黄道秀译，北京大学出版社2007年版。

润损失；第三，由于设定地役权而提前终止土地所有者对第三方的义务所造成的损失。这说明，私人地役权的设立原则上是有偿的，例外情况是无偿的。例如，联邦法律明确规定，某种条件下的私人地役权可以免费设立。

3. 私人地役权的设立目的

根据《俄罗斯联邦民法典》第274条第1款的规定，私人地役权的设立目的包括但不限于以下几点：第一，保障排水和土地开垦；第二，保障电力线路、通信线路和管道的铺设和运营；第三，确保通行邻近的土地。值得强调的是，如果不设立地役权就无法满足希望设立地役权的人的需要，这是设立私人地役权的前提条件。

4. 私人地役权的终止

设立私人地役权的主要依据是需要设立地役权的人与土地所有者之间签订的协议，并且在其协议中应当明确设立地役权的目的或理由。设有地役权的土地的所有权转移后，地役权仍然存在（《俄罗斯联邦民法典》第275条），因此，明确地役权终止的时刻尤为重要。《俄罗斯联邦民法典》第276条规定了终止私人地役权的两个理由。在以下两种情况下，终止私人地役权的主动权都掌握在供役土地所有权人的手中[①]。

（1）依照土地所有权人的请求，对其土地设立的地役权可以因其设定理由的消灭而终止；

（2）当属于公民或法人的土地因设立地役权之由而不能按照土地的用途使用时，土地所有权人有权提出终止地役权的要求。

在第一种情形中，双方可以通过达成协议来终止设定的私人地役权。然而，在第二种情形下，只能通过法院的裁决来终止地役权。例如，当享有私人地役权的人驱赶牲畜通过农民所有的相邻土地（私人耕地）时，这些牲畜不断损害庄稼致使农民无法继续种植所需的农作物，作为土地所有者的农民可以通过司法途径来终止地役权。

此外，私人地役权可能还具有一些特殊的终止事由：第一，不动产所有权人死亡；第二，地役权存续期间届满（针对有期限的地役权而言）；

---

① 参见《俄罗斯联邦民法典》（全译本），黄道秀译，北京大学出版社2007年版。

第三，不动产所有者和私人地役权享有者合为一人。

四　制度详解

（一）公共地役权的概念

根据《俄罗斯联邦土地法典》第 23 条，公共地役权是指有限使用他人土地的权利，其属于广义地役权的一种，在为了保障国家、地方自治或地方居民的利益而必需但又无须征收土地地块的情况下，由俄罗斯联邦法律或其他规范性法律文件、俄罗斯联邦主体规范性法律文件、地方自治机关规范性法律设立。并且，该权利的设立应考虑公开听证会的结果。[①]

（二）公共地役权的特征

第一，目的之公益性。公共地役权的设立是为了公共利益，而不是为了私人利益。具体来说，公共地役权的设立是为了保障国家、地方自治或者地方居民的利益。2001 年通过的《俄罗斯联邦土地法典》规定了包括在土地上通行、在沿海地带免费出入、在地块上设置界标等 10 种公益性目的，根据这些目的设立的公共地役权是为了满足不特定多数人的利益所设；然而，2021 年 1 月 10 日生效的《俄罗斯联邦土地法典》最新修订版本，还新增了一些与线路修建有关的特定的设立目的。为了这些特定目的而设的公共地役权是为了满足特定组织（例如公司）的利益。

第二，设立之法定性。公共地役权的设立具有法定性，不能通过私法中的双方合意设立。根据《俄罗斯联邦土地法典》的规定，公共地役权的设立具体包括以下三种途径：一是由俄罗斯的联邦法律或其他规范性法律文件设立；二是由俄罗斯联邦主体[②]的规范性法律文件设立；三是由地方自治机关（如自治区的权力机关）的规范性法律文件设立。[③]

第三，设立之程序性。公共地役权设立的程序性主要体现在两点：一

[①] 张建文：《现代俄罗斯法上的公共地役权制度》，《武汉科技大学学报》（社会科学版）2011 年第 1 期。
[②] 俄罗斯联邦有州、共和国、区、边疆区、直辖市等共计 85 个主体。
[③] 张建文：《现代俄罗斯法上的公共地役权制度》，《武汉科技大学学报》（社会科学版）2011 年第 1 期。

是在设立的过程中必须举行公开的听证会；二是在设立的最后阶段必须进行国家登记，并且将信息录入国家《统一的不动产权利及其相关法律行为国家登记簿》（以下简称《统一的权利的国家登记簿》）上。

第四，设立之无偿性。与私人地役权不同的是，公共地役权的设立原则上是无偿的，意味着土地所有权人无权要求设立公共地役权的人付费。在俄罗斯帝国时期，公共地役权的无偿性已初见端倪。例如，当时的参议院明确说明高速公路不能划归为某人的专有财产，而是以国家利益的形式免费供所有人使用的客体。无独有偶，《俄罗斯联邦民法典》第262条规定，公民有权自由地、无须任何准许地处于国家所有的并且不禁止公众通过的土地上通行，并在法律或其他法律文件，以及该土地所有权人许可的限度内使用这些土地上的自然客体。① 而对私有土地来说，在土地未被圈围或者土地所有权人未以其他明示方式表明不得入内的情况下，任何人均可以在不对土地所有权人造成损害的条件下穿越土地。该法条赋予了不特定公众在土地上"自由且无偿的通过权"。② 公共地役权的无偿性也存在例外情形，《俄罗斯联邦土地法典》第23条第7款规定，如果设立公共地役权致使土地的使用面临严重困难，则土地所有权人有权要求设立公共地役权的国家、地方权力机关等支付相应的款项。此外，新增设的《俄罗斯联邦土地法典》第V.7章规定了新的公共地役权类型，该公共地役权的设立可能会面临费用的缴纳。在下文会详细阐明，这里不作赘述。

第五，原则上可以对任何一块土地进行使用权的限制。也就是说，在设立公共地役权的过程中，土地的所有权形式并不重要。

（三）公共地役权的目的

《俄罗斯联邦土地法典》第23条第4款规定，设立公共地役权主要用于以下公益目的。第一，在土地地块上通行，包括确保公民自由免费地进入公共水体或进入沿海地带；第二，在土地上修建公共事业工程、电气线路、网络线路、运输线路等基础设施；第三，在土地地块上设置界标、地

---

① 参见《俄罗斯联邦民法典》（全译本），黄道秀译，北京大学出版社2007年版。
② 赵自轩：《公共地役权在我国街区制改革中的运用及其实现路径探究》，《政治与法律》2016年第8期。

质测量点、重力点、水准点等标志；第四，在土地上建造排水工程和开垦工程；第五，从水体等饮水场所取水；第六，确保牛和其他农场动物在土地上自由通行；第七，在符合当地习俗的情况下、按照土地的既定条件进行割草或放牧；第八，在土地上狩猎、捕鱼或从事水产养殖等。

此外，2021年生效的《俄罗斯联邦土地法典》最新修订本中还规定了一些通过设立公共地役权而实现的特定目的。根据《俄罗斯联邦土地法典》第39.37条的规定，设立公共地役权还包括以下特定目的。第一，在土地上设置电网、供热网络、供水网络、污水处理网络、通信线路和结构、线性供气系统设施，输油管道和石油产品管道等基础设施；第二，在土地上临时储存建筑和其他材料，设置临时的辅助结构（包括围栏，更衣室，棚子）和建筑设备。此举对确保联邦、地区的运输基础设施的建设、重建、修理具有重要意义；第三，在国有铁路用地上、在铁路通行权范围内设置公路与铁路的交叉路口，以及在机动车通行范围之内的国有和地区所属土地上，设置公路或铁路与高速公路的交叉路口或者公路与其他公路的连接点；第四，在隧道中铺设公路和铁路；第五，为了进行领土规划而进行工程勘测。此举有利于准确定位到具有联邦、区域或地方意义的线路设施的位置。①

（四）公共地役权的分类

1. 有期限的公共地役权和永久的公共地役权

根据《俄罗斯联邦土地法典》第23条第4款的规定可知，地役权可以分为有期限的和永久的（无期限）的地役权两种类型。需要明确的是，该条款中所指的地役权应是广义的地役权。因此，公共地役权具有以下两种类型。

（1）有期限的。设立的公共地役权具有固定的、可更新的或始终明确终止点的有效期限。

（2）无期限的。设立的公共地役权没有明确的存续期间。

---

① Земельный кодекс РФ，Электронный ресурс，Режим доступа：http://stzkrf.ru/23（дата обращения：21.03.2024）.

2. 为公共利益而设的公共地役权和为私的利益而设的公共地役权

2018年《俄罗斯联邦土地法典》进行了修改，公共地役权的范围得到了扩大。最新版本的《俄罗斯联邦土地法典》为设置具有重要意义的线路工程结构及其相关工作，例如勘测、货物存放、建筑辅助设备搭建等，而单独规定了新的公共地役权。公共地役权是由国家权力机关和地方自治机关的决定而设立的，而决定的程序取决于公共地役权是为不特定多数人利益而设，还是为某些特定组织而设。因此，公共地役权具有以下两种新的类别。

（1）为不特定公众利益（公共利益）而设的公共地役权。《俄罗斯联邦土地法典》没有明确规定此类公共地役权的设定程序，该漏洞主要由区域性或地方性的法律来填补。这一类型的公共地役权概念，首先出现在俄罗斯总统的法令中，20年后才为《俄罗斯联邦土地法典》所用。联邦立法机关似乎明白，对此类公共地役权的设立程序进行全联邦的统一化，并不具有较高的社会需求。

（2）为特定组织利益（私的利益）而设的公共地役权。《俄罗斯联邦土地法典》第V.7章规定了此类公共地役权设立的详细程序，并且明确了公共地役权享有者和土地所有权人的权利和义务。公司等组织实体数量的爆炸性增长，证明了这种为私益而设的公共地役权存在较高的社会需求。在实施新土地法典的第一年，登记机关就注册了10000多种此类的公共地役权。此类公共地役权的设立规则大致包括。第一，必须说明建设线路工程的理由。例如，提供建设相应线路工程的规划书，这类似于自然的、具有专营性的投资程序。但是通常情况下，提供的是技术连接协议，该协议中明确说明了该公共地役权选择的路线是最短路线，或者明确了现有设施需要设立公共地役权[①]；第二，明确有利害关系的所有人员。这涉及召集有利害关系各方参与公共地役权的设立过程，从而使公共地役权的设立较为正规等问题；第三，检查设立公共地役权的可采性和合法性；第四，决定设立公共地役权，并将相关信息输入《统一的法人国家登记簿》中。同

---

① 2018年通过的《第341号联邦法律的过渡性规定》。

时，通知有利害关系的土地所有权人；第五，缔结关于行使公共地役权的协议。该协议不会改变决定设立的结果，但应包含与实施公共地役权有关的财产问题，主要是明确公共地役权设立的费用以及实施的程序。

(五) 公共地役权的效力范围

在俄罗斯，可以在整个土地或者在某一部分的地块上设立公共地役权。因此，需要确定公共地役权所限制的土地边界，即公共地役权的效力范围。这种效力范围取决于地形和土地测量工作的进行。该工作通常考虑利害关系人的利益而进行，测量的所有费用均由市政当局承担，测量的结果记录在地籍文件中。也就是说，在进行公共地役权的登记程序之前，申请人必须确保已经对选定的区域进行了土地调查和测量。简言之，公共地役权的设立只有在确定了土地或地块本身的边界之后才可能实现。如果还没有进行土地测量，则必须先进行土地测量程序，然后依据测量结果确定公共地役权的效力范围。

(六) 公共地役权享有者的权利和义务

根据《俄罗斯联邦土地法典》第39.50条可知，公共地役权享有者有以下权利。第一，从协议订立之日起行使公共地役权，但不得早于将有关公共地役权的信息录入《统一的法人国家登记簿》的日期；第二，如果在国家或市政所有的土地上设立了公共地役权，依照当局设立公共地役权的决定，在支付公共地役权的费用后，继续从事公共地役权的活动；第三，在公共地役权的效力范围内，按照俄罗斯联邦法律的要求，进行相关活动；第四，在公共地役权的存续期间内行使对土地的使用权，并在事先已经通知土地所有者或在需要预防事故发生或事故已然发生的情况下，立即消除其后果；第五，进行工程结构的建造、改建、修理和运营，以及为此建设所需的临时或辅助结构；第六，进行建筑材料的交付、储存和运输，设置临时和辅助设施等；第七，对自己所属的建筑物进行保护和拆除；第八，在公共地役权的效力范围内放置自己的物品（可移动的或不可移动的）；第九，要求土地所有权人或其他权利人遵守由公共地役权协议规定的特殊的土地使用制度；第十，如果工程结构的位置已更改，则公共地役权人有权澄清公共地役权的界限，但必须满足以下条件：公共地役权限定的地块总面积没有增加；从工程结构到公共地役权边界的距离变化不超过初始距离的 10%，且此类更改不会违反建筑物和结构安全操作的要求；第十一，拒绝在任何时间行使公共地役权。但是，这样的拒绝并不能免除法律所施加给他的义务；第十二，在公共地役权期限届满之前，向授权机构申请新的公共地役权的设立。

相应地，根据《俄罗斯联邦土地法典》第 23 条的规定，公共地役权享有者具有以下几点义务：第一，为了行使澄清公共地役权边界的权利，公共地役权享有者有义务向注册机构提出申请，并适当描述公共地役权的边界位置；第二，公共地役权享有者有义务在许可的土地用途下，在工程结构建造、修理、重建、运营、养护工作完成后三个月内，使该地块恢复其原有的使用条件；第三，公共地役权享有者有义务在公共地役权效力范围内拆除他所放置的物体。在必要时，自公共地役权终止之日起六个月内，其有义务确保土地复垦。

（七）土地权利人的权利和义务

如上所述，公共地役权通常是为了国家或地方不特定多数人的利益而设定的，因此任何公民和法人不能对公共地役权的设定提出反对意见。但是，为了保障土地权利人的利益，法律也赋予了他们一些权利，根据具体情况的不同，主要具有三项权利。

一是司法保护请求权。《俄罗斯联邦土地法典》规定，地役权的行使应最大可能地降低其对供役地的负担。如果地役权的设定损害了土地权利人的合法利益或侵犯了其权利，他们可以通过诉讼等司法途径来维护权益。

二是反向征收权。如果公共地役权的设立致使土地或地块无法使用，则土地使用者和土地占有者有权要求国家或者自治地方征收其设定地役权的土地或地块，而土地所有权人有权要求设立公共地役权的国家或地方自治机关赔偿损失，或者要求其提供同样价值的地块，甚至赔偿损失。①

三是补偿请求权。如果公共地役权的设立致使土地或地块的使用产生严重困难，则土地或地块所有权人有权要求设立公共地役权的国家权力机

---

① 侯潇敏：《浅谈公共地役权》，《今日财富》2010 年第 8 期。

关或者地方自治机关支付适当的费用。①

(八) 公共地役权的设立程序和登记步骤

1. 设立程序

(1) 提出设立公共地役权的申请。据《俄罗斯联邦土地法典》第 V.7 章第 39.41 条可知,设立公共地役权的申请必须以书面的形式呈现,申请书及其附随文件可以由申请人当面提交给当局,也可以通过邮寄纸质版或通过互联网传送电子文档的方式提交。该申请书中必须载明申请人的姓名、住址或者《统一的法人国家登记簿》中的法人实体注册号和纳税号、设立公共地役权的目的、公共地役权的存续期间、设立公共地役权的土地的地址和地籍标号,以及申请人的通讯地址和电子邮箱等信息。

(2) 国家当局或地方自治机关审议申请,并决定举行公开的听证会。审议机关应当根据申请书收到的顺序依次审议。在收到申请书的五个工作日内,申请书可能面临被退回的风险,主要包括主体不符、目的不符、文件不够等情形。

(3) 组织和举行公开听证会,并根据公开听证会的结果作出决定。举行听证会是设立公共地役权的先决条件,只有在公开的听证会上通过投票做出赞同的决定,才能设立公共地役权。可能出席听证会并需要考虑其意见的人士有:其一,某些可能因设立公共地役权遭受损害的地区的居民;其二,位于需要设立公共地役权区域附近的法律咨询公司和律师事务所的代理人;其三,需要设立公共地役权的土地所有者,以及该土地的租赁者和永久使用权人;其四,市政机关或地方自治机关的工作人员。

(4) 国家权力机关或地方自治机关就设立公共地役权作出决定。

(5) 进行国家登记,将必要的信息录入《统一的法人国家登记簿》中。

2. 登记的四个步骤

(1) 提交登记所需的文件。提交之后,登记机构对所需文件进行形式审查。然后,负责的人员会在接收文件的同时,发放确认收到的收据以及文件清单。

---

① 侯潇敏:《浅谈公共地役权》,《今日财富》2010 年第 8 期。

（2）对所提交的文件进行法律审查。登记机关的工作人员对申请人提交的文件进行法律审查，主要检查以下几点：第一，文件是否符合法律规定；第二，文件的真实性和现实性；第三，文件内容是否完全满足设定地役权的目的。

（3）在《统一的法人国家登记簿》中录入必要的信息。

（4）向申请人签发确认注册的文件。该文件记载该公共地役权已设立的法律事实，并明确指出该公共地役权的存续期间。

3. 登记的附随文件

值得注意的是，在公共地役权的登记过程中，必须提交以下文件：第一，双方为实施公共地役权订立的协议；第二，申请登记的申请书；第三，申请人的护照（类似身份证的身份证明文件）；第四，供役地的地籍文件；第五，缴税的凭据；第六，如果申请人是一个组织，那么还需要其章程和从《统一的法人国家登记簿》中摘录的组织信息；第七，如果委托了代理人，则需要提交公证过的授权书。

（九）补偿和赔偿问题

1. 补偿问题

俄罗斯的现行立法没有规定设立传统公共地役权的强制性付款义务。但是，如果给土地所有者或第三方（承租人、拥有永久使用权的土地权利人）带来不便，则可能支付赔偿金。赔偿金的数额由法院确定，或者通过土地权利人（包括土地所有权人、承租人、土地永久使用权人）与地方自治机关（城市管理部门或农村居民点）之间的谈判确定。为公共利益设立公共地役权，每个公民都应该明确自己的权利和义务，包括土地的所有权人。通常，如果土地所有权人不阻挠有关机关为公共利益而设立公共地役权，后者便会适当地向前者支付补偿金。当然，即使当局出于不可避免的目的设立公共地役权，只要其施加的负担给土地权利人带来极大的不便，那么土地权利人始终可以通过与地方当局谈判或诉诸法院来捍卫自己的权利。

《俄罗斯联邦土地法典》第39.46条规定了新公共地役权的费用支付问题。第一，除非本法典另有规定，公共地役权享有者有义务支付公共地役权的费用；第二，除非本法典另有规定，公共地役权享有者可以以一次性付款或定期付款的形式来支付公共地役权的费用。其中，国有或市政所有的、未受第三方权利约束的土地的公共地役权的费用，由公共地役权享有者在作出设立公共地役权决定后的六个月内一次性支付；第三，公共地役费用的支付比例是根据公共地役权效力范围内的土地或地块面积的比例来计算的；第四，在国有或市政所有且未受第三方权利约束的土地上设立的公共地役权，每年支付的使用费应为该土地地籍价值的0.01%。在这种情况下，设立为期三年或更长时间的公共地役权的费用，不得少于在整个地役权存续期间内受其限制的地块的地籍价值的0.1%。如果尚未确定土地（或地块）的地籍价值，则依据第三和第四的规定，按照地籍价值的平均值来计算位于区域内的公共地役权的付款额；第五，对于私人、国家或市政所有的、并提供给公民或法人的土地，其公共地役权的付款标准是根据《关于俄罗斯联邦评估活动》的联邦法律，以及根据联邦行政机关依职能制定和批准的指导方针而确定的。付款的金额应当在自实施公共地役权的协议发送给土地权属机关之日起三十天内确定；第六，公共地役权的费用应当支付给签订了公共地役权协议的土地所有者，抑或在特殊情况下，以保证金的形式一次性支付给公证人；第七，在公共地役权提前终止的情况下，除非有关公共地役权的协议有此规定，否则不退还已支付的费用。

2. 赔偿问题

根据《俄罗斯联邦土地法典》第39.46条第10~12款的规定，因公共地役权造成的以下损失均要赔偿[1]：

（1）在设立公共地役权的土地上，因第三方履行义务而造成的损失；

（2）因在土地上进行活动，公共地役权享有者对土地所有权人造成的损失。例如财产损失，包括事故本身或为了预防事故造成的损失。

值得强调的是，公共地役权享有者应当自土地权利人申请赔偿之日起三十日内，赔偿土地权利人的损失。如果，公共地役权的设立给特殊领土

---

[1] 《俄罗斯联邦土地法典》，ЗАКОНЫ，КОДЕКСЫ ИНОРМАТИВНО-ПРАВОВЫЕ АКТЫ РОССИЙСКОЙ ФЕДЕРАЦИИ，https://legalacts.ru/kodeks/ZK-RF/glava-v.7/statja-39.46/，最后访问时间：2024年11月29日。

造成了损失，其赔偿规则由俄罗斯联邦政府确立。

（十）公共地役权的终止

根据《俄罗斯联邦土地法典》第48条，私人地役权依照民事法律规范规定的依据而终止。但是，公共地役权的终止应当从不同角度来分析。

1. 为不特定多数人利益（公共利益）而设的公共地役权的终止

（1）丧失设定公共地役权的社会需要。除根据《俄罗斯联邦土地法典》第V.7章规定的目的设立的新公共地役权外，公共地役权因丧失设定公共地役权的社会需要而终止。这种情况需要作出终止地役权决定的文件。

（2）设定的公共地役权的存续期间届满。如果公共地役权的存续期间届满，则表明公共地役权在期限的最后一个月的最后一天届满时终止。在这种情况下，无须作出终止的决定，即可终止公共地役权。

2. 为特定组织的利益（私的利益）而设的公共地役权的终止

根据《俄罗斯联邦土地法典》第48条第4款的规定，依据第V.7章规定的目的设立的公共地役权，应由决定设立公共地役权的授权机构或地方自治机关来终止，终止事由如下。

（1）超过两年时间不实施公共地役权的活动。

（2）在《俄罗斯联邦土地法典》第39.46条第2款规定的期限内，尚未对在国家或市政所有的且未提供给公民和法人使用的土地上设立的公共地役权付款。

（3）尚未支付与公民或法人所有的土地相关的公共地役权费用。如果需要一次性支付，那么支付期限是土地权利人收到关于实施公共地役权协定草案之日起六个月内；如果是分期支付，那么支付的最后期限是公共地役权协议中确定的付款期限连续届满两次之后的期限。

（4）公共地役权享有者主动放弃其设立的公共地役权。

（5）应土地所有权人的要求终止公共地役权。在规定的情况下，根据承受了公共地役权负担的土地所有权人的申请，国家或自治地方当局作出终止的决定。土地所有人有权向国家或地方当局提出终止公共地役权的申请，没有人能否定他的这项权利。根据《俄罗斯联邦土地法典》第48条第6款的规定，基于以下理由，土地所有权人有权要求法院终止公共地役权。其一，公共地役权享有者违反了设立公共地役权的程序；其二，其无法使用该地块和位于其上的不动产，或者依据公共地役权相关的许可使用，出现了使用上的重大困难，但是由于第 39.37 条规定的目的而设定的公共地役权除外；其三，设定公共地役权后需要更改土地板块的规划；其四，公共地役权享有者实施公共地役权的活动，违反了联邦法律和规范性法律文件，以及违背了设立公共地役权的决定或公共地役权协议中所规定的条件。

3. 终止公共地役权的程序〔以伊尔库兹克市《关于批准设立和终止与位于伊尔库茨克市境内的地块和（或）土地有关的公共地役权的程序》为例①〕

（1）伊尔库茨克市长作出决议。决议中需要明确指出，设定的公共地役权的存续期限已经届满或者该公共地役权丧失设立的社会需要。

（2）伊尔库茨克市长关于终止地役权的决议生效。这取决于法院判决的生效，该生效的判决包括终止地役权的判决或认定伊尔库茨克市长设立公共地役权的决议无效的判决。如果伊尔库茨克市长签署了终止公共地役权的决议，则在决议签署后 3 天内将该决议的副本发送给司法机关，以及相应土地或地块的所有者、使用者或占有者，并且依据《不动产权利和法律行为的国家登记法》在《统一的法人国家登记簿》中录入终止地役权的信息。

五 "新"公共地役权

（一）新的公共地役权的性质

俄罗斯广义的地役权制度实行传统的"二分法"，在已经通过的《俄罗斯联邦土地法典》和《俄罗斯联邦民法典》中保留了这一做法。目前，这一地役权经典划分方式已经进行了革新。2014 年 6 月 23 日第 171 号《关于修改俄罗斯联邦土地法和俄罗斯联邦的某些立法》的联邦法律生效，其中规定了在国家或市政所有的土地上设立的一种地役权，或可称为"准

---

① 出自伊尔库茨克市行政管理决议第 031-06-1116/8 号决议《关于批准设立和终止与位于伊尔库茨克市境内的地块和（或）土地有关的公共地役权的程序》第三章，cntd.ru 网站，https://docs.cntd.ru/document/550308629，最后访问时间：2024 年 11 月 29 日。

公共地役权"。① 此外，2018 年 8 月 3 日第 341 号《关于修订俄罗斯联邦土地法和与线路建设有关的联邦法律文件》的联邦法律通过，该法律文件规定了一种新的公共地役权类型——为某些人的某些特定目的而设的公共地役权。值得强调的是，在设立此类公共地役权时，该人对另一人的土地进行使用的直接目的是实现特定目的，仅在间接上满足公共利益。因此，俄罗斯学界对于《俄罗斯联邦土地法典》第 V.7 章所规定的公共地役权的性质是有争议的。

显然，现如今的俄罗斯土地立法中规定了两种公共地役权。这里，我们难免会产生疑问：《俄罗斯联邦土地法典》第 V.7 章规定的公共地役权到底是一种独立的地役权类型，还是从属于《俄罗斯联邦土地法典》第 23 条第 2 款规定的传统公共地役权。

关于这一性质问题，大多数俄罗斯学者往往将其归于广义地役权的新类型，认为它是一种独立的地役权类型，而非归于《俄罗斯联邦土地法典》第 23 条规定的公共地役权之内。② 首先，这种观点着眼于具体法条，例如《俄罗斯联邦民法典》第 216 条并未穷尽式地列举非所有权的物权类型。同时，根据《俄罗斯联邦土地法典》第 5 条可知，地役权享有人是有权对他人地块进行限制性使用的人。因此，将《俄罗斯联邦土地法典》第 V.7 章规定的新公共地役权认定为一种独立的地役权，在立法技术上并没有障碍。其次，以沃尔科夫·根纳季·亚历山德罗维奇（Волков）为代表的学者，从不同角度解读立法者的目的，认为第 V.7 章规定的"为特定目的而设的公共地役权"与《俄罗斯联邦土地法典》第 23 条所规定的传统公共地役权一起，构建了一个统一的公共地役权制度，认为其是一种新的类型的公共地役权③；还有

---

① Е. А. Емелькина, "Правовая природа нового публичного сервитута", *Аграрное и земельное право*, 2018, No 9 (165).

② Лунев Кирилл Александрович, "Правовая природа публичного сервитута, предусмотренного главой V.7 земельного кодекса Российской Федерации", Вопросы российской юстиции, 2019. No 3, 649.

③ Волков Геннадий Александрович, "Земельные сервитуты: развитие и проблемы гарантий прав", Ученые записки Казанского университета, Серия Гуманитарные науки, 2019, Vol. 161, No 1, 230.

一种观点认为,《俄罗斯联邦土地法典》第 23 条和第 V.7 章所规定的公共地役权只是对所有权的一种公共法律限制,并不是一种地役权①;当然,也有学者认为这一新的法律关系是"对所有权的限制、地役权以及为国家和市政所需对土地进行征收"等因素的混合概念。②

基于上述观点,有关 2018 年引入《俄罗斯联邦土地法典》第 V.7 章的"新"公共地役权的性质问题,我们可以通过将其与《俄罗斯联邦土地法典》第 23 条所规定的公共地役权进行比较来解决。

其一,《俄罗斯联邦土地法典》第 23 条第 2 款明确了公共地役权的概念,即在为了保障国家、地方自治或地方居民的利益而必需但又无须征收地块的情况下,由俄罗斯联邦法律或其他规范性法律文件、俄罗斯联邦主体规范性法律文件、地方自治机关规范性法律文件设立的有限使用他人地块的权利。③ 这里,我们可以先假定《俄罗斯联邦土地法典》第 23 条第 2 款所包含的公共地役权定义也适用于 2018 年引入的新公共地役权。只是,应该时刻牢记后者有其特定的设立目的。《俄罗斯联邦土地法典》第 39.40 条列出了有权申请设立新公共地役权的人员名单,其中包括具有专营权的组织、通信组织,运输基础设施组织的所有权人等。通过分析该人员清单,我们可以得出这样一个结论:2018 年引入的新的公共地役权是为了保障大公司的利益,而《俄罗斯联邦土地法典》第 23 条的公共地役权的设立是为了满足国家、地方自治以及当地居民的需求。因此,在这种情况下,《俄罗斯联邦土地法典》第 23 条第 2 款对于公共地役权概念的定义并不适用于 2018 年引入新的地役权。因此,根据这一结论,新的公共地役权的性质倾向于独立的地役权类型。

此外,新修订的《俄罗斯联邦土地法典》第 5 条第 3 款对地役权享有

---

① Вильгоненко Ирина Михайловна and Слепенок Юлия Николаевна, "И снова о сервитуте: публичный сервитут за или против?", Проблемы экономики и юридической практики, 2014, no. 1, 47.

② Е. А. Емелькина, "Правовая природа нового публичного сервитута", Аграрное и земельное право, 2018, № 9 (165).

③ 《俄罗斯联邦土地法典》(全译本),马骧聪译,中俄法律网,http://www.chinaruslaw.com/CN/InvestRu/Law/200932103129_869793.htm,最后访问时间:2024 年 11 月 29 日。

者的概念进行了补充，新增了公共地役权享有者的新概念，即公共地役权享有者是指根据本法第 V.7 章所设的有限使用他人土地或地块的人。这种情况表明，我们应当将所述这种地役权负担归于一种独立的地役权，而非《俄罗斯联邦土地法典》规定的"为不特定公众而设的公共地役权"。

其二，根据《俄罗斯联邦土地法典》第 23 条和第 39.39 条第 1 款可知，设立公共地役权的根据均是国家权力机构或地方自治授权执行机构的决定，这表明两种公共地役权的有限财产权的单一法律性质。此外，根据《俄罗斯联邦土地法典》第 39.39 条第 2 款可知，2018 年引入的新公共地役权应该在考虑《俄罗斯联邦土地法典》第 23 条规定的基础上设立，这使得两种公共地役权的关系变得紧密。但是，根据《俄罗斯联邦土地法典》第 39.47 条的规定可知，在设立公共地役权的决定作出后，由公共地役权享有者和土地的所有人缔结关于实施公共地役权的协议，如果所有权人拒绝订立协议，则公共地役权享有者有权向法院提出强制所有权人缔结该协议的要求。这里可以得出结论，2018 年引入的公共地役权的设立条件包含在关于实施公共地役权的协议中或者法院的判决中，而设立《俄罗斯联邦土地法典》第 23 条的公共地役权的条件完全包含在授权机构的决定中。从这一点来看，新的公共地役权已经是一种独立的地役权。

根据《俄罗斯联邦土地法典》第 23 条第 5 款的规定，传统的公共地役权可以在一个或多个土地或地块上设立。而根据《俄罗斯联邦土地法典》第 39.39 条可知，无论地块所有权形式如何，2018 年引入的公共地役权可以在任何一处地块上设立。由此似乎可以表明，新的公共地役权仅与地块有关，而旧的公共地役权与土地有关。但是，根据这一标准对两种地役权进行比较，并不能直接判定二者是不同的地役权类型。因为这也许只是新公共地役权的特殊之处，其本质上仍然可能是《俄罗斯联邦土地法典》第 23 条规定的一种公共地役权。

根据《俄罗斯联邦土地法典》第 23 条第 7 款和第 V.7 章的 39.45 条可知，这两种公共地役权可能都是有期限的，但它们也存在一个明显区别。《俄罗斯联邦土地法典》第 23 条的公共地役权的存续期限仅由授权机构在其设立时的决定中确定，但是关于新的公共地役权的期限，《俄罗斯联邦土地法典》第 V.7 章的第 39.45 条建立了一个特殊的框架，而授权机构在该框架内确定既定公共地役权的期限。

无独有偶，《俄罗斯联邦土地法典》第 V.7 章的第 39.46 条直接定义了 2018 年引入的新公共地役权费用支付的程序。然而，《俄罗斯联邦土地法典》第 23 条中未规定传统公共地役权费用支付的程序和细节。同样地，对于新公共地役权而言，立法直接规定其免费设立的情形和条件，而《俄罗斯联邦土地法典》第 23 条中规定的传统公共地役权的费用支付限定在土地使用的巨大困难这一情形中，二者进行费用支付的情形和条件明显不同。因此，这也能说明两种公共地役权的非同一性。

但是，《俄罗斯联邦土地法典》中有关两种公共地役权的规定存在自相矛盾之处。例如，《俄罗斯联邦土地法典》第 23 条第 18 款规定，第 V.7 章主要规定了新的公共地役权的设立程序、期限，实施条件和确定付款的程序等，而关于新公共地役权的其他内容受《俄罗斯联邦土地法典》第 23 条的约束。这似乎又表明，我们应该将新的地役权视为第 23 条规定的一种公共地役权。但是，《俄罗斯联邦土地法典》第 23 条第 10 款又直接表明，如果土地权利人在使用土地方面存在重大困难，则不可能适用 2018 年引入的新公共地役权；再如，《俄罗斯联邦土地法典》第 23 条第 4 款明确规定了设立传统的公共地役权的目的，而《俄罗斯联邦土地法典》第 V.7 章第 39.37 条又列出了设立新公共地役权的特定目的。这两种地役权都有其自身不同的设立目的，似乎表明二者的相互独立性。但是，《俄罗斯联邦土地法典》第 23 条第 4 款的第 8 点又包含以下规定：" 公共地役权可以旨在为《俄罗斯联邦土地法典》第 V.7 章第 39.37 条规定的目的使用土地而设立。" 这似乎又表明新的地役权是《俄罗斯联邦土地法典》第 23 条规定的一种公共地役权。

综上所述，尽管在比较新旧公共地役权时存在一些法律条款，这些条款可能清楚地表明《俄罗斯联邦土地法典》第 V.7 章的新公共地役权是《俄罗斯联邦土地法典》第 23 条规定的旧的公共地役权的一种特殊类型。但是综合分析，并考虑立法者的立法目的，将二者视为两个独立的但同时又相互联系的公共地役权类型更为合适。对此，俄罗斯学者认为，立法者应在《俄罗斯联邦土地法典》中规定两种地役权的一般规则，尤其是公共地役权概念的定义、设立根据、主体、确定付款的程序、当事方的权利和义务，以及保护土地所有者和公共地役权享有者权利的方法和手段等。同时，还应该明确两种单独类型的公共地役权的细节，包括设立目的、设立期限，设立程序以及与公共地役权的一般规则不矛盾的其他内容。具体而言，建议修改《俄罗斯联邦土地法典》第5条的第3款中有关公共地役权的概念，改成"公共地役权享有者是指根据本法第V.7章和第23条设立的有限使用他人土地或地块的人"。这种做法确保了在理解这一概念时法律规范和学说的统一。①

因此，对于新公共地役权的性质，我们可以得出以下结论。《俄罗斯联邦土地法典》第V.7章所规定的新的公共地役权是一个独立的土地法律制度，不应被视为私人地役权或有利于不特定公众的传统的公共地役权，其既具有传统公共地役权的特征，也具有其他物权的结构特征。为了确保公共地役权机制的有效运作，建议在《俄罗斯联邦土地法典》中引入有关广义公共地役权的一般规范，同时也提供新公共地役权的特殊性规定。此外，基于新公共地役权的相对独立性，可能还需要单独的法律术语来命名这一法律关系，以免与其他制度混淆。②

（二）新二分法下的公共地役权的分类

2018年土地立法的改革结果是在《俄罗斯联邦土地法典》中引入了有关公共地役权的最新规定。基于对其的系统解释，今天的《俄罗斯联邦土地法典》中包含了两种类型的公共地役权——为了不特定公众的利益而设的公共地役权（第23条）和为了特定组织利益而设的公共地役权（第V.7章）。同时，这两种类型的公共地役权都是根据《俄罗斯联邦土地法典》设立的，意味着革新了《俄罗斯联邦土地法典》与《俄罗斯联邦民法典》在公共与私人地役权上的传统"二分法"划分。

---

① Лунев Кирилл Александрович, "Правовая природа публичного сервитута, предусмотренного главой V.7 земельного кодекса Российской Федерации", Вопросы российской юстиции, 2019, No 3, 649-650.

② Е. А. Емелькина, "Правовая природа нового публичного сервитута", *Аграрное и земельное право*, 2018, No 9 (165).

第三章　公共地役权的域外立法比较与经验分析

1. 为不特定公众利益而设的公共地役权（《俄罗斯联邦土地法典》第23条）

一方面，这一种类型的公共地役权可以定义为：为了不特定人的利益、在不没收土地的情况下、有限度地使用他人土地或地块的权利。根据《俄罗斯联邦土地法典》第23条第2、5、6款的规定，这类公共地役权的特征主要有以下几点。

（1）在不征收土地的条件下满足国家、市政和当地居民的需要。

（2）只有在不能以其他方式确保不特定人利益的情况下，才能设立公共地役权。

（3）既可以在私有土地上，也可以在国家或市政所有的土地上设立公共地役权。

（4）需要设立公共地役权才能满足国家、市政或公众需求。例如，在不占用土地的情况下，步行或开车穿过土地。

另一方面，可以为以下目的设立这一传统的公共地役权。第一，步行或开车通过土地，包括确保公民自由进入公共水体及其沿海地带等；第二，在土地上放置大地测量所需的地标和物体等；第三，在地块上实施排水工程；第四，进水和注水孔；第五，驱赶农场动物穿越陆地；第六，于适合当地条件和习俗的期间在地块上割草或放牧牲畜；第七，在土地上狩猎、捕鱼、水产养殖（养鱼）等。[1]

因此，这种类型的公共地役权主要是为了满足当地居民的某些需求而使用该土地或地块。并且，这种公共地役权是由地方当局（在某些情况下是由联邦或地方自治当局）决定设立的。在这种情况下，通常不需要利害关系人正式申请地方行政当局决定设立公共地役权。也就是说，无论土地所有权人的意见如何，最终都会设立公共地役权。相反，如果土地所有权人对公共地役权的设立或其特定条件有不同意见，他必须通过司法程序对地方当局的决定提出诉讼。

---

[1] Земельный кодекс РФ，Электронный ресурс，Режим доступа：http://stzkrf.ru/23（дата обращения：21.03.2018）.

通常来说，这种公共地役权的设立是免费的。但是，如果设立公共地役权导致土地使用的"重大困难"，则其所有者有权要求地方当局从当地预算中支付费用。因此在这种情况下，应该最大限度地减轻供役地块的负担。在实践中不难发现，这种"重大困难"的确定具有很强的主观特性，很有可能引起法律纠纷和争议。但在任何情况下，公共地役权的设立都不应剥夺土地所有权人按照土地既定的许可用途使用该土地或地块的机会。否则，这就是一个关于为国家或市政需要而征收土地的问题，而不是关于公共地役权的问题。

2. 为特定组织利益而设的公共地役权（《俄罗斯联邦土地法典》第V.7章）

根据《俄罗斯联邦土地法典》第39.37条的规定，可以为以下特定的目的设立公共地役权。

（1）设置电网设施、供热设施，排水和污水处理网络设施、通信结构线路、线性气体供应系统设施，输油管道和成品油管道等。如果它们具有联邦、区域或地方意义，或者对于组织而言是必需电力、天然气、热力，给居民和下水道的供水，与工程和技术支持网络的连接（技术连接），或者由于收回原先用于州或市政需要的土地而被转移。

（2）在指定的建筑期内，为确保具有联邦，地区或地方意义的运输基础设施的建设，重建，修理所必需的建筑和其他材料的存储，临时或辅助性结构和（或）建筑设备的放置，重建，修复。

（3）建设高速公路或铁路的交叉路口，或者建设该高速公路通往其他高速公路的路口。

（4）在隧道内铺设道路和铁路。

（5）在特定情况下，进行线性设施建设的工程勘测。

上述目的表明，这种公共地役权是为特定的基础设施的建设或与该建设有关的工作提供的公共便利。实际上，此种公共地役权的设立直接有利于具有专营权的特定组织。显然，由于相应基础设施具有特殊的社会意义，因此引入公共地役权这一制度来完成任务。

值得明确的是，最新的土地立法已将这类公共地役权纳入法律。实际

第三章　公共地役权的域外立法比较与经验分析

上，为了消除国家和市政因基础设施建设的需求而没收土地的弊端，完全可以引入公共地役权机制。同时，公共地役权的设立会极大地限制土地权利人的利益，直到使他们暂时无法使用整片土地或部分地块用于其预期用途为止。因此，土地的权利人必须及时采取合理的措施来保障自己的权益，他们可以质疑设立公共地役权的事实和具体条件，或者最大限度地证明支付款项的必要性和合理性。

就线路网络和工程结构的建设而言，社区综合体组织和非营利性的协会可以为自身的利益设立这种类型的公共地役权。同时，设立这种公共地役权的实际操作者通常不是这类组织体，而是与组织建立联系的中标者（例如，工程设施的实际施工人、管线设施架设人等）。因此，他们可能也需要承担设立这种公共地役权的责任。

此外，这种公共地役权是由行政当局（联邦或地方分别针对具有联邦或地区重要性的客体而授权的机构）的决定设立的。区别于"为不特定公众利益而设定的公共地役权"，此类公共地役权是在利害关系人的请求下设立的，该利害关系人主要是线路网络的专营性组织或其他需要进行基础设施运营的机构。其所提出的请求必须包含合理的理由，即在没有设立公共地役权的情况下不可能实现相关目的。例如，领土规划文件的内容未涉及这些线路网络的建设事项。

然而，对于向公民提供的或公民所有的、旨在用于个人住房建设、园艺、卡车耕作等活动的土地，公共地役权的设立是有限制的。仅以下情况下，可以在此类土地上施加公共地役权的负担：其一，用于规划边界内的建筑物、构筑物、工程设施与线路网络进行技术性的连接；其二，运营、改造现有工程结构；其三，放置从征收的土地上转移的工程结构。

3. 两类公共地役权的设立程序比较

除了设立的目的不同之外，两种公共地役权的设立程序也有所不同。为不特定公众利益而设的公共地役权是根据国家权力执行机构或地方自治机构的决定而制定的。[①] 值得注意的是，这种公共地役权是基于更严格的方式而

---

① 《俄罗斯联邦土地法典》第 23 条第 2 款的规定。

设立的,即必须依据俄罗斯联邦法律和规范性法律文件、俄罗斯联邦各主体和地方自治的规范性法律文件而设立,并且要考虑公开听证会的结果。

第二类公共地役权是通过某些人的请求、根据相应级别的行政当局的决定而设立的。申请主体包括具有专营权的组织、通信组织、具有联邦或地区意义的运输基础设施的所有者、《俄罗斯联邦土地法典》第56.4条第1款规定的组织,以及那些为公共需要而征收土地的提交申请书的人。① 值得强调的是,二者都必须通过行政当局的决定以强制性的方式设立。

(三) 现代俄罗斯法律体系中复杂的地役权制度

综上所述,自2018年土地法改革之后,俄罗斯社会存在一个复杂的地役权制度,包括传统的私人地役权、② 更新的私人地役权、③ 传统的公共地役权④和新的公共地役权。⑤

需要强调的是,上述类型或许并非俄罗斯关于地役权的全部分类。因为,联邦和地方性法律可能还规定了其他地役权类型,包括公共地役权类型,只是在称谓上有所不同。因此,俄罗斯社会具有如此复杂的地役权制度,有学者认为其合理性尚未可知。

六 社会效果

(一) 使归位于宪法的"国家所有权"遁入"私法"⑥

在苏联计划经济体制的大背景下,在土地和文化历史古迹领域存在一种国家所有权,称作"全民财富"。而后,立法者为了应对土地私有化的浪潮,通过民法规范引入一种"共产模式"。在此模式下,"全民财富"是指提供给全国人民直接使用和收益之财。当代俄罗斯摒弃了之前的术语,在民事所有权制度中引入相关的宪法词汇,通过立法技术的改造,以前的"全民财富"扩大到人民赖以生存和活动的基础性之财的范畴。这种立法技术手段产

---

① 《俄罗斯联邦土地法典》第23条第18款及第V.7章的规定。
② 《俄罗斯联邦土地法典》第216、第274至第277条的规定。
③ 《俄罗斯联邦土地法典》第V.3章"在国家或市政所有的土地上设立的地役权"的规定。
④ 《俄罗斯联邦土地法典》第23条第4款第1~7点的规定。
⑤ 《俄罗斯联邦土地法典》第23条第8款和第V.7章的规定。
⑥ 张力:《国家所有权遁入私法:路径与实质》,《法学研究》2016年第4期。

生了弱化所有权的某些权能（处分、收益等）、仅保留其解决纠纷的功能的法律效果，这使得俄罗斯公民对公共财产可以自由、免费、有限制地利用，而这种对"公共财产"上的利用，是一种当然的公共地役权。例如，《俄罗斯联邦民法典》规定的"土地自由通过权"、第221条规定的"自然资源分出物的原始取得权"等均是公共地役权的表现形式。因此，借助公共地役权这一法律概念，一方面公民对公共财产的有限使用权具有了私法制度上的法律支撑；另一方面在俄罗斯社会很难看见高速公路收费这种限制人民权利的现象，并且为其提供了权利救济的民事请求权基础。①

（二）在重要土地上为公益目的之实现提供了多元机制

公共地役权的外部体系包括土地用途管制和土地征收制度。《俄罗斯联邦宪法》《俄罗斯联邦土地法典》《俄罗斯联邦民法典》都对土地用途管制和征收进行了规定。②俄罗斯联邦根据用途对土地进行分类，对专门用途的土地实行用途管制，并通过《俄罗斯联邦土地法典》明确限制或禁止对诸如农用地、自然保护区用地、文化遗产占地等重要用地的征收程序。面临对那些于联邦或地区而言具有重要意义的土地实行征收十分困难的现状，当为了国家或自治地方的需要必须利用这些土地时，公共地役权制度不失为一个良好的实现机制。当然，公共地役权的设立必须建立在无征收的可能性基础上。因此，在俄罗斯社会，公共地役权制度是在土地利用基本用途管制和土地征收之间的介入，共同形成了对土地利用的多元化实现格局。③

（三）缓解土地征收"或有或无"的特性所引发的矛盾

缓解土地征收制度所引发的社会矛盾是公共地役权设立的目的之一。土地征收的权利人往往是国家或地方行政机关，而负担主体往往是土地权利人（包括土地所有者、占有者、使用者），因此更多地强调国家公权力的强制性与私人的被迫服从性。这种天然的权利之不对等性，容易忽略土地权利

---

① 参见张力《公共地役权在我国民法典中的制度构建》，载刘云生主编《中国不动产法研究》第2辑（总第18卷），法律出版社2018年版。
② 张力：《社会转型时期俄罗斯的公共所有权制度》，《法律科学》（西北政法大学学报）2009年第2辑。
③ 参见罗建《公共地役权制度研究》，载刘云生主编《中国不动产法研究》第9卷，法律出版社2014年版。

人的真实诉求。即使在征收时给予了其必要的补偿，但是也十分容易激发权利人的不满和排斥情绪，从而形成双方"对抗性"的矛盾局面。很难说，这种局面不是因为土地征收制度"或有或无"的排他性特征而引起。公共地役权的设立并非一种对所有权的剥夺，对土地权利人来说是一种尚能容忍的负担或者对其权利行使的部分限制。这种负担或者限制仅发生减损权利的效果，供役人仅就部分土地权利被限制或剥夺供公共之用，他们仍然能够实现土地上的其他权能。例如，自己的土地因架设电线之需而设立公共地役权，土地权利人即使无法在该土地上自由地建设高楼等阻挡电线设施的使用，但可以选择在土地上建设较低的仓库实现对土地的使用权能。这样，同一块土地上公私并用，既避免了因征收给国家造成过重的财政负担，缓解了与土地权利人的激烈矛盾，同时也使得土地资源得以充分利用。[①] 甚至，为了有效地保障土地权利人的合法权益，《俄罗斯联邦土地法典》第48条第6款还明确规定了公共地役权的终止事由，即根据土地权利人的要求而终止。在某些特定事由出现时，土地所有人有权向地方行政当局或者地方当局的代表提出终止公共地役权的申请，没有人能否定其享有这项权利。具体终止事由包括土地权利人"无法使用该地块和位于其上的不动产，或者根据其签订的公共地役权的使用许可而出现使用上的重大困难"等情形。

七 经验启示

根据《俄罗斯联邦土地法典》对公共地役权的定义可知，公共地役权是在为了保障国家、自治地方或地方居民的利益之需，但又无须征收地块的情况下设立。该制度是对土地利用基本用途管制和土地征收之间的介入，能更好地解决在土地利用管制中对土地负担的补偿问题。[②] 因此，为了缓解征收体制下土地权利人与行政当局的矛盾，减轻土地所有者因"失地"所带来的损失和负担，同时为不特定公众平等、合理地利用自然资源

---

① 参见罗建《公共地役权制度研究》，载刘云生主编《中国不动产法研究》第9卷，法律出版社2014年版。
② 参见罗建《公共地役权制度研究》，载刘云生主编《中国不动产法研究》第9卷，法律出版社2014年版。

提供制度化的支撑，引入公共地役权制度不失为一个好的做法。至于如何引入这一制度，需要明确公共地役权的本质属性。

毋庸置疑，较之于传统的私人地役权，公共地役权具有浓厚的公法色彩。因此，许多国家仅用单一的公法模式来调整这一制度，例如法国的行政役权，认为公共地役权就是一种行政法律关系。我国公共地役权的立法现状也是如此。但是，越来越多的学者认为，公共地役权究其本质，应当落脚到私法上的"地役权"，即公共地役权应当是私法中的一项物权类型。[①] 只是说，受制于"物权法定"的原则，公共地役权在私法上尚处于尴尬境地。因此，在《民法典》的视角下，公共地役权的立法选择显得尤为重要。

需要明确的是，公共地役权制度进入民事私法领域具备合理性和可操作性。行政规制逐渐渗透到民事等私法领域，这是一个自然而必然的趋势。具体到我国的民事立法进程中，立法者也逐渐摒弃私法与公法完全对立的传统做法，二者逐渐呈现出相互配合和协调之势。[②] 以具备浓厚私法属性的《民法典》为例，公法和私法规范相得益彰、互相配合。例如，宪法赋予国家为"公益"而限制或者牺牲"私益"的权利，《民法典》显然遵循了这一做法，逐渐发展征收、征用制度，平衡了私权和公共利益的关系。[③] 这表明公共地役权制度进入民事立法领域，在立法技术上有其可能。另外，从比例原则来看，既有的征收、征用制度是一种"或有或无"的做法，其对私权利的限制程度极高，是对权利极大的剥夺，加重了土地所有权人的负担，且极易在公权力机关与土地所有权人之间形成"对抗"的局面。然而，"公共地役权"的设立是对土地所有权较低程度的限制，缓和了公权力和私权利之间的关系。

然而，在立法设计上，我国公共地役权制度缺乏体系化和完整性。法学界或可系统研究其法律属性、设立程序、权利义务、费用补偿等问题，

---

① 参见肖泽晟《公物的二元产权结构——公共地役权及其设立的视角》，《浙江学刊》2008年第4期；姜明安主编《行政法与行政诉讼法》，高等教育出版社2007年版，第717页；孙鹏、徐银波《社会变迁与地役权的现代化》，《现代法学》2013年第3期。
② 蔡斌：《公共地役权性质初探》，《广西政法管理干部学院学报》2004年第2期。
③ 郭帅：《民法典中的公法规范》，《人民法院报》2020年12月18日，第5版。

民法典背景下公共地役权的制度建构与体系融入

早日达成共识，用公法和私法并行来调整。例如，可以借鉴俄罗斯，采取民法典与土地法典等单行法并行的立法模式。具体来说，前者用来制定公共地役权的一般条款，明确公共地役权的物权地位和权利义务内容。后者用来制定公共地役权制度的细节。同时，为了保护弱势的土地权利人的合法权益，在合理保留"征收补偿"规则的基础上，可借鉴俄罗斯公共地役权为供役人提供的司法救济途径：补偿请求权和反向征收权。前者适用于较低程度的土地负担（导致土地使用困难），后者适用于较高程度的土地负担（导致土地使用不能）。同时，《俄罗斯联邦土地法典》还规定，因公共地役权的设定而遭受权益侵害的供役人的侵权救济体系，完全可以将其引入侵权责任编，由此构建分层次的、有针对性的救济体系，使供役人遭受的损失能得到有效的救济。

另外，俄罗斯法律还规定了设定公共地役权的程序性要件，即举行公开的听证会来决定设立公共地役权，并且最后需要在《统一的法人国家登记簿》中录入必要的信息，进行国家登记。关于这一行政程序性要求，完全可以交由行政立法来调整。我国在设立公共地役权的时候，也可以通过大众媒体发布与设立公共地役权相关的信息，组织与供役地有利害关系的人进行公开听证，询问公众意见。根据公开听证会的结果作出设立公共地役权的决定后，签订实施公共地役权的协议，并明确指出该权利的设立采取"登记生效主义"。因为，公共地役权施加的土地负担同征收一样，都需要长久利用供役地，只有通过登记才能最明确地记载土地的权利状态。土地上是否存在地役权的负担对土地本身的价值影响极大，对土地权利人和需役人都会产生极大的影响。因此，在签订公共地役权合同后，应由土地管理部门统一实行登记。这样，既能减少供役地的权利人的负担，又有利于形成"权利外观"，提醒第三方的土地交易者。此外，我国对公共地役权的补偿规则应当明晰态度。[1] 虽区别于征收制度完全剥夺土地的特性，公共地役权制度同样也对土地权利人行使权利施加了不同程度的限制，理

---

[1] 参见罗建《公共地役权制度研究》，载刘云生主编《中国不动产法研究》第9卷，法律出版社2014年版。

应根据限制的程度来确立补偿的比例。

总之,我国可参考俄罗斯对公共地役权和私人地役权关系的调整思路,厘清二者的共性和个性。在现代俄罗斯,私人地役权的法律关系主要由《俄罗斯联邦民法典》来调整,而公共地役权的关系则是由《俄罗斯联邦土地法典》来规制。因此,在我国《民法典》已经生效的今天,为弥补公共地役权制度在《民法典》中的缺失,可以参考俄罗斯公法和私法并行的调整模式,但是也不可以完全照搬这种泾渭分明的调整方式。在我国,更为适宜的是采取私法和公法融合的调整模式。

第四节 德国法上的公物制度

德国的公物制度源于古罗马法的公共物概念,并在18世纪法国的公产理论影响下发展而来。德国学者奥托·迈耶(Otto Mayer)曾尝试借鉴法国的公产理论,以在德国行政法中构建公所有权理论。随着这一观点的发展,学界逐步形成了建立在公法公务目的基础上的"公法支配权"的概念,在一定范围内排斥了私法支配权。为了维护和修正公所有权理论,德国学界后来在公法支配权的内涵中增加了关于私人所有的公物的规定,将修正后的私人所有权理论作为学界的主流观点,即"双轨制理论"。至此,德国形成了独特的公物制度,涵盖了公物的成立与废止、管理制度、利用制度等多个方面,体现了公法与私法的有机结合,兼顾公权与私权的属性,亦彰显了人役权的物权效力在对不动产或动产利用关系上所展现的稳定性优势。

一 历史动因与立法现状

(一)德国公物理论

1. 公物的概念

古罗马人将物以个人所有权客体的不同为标准分为公共物与私有物。而公共物又具体包括神法上的非财产物和人法上的非财产物。[①] 此后,古

---

① 肖泽晟:《公物法研究》,法律出版社2009年版,第7页。

民法典背景下公共地役权的制度建构与体系融入

罗马人基于公共利益或公共需求的保障，而构建出公共物这一概念，即国家也可以如私人一样使用私有财产权上的私有土地，换言之，国家可以为了整体利益而对私人所有的土地予以利用或者对私人完整的财产所有权加以一定的限制。公物的概念起源于古罗马法的公共物①，该公共物包括了所有人共同享有的公有物、全体罗马人民共同享有的公用物以及政府团体享有的公有物，可见，古罗马法意义上的公共物主体既可能是罗马人民，也可能是国家机构。后经发展，18 世纪在法国产生了公产理论，也即现代意义上的公物制度，并且还衍生出《法国民法典》上所规定的"为公共的便宜"所设立的地役权制度。② 然德国在继受了法国公产理论后，形成的公物制度却与之有所差别。法国所称"公产"与德国、日本所称"公物"相对应。

　　一项财产构成公物必须具备实体要件和程序要件：实体要件是共同利益功能和适用公法规则；程序要件是行政主体通过附加形式上的意思表示和该财产被投入使用。③ 德国行政法学中的公物概念，包含了所有直接供大众福祉或者行政主体自身需要使用的财产，其概念界定较为概括。④ 德国的行政主体可以是公法组织形式，也可以是私法组织形式。公法组织形式主要为联邦、州、公法团体（以地域还是以成员作为标准分为地方团体和人事团体两种）、公共设施、公益基金会；私法组织形式主要为授权性行政主体（私法人、自然人接受授权成为行政主体）、公企业（行政主体依据私法设立，并授权其以私法方式执行特定行政任务的私法人）。⑤ 德国通说认为公物指经由提供公物以达成特定公目的、适用行政法

---

① 〔古罗马〕查士丁尼：《法学总论——法学阶梯》，商务印书馆1989年版，第49页。
② 法国《民法典》第649条规定："法律规定的役权，得为公共的或地方的便宜，亦得为私人的便宜而设立。"
③ 肖泽晟：《公物的范围——兼论不宜由国资委管理的财产》，《行政法学研究》2003年第3期。
④ 〔德〕汉斯·沃尔夫等：《行政法》（第二卷），高家伟译，商务印书馆2002年版，第164页；〔德〕平特纳：《德国普通行政法》，朱林译，中国政法大学出版社1999年版，457~463页。
⑤ 〔德〕汉斯·沃尔夫等：《行政法》（第一卷），高佳伟译，商务印书馆2002年版，第48~50页。

的特别规制而受公权力支配的物。① 该公法上公物支配权与私人主体的财产上所享有的支配权权能是不同的，故而其公物制度是在行政组织法中研究，具体包括公物的成立与废止制度、公物管理制度、公物利用制度等。其中，公物利用制度依据其使用是否需要许可分为三种利用模式：一般使用即无须任何意思表示均可以合于公物目的的方式而自由使用公物；许可使用即须经申请并许可方能使用；特许使用即仅享有公物管理机关在特定公物上设定公法上的特别利用权的特定权利人可以排他地占有利用。② 因而德国将公物的权属定性为一种物权，不同于法国将公产的权属定位为一种财产权。此外，德国公物的主体既可以是行政主体，也可以是私人主体；然法国公产的主体则仅限定为行政主体，将私人提供公产排除在外，更注重公共利益。德国因提供公物的主体不同，将公物划分为自有公物与他有公物，即所有权不属于行政主体之物称之为"他有公物"。

2. 公物立法模式

由于德国法上的公物所有权同时具有公权与私权的属性，其公物法自然就包括公法与私法。③ 但德国法对于国家所有的财产并未进行区分，而是统一纳入民事法规由私法调整。对于行政主体享有所有权的公物，德国学者认为，行政机关根据法律或法理应当拥有一些不可替代的进行日常活动的公物，这些财产受专门的行政法规范和高权性规定的调整；在没有专门法律规定时，在不可转让、不可取代、不受相邻权的限制并且与公物的目的相一致的范围内才能适用私法制度。④

此外，不动产本身天然具有个人价值、公共价值双重属性，即使是私人所有的物，由于需用于公法的目的，其流通也会受公法限制，所有权的私法内容便将受到公法的排挤，该限制集中体现为私物的所有权人

---

① 李劭仁、秦迪：《浅议公物利用基础理论》，《中国多媒体与网络教学学报》2018 年第 3 期。
② 〔德〕平特纳：《德国普通行政法》，朱林译，中国政法大学出版社 1999 年版，第 173 页；〔德〕汉斯·沃尔夫等：《行政法》（第二卷），高家伟译，商务印书馆 2002 年版，第 495，514 页。
③ 吴庚：《行政法之理论与实用》，中国人民大学出版社 2005 年版，第 135 页。
④ 〔德〕汉斯·沃尔夫等：《行政法》（第二卷），高家伟译，商务印书馆 2002 年版，第 476 页。

不能为有害公用目的实现的处分，且必须容忍特定人在公用目的范围内的使用。①《德国民法典》② 第 1018~1093 条对"地役权""用益权""限制的人役权"三大类役权进行了规定。根据《德国民法典》第 1090 条第 1 款规定，土地上可以设立使他人在个别关系中使用该土地或者享有其他可以构成地役权的权限（限制的人役权）。1092 条第 3 款规定，如果法人或有权利能力的合伙享有有限的人役权，如其授权地役权用于水力、风能、太阳辐射能、地热、环境热能或生物质能利用设施、电化学制氢或氢能发电设施、输送电力、天然气、远程供热、水、污水、石油或原材料的设施，包括所有直接服务于输送的附属设施、电信设施、一个或多个私营或公营企业之间的产品运输设施、有轨电车或铁路设施，则该地役权可以转让。可以看出，该条所规定的"限制的人役权"有其特殊之处。一是土地的提供主体既可能是私人主体，也可能是行政主体；二是其限制旨在实现特定人的利益或公共利益，而非为特定土地的利益实现。故而，《德国民法典》中所规定的"限制的人役权"与法国法上所规定的行政役权有所不同。《法国民法典》③ 第 649 条规定：地役权，可为私人的便利设立，也可为公共的或地方的便利而设立。行政机关或公共服务机构在为公共的或地方的便利而在个人土地上设立地役权时，需给予供役地人补偿，供役地人不得拒绝设立。同时在第 650 条规定：为公共利益或地方利益设立的目的在于沿国有水域设置步道、建设或修缮道路及其他公共或地方工程的地役权的相关事项，由特别法令规定。该"特别法令"也就是赋予行政机关或公共服务机构得在个人土地上强制设立地役权的权力，因此公共地役权的设立是一种行政行为，所以法国将之称作"行政地役权"。而德国民法上"限制的人役权"因该财产本身为"公物"即告成立，无须附加该特别法令这一行政行为予以设立。

德国关于公物所采取的模式主要是制定有关公物管理的单行法律、法规等，而并无全国统一适用的《公物法通则》，故而在单行法出现法

---

① 孙宪忠：《论物权法》，法律出版社 2001 年版，第 690~691 页。
② 参见《德国民法典》（第 5 版），陈卫佐译注，法律出版社 2020 年版。
③ 参见《法国民法典》，罗结珍译，北京大学出版社 2023 年版。

律漏洞时，需要借助行政法院的判例来规范公物管理行为，以弥补成文法之不足。①

（二）公法支配权的历史动因

在德国的公法领域中，德国学界所定义的公法支配权，与公共地役权概念相类似。德国学者奥托·迈耶（Otto Mayer）曾试图以法国的公产理论为依据，在德国行政法里引进公所有权理论。其主张仅在公法上物的支配与民法所有权属同一行政主体且在出让时成立公所有权，物的支配仅得以公法方式处置，而对于基于民法所有权对公物的支配问题却不置可否。此观点经发展产生了"公法支配权"的概念，即公法支配权建立在公法上的公务目的基础上，具有双重意义，即产生了支配权主体（对财产享有高权性处分权的行政机关）和第三人的使用权和公法管理义务，并在此范围内排斥私法支配权。②又因对于普通民众而言，公物不可能都是公所有权，也不可能都只适用于私法规范，更不能排除大众基于必要需求所生公共利益的目的而对公物设施进行一般利用。是故，后德国学界主流观点均以维持和修正公所有权，将修正的私有所有权说作为学界的通说。③该学说又被称为"双轨制理论"，持该学说观点的学者认为公物这一基于公共利益需求而被行政主体所命名的财产，其私法上的所有权必然会受到公法的规制，进而产生了公法上的役权，如此所有人私法上的所有权便受到限制，则该所有人的财产必须容忍该物在公物领域内的供公用之目的的利用。但该利用的限制并非排斥所有权人的所有权利，当公物属于私人所有时，该财产所有权人仍可以在不侵害公用目的范围内以买卖或赠与等方式进行处分。例如，某行政机关将某私人古堡命名为"公物"，该公物因此必须容忍公用目的范围内的一定程度的使用限制，包括行政机关在基于对古建筑之保护的社会公共利益的情形下，要求古堡的原始所有人不得改变古堡的内部结构、外部装修设计、整体风格，也不得进行有碍古建筑保护之增建

---

① 肖泽晟：《公物法研究》，法律出版社2009年版，第343页。
② 〔德〕汉斯·沃尔夫等：《行政法》（第二卷），高家伟译，商务印书馆2002年版，第474~475页。
③ 李劭仁、秦迪：《浅议公物利用基础理论》，《中国多媒体与网络教学学报》2018年第3期。

等，并且作为该古堡的所有权人还负有对该公物即古堡维修保护以保持其原有状态的义务。同时，所有权人的权利只在不妨碍公共使用目的的范围内继续存在，换言之，公用目的外的剩余权利如居住的权利，仍由古堡所有人享有。毕竟该古堡属于私人所有，即使行政机关的限制有利于社会公共利益之目的，然客观事实上仍减损了其部分经济权利，不符合个人的经济理性，因此，对于因被命名为"公物"而不能存在的权利部分，可由行政主体给予私所有权人一定补偿。由此可以看出，"双轨制理论"在原"公法支配权"概念的基础上新增了对于私人所有的公物即私人公产用于公用目的的相关规定。具体而言，行政主体将私人所有的财产确定为公物，实则是产生私法所有权受到公法特别规制的法律效果，即所有人在公物的特定目的范围内，必须容忍该物的使用，德国法上称之为"公法上的土地所有权内容构造与限制"①，这表明私人所有的公物包含了公共地役权和私法财产权并存的两个部分，也即德国学者所提出的公物二元产权结构的观点，即公物所有权中既包括公法权利（公共役权），又包括私法权利（私法所有权），为公私法混合所有权。② 换言之，私人所有的公物财产在被设定为公用后，就只能在公用目的范围以外相对行使权利，称之为对该公物的"剩余财产权"③（在不损害公用目的范围内存在），且私人所享有的这一权利并不具有稳定性，可能随公用目的范围更改而波动。这一观点将公物的所有权人、支配权人、管理义务人在公法与私法上相分离，保证了行政主体的行政行为在公法的内涵中融入了私法的成分，有一定可借鉴之处。在此情况下，公物之权利束既包括公共地役权，也包括私法财产权，还可能涵盖因公共地役权所衍生出的行政管理权以及公众基于公共利益目的的使用权等多项权利。由此可见，基于公法上对公物所有权的限制所生之公法支配权也并非单纯的公法权利或私法权利。通过以上分析可以看出，该公共地役权的设立目的应当是维护公共利益，基于该目

---

① 〔德〕鲍尔·施蒂尔纳：《德国物权法》（上册），张双根译，法律出版社2004年版，第564~581页。
② 张杰：《公共用公物权研究》，武汉大学博士论文，2011年，第95~96页。
③ 肖泽晟：《公物法研究》，法律出版社2009年版，第125~129页。

的，该权利的实际受益主体应当是得到公共利益所惠及的所有普通民众，而非名义上的公法机关。此外，该权利的设立范围主要是对特定财产所有权或使用权的限制，如果公权力机关在此范围外不当行使权利造成损失的或者在权利范围内滥用权利造成损失的，均应对私权利主体承担相应的责任。

（三）公法支配权的立法现状

德国公法领域中的公法支配权有两层含义：一是使用权，即支配主体和不特定第三人对该"公物"为一定的使用权能；二是管理权，即拥有支配权的主体可以对该"公物"进行管理，而且支配权主体的支配权行使可以在财产的占有、使用和管理范围内，相应地排斥私人主体在私法上所享有的支配权的行使。故而，公权力主体在此项权力上与私主体的权利相互对立，并可以基于该项权力对私人财产予以限制和管理；同时公权力主体又不能放弃该项权利的行使，故而行使该权利也是公权力主体的职责之一，进而被划分在了公法中。

此外，《德国民法典》第1018~1093条在"役权"的名目下，规定了"地役权""用益权""限制的人役权"三大类，限制的人役权又可以概括为以下三种基本权利：构成地役权的人役权、基础设施建设用地权和居住权。《德国民法典》第1090条第1款规定："土地可以此种方式设定权利，使因设定权利而受利的人有权在个别关系中使用该土地或者享有其他可以构成地役权的权限（限制的人役权）。"第1092条第3款规定："限制的人役权属于法人或者具有权利能力的人合公司，且法人或者人合公司有权为了输导电力、煤气、热力、水、废水、油或者原料的设备，包括所有相关的直接服务于输导的设备，为了电讯设备，为了一个或者数个私人或者公共企业的工厂之间的产品运输设备，或者为了有轨电车或者铁路而使用土地的，上述役权可以转让。此种可转让性不包括根据其权限分割役权的权利。本款第1句所称人员享有让与此种限制的人役权的请求权时，该请求权可以转让。"根据《德国民法典》第1090条第1款、第1092条第3款的规定，土地得作为人的限制役权的客体，因此该权利人所享有的权利内容与地役权的权利内容相同，即基于某种关系而得以利用该不动产。由此可见，该处所规定的

"限制的人役权"与传统的地役权不同,其旨在实现特定人的利益或公共利益,而非为特定土地的利益实现。德国民法为了解决因无需役地而无法成立传统地役权之僵局,在役权体系中设立"限制的人役权"。进而言之,限制的人役权中不存在《德国民法典》中所要求的有利于土地,即(praedio utilis),而仅以特定人的利益或公共利益为其权利内容。[①] 通过以上规定不难发现,限制的人役权与公共地役权的概念较为相似,即指为了公共利益需要而使不动产所有人或使用权人容忍某种不利或负担,相应地使国家、公众或公共事业部门取得要求相关不动产所有人或使用权人承担某种不利或负担之义务的权利。我国有学者将德国法上之规定的限制或负担解读为是在私有财产上设立公共地役权,进而有学者主张,公共地役权仅体现了对物的所有权的一种限制,构成了所有权行使的界限,而不能归入他物权的范畴。[②] 且这种限制仅针对特定物本身,而非基于特定主体,换言之,对物的限制即该物的所有权人负担义务,但该义务负担的边界仅限于该物的所有权人的范围,一旦所有权发生转移,该物上所负担的限制(义务)也随之转让,从而由新的所有权主体所负担。

二 社会效果

随着社会经济发展及人民生活发展所伴随的物质需求提升,原有的国家公有物体系已不能满足社会需要,"私物公用"成为促进社会发展的历史必然。德国法上以公共利益为目的而由公权力机关对于私有财产权的限制区分为两种情况,一种是"应予补偿之公用征收",另一种是"不应补偿之财产权限制"。区分两者的一个重要标准就是"特别牺牲理论"。由于是少数人为了公共利益而作出牺牲,出于"利益均沾则负担均担"的原则,就必须由国家动用公帑对"特别牺牲者"予以补偿。[③] 简言之就是公

---

① 〔德〕鲍尔·施蒂尔纳:《德国物权法》(上册),张双根译,法律出版社2004年版,第729页。
② 张建文:《现代俄罗斯法的公共地役权制度》,《武汉科技大学学报》(社会科学版)2011年第1期。
③ 张翔:《财产权的社会义务》,《中国社会科学》2012年第9期。

权力机关权力的行使对私有财产所有人造成的损失超越了该所有权人本应承担的社会义务的范围,即公权力机关的行使超过了合法范围,则应当认定因公权力的行使给财产权人造成了特别损失,国家应当给予补偿。可以看出,公权力机关因公共利益需要而对私有财产权进行限制的程度应当低于财产征收的程度,即公权力对私有财产权的限制不得超出完全转移所有权的范围,而仅仅是对限制的私有财产上的经济效用的一定减损。而对于是否需要对公民私有财产权限制予以补偿时,德国基本法规定,补偿额度的确定需要立足当时的经济发展背景,均衡考虑公共利益与私人利益,公平确定补偿标准。

人役权存在的价值不可低估,应当予以重视。具体而言,人役权的价值体现在人役权的物权效力在对不动产或动产利用关系上所展现的稳定性优势。另外,人役权的设定仅与特定人相关,具有高度的利用弹性,不像不动产役权的成立局限于需以不动产为前提。另外,人役权在立法的确认还可以完善役权系统的建立,并使役权的类型呈现出多样化的状态。具体而言,在国家土地资源相对丰富的时期,当然人们对私人所有的土地价值不够重视,土地的价值整体被低估,但随着经济发展以及基础设施建设的需要,越来越多的土地需用于建设公众日常通行所需的共用公路以及社会公共基础设施,于是这些土地价值开始攀升并重新引起人们对土地价值的重视,随之而来的便是人们采取各种途径阻拦公众通行并试图收回这些原本归自己所有的土地之所有权,排他地进行利用以保障其私人利益。不言而喻,若放任私人主体这种个人利益至上的理念,任凭其对诸如土地之类的公物予以排他利用,将严重阻碍社会整体效率的追求与整体利益的获得,因此在公物所有权成立之时便为其设立了"限制的人役权",一方面能最大可能地达到私人主体利益与公主体或社会整体利益的平衡;另一方面也可以在一定程度上避免立法因社会发展而产生滞后性,或者因相关立法空白而导致的社会秩序混乱问题。不仅是在上述的公共道路建设中限制的人役权发挥着不可忽视的作用,还包括国家的民用、军用航空线,航线等交通路线,均可能对私人所有或占有的土地等予以一定限制,以保护交通安全及经济发展需要。

三　经验启示

(一) 公物所有权性质之探讨

我国学者对于公物所有权的理解也有不同的学术观点,传统的观点包括私所有权说、公所有权说。持私所有权说观点的学者认为行政主体在公物上基于公共利益设立公共使用负担时,实则是对私法规范的适用,本质上是民法上的所有权本身所包含的负担义务,而非所有权之外的一种役权。如余睿认为公物的所有权仍然是一种私法上的国家所有权或者个人所有权,享有这种权利的主体是作为所有权人的国家或者个人。即使在被设置为行政法上的公共用公物之后,公共用公物所附载的国家所有权与个人所有权仍与其他形态的物上所有权一样接受私法中物权法的平等保护。对公共用公物所有权在流转、处分上的限制源于行政法上的支配权效力而非公共用公物所有权本身。① 公所有权说即行政法上的所有权说。如学者张树义认为,公产所有权与民法上的所有权不同,它是行政法上的所有权。② 其后,又有学者认为公所有权说和私所有权说均存在较大缺陷,未能体现公物所有权的法律性质,进而提出了公法与私法的二元支配体系。如徐艳容提出,当代公物制度的法律规范系统从公法一元化向公私法二元化调整方向转变,在法律适用上,公物一般应受公、私二元体系支配。学者王智斌也持相同观点,即认为构建我国的公产制度,应当从我国现行立法已采取私所有权的实际出发,借鉴德国法上关于公产制度二元论理论和立法,建立公产法律适用的二元体系,即公产上存在民法所有权,除对公产的设立、废止以及在公共使用范围内的利用和管理关系适用公法外,有关公产的一般法律关系仍受私法支配。③ 后又有学者提出对该学说加以修正的新概括性权能说。该学说源于德国行政法的"公共支配权"理论,德国学者认为,行政机关根据法律或法理应当拥有一些不可替代的进行日常活动的公产,这些财产受专门的行政法规范和高权性规定的调整;在没有专门法

---

① 余睿:《行政法中的公物权制度研究》,武汉大学博士论文,2008年,第139页。
② 张树义:《行政法与行政诉讼法学》,高等教育出版社2002年版,第55页。
③ 王智斌:《行政特许的私法分析》,北京大学出版社2008年版,第46页。

律规定时,在不可转让、不可取代、不受相邻权的限制并且与公产的目的相一致的范围内才能适用私法制度。[①] 所谓新概括性权能说,是指公共用公物所有权适用公法规范,满足公共福利目的,只有在不违背公共用公物公共福利的目的时,才能适用私法规范。该学说既强调公物所有权的公法性,又承认公物所有权的私法性,体现了公物权的公私法二元结构。同时,明确强调了公物所有权的公共福利目的,不论是适用公法规范还是适用私法规范。也有学者采用公共地役权的理论取代公物所有权一说,认为基于公共信托理论和公物理论可以看出,某项私法上的财产在被命名为公共用公物后,作为公物财产的私法所有权就因为公权力的介入而产生一项服务于某种特定公共利益并用以限制该私法所有权的公法权利(力),该项公法权利(力)称为公共地役权。[②] 他主张通过设立公共地役权的方式,仅将私法财产权利的一部分转移给行政主体所有,并服务于特定公共利益,而财产权人依然保留其剩余的财产权利,既有利于明确公物应当服务的公共用途,使公物所有权制度与公共利益相联系,也为政府如何利用私法财产去实现公共利益提供了新思路。此外,公共地役权还为我们分析公物适用法律关系何时应当适用公法,何时应当适用私法提供了可行的路径。公共用公物所有权对于行政主体提供、管理的公共用公物可以达到保障和增进公共福利的目的,而对于集体或私人所有财产的公用,则可以通过公共地役权来实现,即将私法财产的权利的一部分转移给行政主体所有,并服务于特定的公共利益,而财产权人依然保留其剩余的财产权利。[③] 可见,公共地役权充实了新概括性权能理论,即行政主体对公共用公物行使的是所有权,而对私有公物行使的是并不是所有权而是公共地役权。

(二) 公共地役权的立法模式

德国法上仅有公法支配权这一类似概念,且仅在公法领域中出现,因为该项权力是对私人利益的限制与管理,同时,公法人又必须行使该支配权。此外,在此种为公共利益需要而限制或管理私人利益的情形下,并不

---

① 〔德〕汉斯·沃尔夫等:《行政法》,高家伟译,商务印书馆2002年版,第476页。
② 肖泽晟:《公物法研究》,法律出版社2009年版,第113~122页。
③ 肖泽晟:《公物法研究》,法律出版社2009年版,第122页。

存在需役地,且受益主体是社会公众,因此并不属于传统民法所称的地役权之构成。故而,该权力被规定在公法领域中。基于对公共利益的考量,代表国家公权力的政府机关当然可以对某些财产权进行合理程度的限制,这是符合现代私法财产权内涵本身的,该限制必然涉及公法规制问题;但同时,基于对财产权保护的考量,对于财产权的限制必须在一定合理范围内,即必须遵守"最小限制原则",且应给予必要的补偿,以达到社会公共利益与私人财产保障的二者平衡协调,因此该项保护也可能会涉及私法规范问题。实际来看,单一公法的调整模式也确实存在体制困境。

单一公法的调整模式下,私权利益得不到切实保障。德国基本法对公益征收采取"公平补偿"原则,甚至在某些特定情况下可以不予补偿。德国法上的征收补偿注重私人利益与社会公共利益并举,在确定补偿金额时需要均衡考虑公共利益与私有财产权利人的利益,同时还需要考量当下为大众所接受的程度。①

综观各国立法,不少国家将公共地役权的主准据法定位在公法上,同时由私法在一定程度上提供技术性辅助。如德国法规定,行政主体只要将某项财产(公有或者私有财产)命名为"公物",就等于在其上设立了公共地役权,也就等于为满足公共目的而令财产所有权人受到了限制。但这种单纯的公法处置模式的问题主要在于,其并没有专门关注与设计公共地役权设立过程与后果中的私法上效果,既难以像民法典中的征收补偿那样,对公共地役权的负担者提供协商补偿的技术便利,也无法为不特定的公共受益人提供民法上的请求权实现路径(可以是公益性诉讼),而只能纳入政府代表下的行政纠纷处理机制。

反之,当民法典(或其他私法部门)也参与到对公共财产、公共财产所有权的公共性目的的约束性规则的形成过程中时,公共地役权则将同时成为实现公共财产目的的民法上的技术手段。而公共财产的"任何实际利用都是公共事务",其法律上的保障机制"更可能由公法中产生"②。因此,

---

① 陈立夫:《土地法研究(二)》,新学林出版股份有限公司2011年版,第157页。
② 谢海定:《国家所有的法律表达及其解释》,《中国法学》2016年第2期。

我国对公共地役权的规定，应是对公共地役权在公法上主导调整方案的配合与延伸，以切实保证公共地役权制度的整体统一与对公私法体系的和谐融入，实现公私法接轨。

如前所述，公共地役权与德国法上的公法支配权类似，由公法调整。但实则在德国民法上，公法支配权也可以通过限制的人役权得以实现。德国民法将役权分为地役权、限制的人役权、用益权和居住权，其中地役权和限制的人役权在役权内容、适用范围上并无实质性区别，限制的人役权的权利人，享有与地役权的内容相同的权利，也就是基于某种关系而利用不动产。只是地役权的设定必须以需役地的存在为前提，而限制的人役权并不需要以存在需役地为前提，因为地役权的主体是物，而限制的人役权的主体是人。根据《德国民法典》第三编第五章第三节的规定，限制的人役权其中一种类型就是构成地役权的人役权。也就是说限制的人役权与地役权的概念是相似的，限制的人役权可以突破地役权的设定必须存在需役地这一前提，且限制的人役权的适用范围更为广泛。

公共地役权立法模式的选择不同必然导致对公共地役权设立模式的选择不同。比较法在私人土地上设定公共地役权的模式大致有两种。第一种是强制设定地役权模式。第二种是通过行政合同设定地役权的模式。本书认为，于我国构建公共地役权制度，在公共地役权的设立上，应该结合具体情况，对这两种模式加以选择。在某公共地役权的设立对公共利益至关重要或至关迫切，以及现行法律对之有明确规定时，强制设定地役权模式因其本身所具有的高效性更加能满足公共利益的需求。而在现行法律对设立某公共地役权没有规定，或该公共地役权的设立对公共利益影响没有特别明显作用，并且可能对私人利益造成严重损害时，行政合同模式则更具优越性。

第五节　意大利强制地役权

意大利强制地役权的创设并非一蹴而就，这一制度经历了丰富的历史演变和法律重构。意大利的民法体系深受《法国民法典》的影响，在1865年《意大利民法典》中亦曾确立不以需役地为必要性的法定地役权。1942

年《意大利民法典》的修订，标志着意大利在地役权领域的立法革新，确立了以契约、判决和行政行为三种方式设立强制地役权的模式，通过引入公法的强制力以实现公众最普遍的公共利益，处理私法途径解决相关问题面临的瓶颈，也意味着全新的强制地役权登上了意大利的历史舞台，展现了其独特的法律构造和制度创新。这一制度的设立，旨在通过法律的直接介入，保障社会公共利益的实现，关注生活利益、农业利益和工业利益，防止因私人利益的过度追求而损害公共利益。

一 历史动因及立法现状

（一）历史动因

《意大利民法典》是以《法国民法典》为蓝本制定的，因而《意大利民法典》上的许多制度同法国法存在密切联系。法国法将地役权界分为自然地役权、意定地役权与法定地役权。法定地役权又分为公共目的设立的法定地役权以及为私人目的而设立的法定地役权。1865年《意大利民法典》第532条将地役权区分为"由人的行为确定的地役权"与"由法律确定的地役权"，首次以立法的形式确认了法定地役权。但是《意大利民法典》对法定地役权的界分较为混乱，其所谓的法定地役权并不是纯粹意义上的法定地役权，其还包括相邻关系以及共有关系。紧接着，《意大利民法典》第534条列举了一些常见的法定地役权，如水道通行地役权以及为修理道路而利用土地的地役权。在意大利民法中经常提到的法定地役权的例子就是为拉纤船舶而利用河岸土地而依法当然成立的法定地役权。意大利模式的法定地役权同法国模式的法定地役权一样，都不以存在需役地为必要条件，没有贯彻罗马法中人役权与地役权的区分思想。即意大利民法同法国民法一样，不再坚守传统地役权构造，而仅将地役权作为一种分析的范式，将其作为一种法律工具加以使用。

1942年《意大利民法典》删除了1865年《意大利民法典》关于法定地役权的相关规定，将共有关系以及相邻关系单列出来进行专项立法。同时一改法定地役权"需役地不必要性"的立法传统，回归传统地役权的立法模式，坚守传统地役权的基本构造，即"地役权是两块土地之间的关系"的传统。设立地役权的前提必须存在需役地,否则将不能设立地役权。同时,1942年《意大利民法典》还吸收了1865年《意大利民法典》关于袋地法定地役权①的立法经验,创设了以司法判决的形式设立强制地役权的方式。至此,全新的强制地役权登上了意大利的历史舞台。

意大利强制地役权的基本构造是土地所有权人基于土地的自然情况,在法律有特别规定的情况下请求对方当事人设立地役权以便利土地的利用。如果对方当事人对此表示拒绝,那么土地所有权人得请求以判决方式设立强制地役权。如果行政法令还有特别规定,亦可依行政行为设立强制地役权。意大利强制地役权旨在实现社会公共利益,防止出现因当事人过于自私逐利而置公共利益于不顾的非效率局面。通过法律的直接介入,强制对方当事人负缔约义务。

(二) 强制地役权的立法现状

1. 强制地役权的设立方式

《意大利民法典》②第1032条:"法律有规定的,土地的所有人有权在他人所有土地上设立地役权,没有契约的,该地役权由判决设立。有法律特别规定的,行政机关也可以设立。判决应当规定设立地役权的条件和支付的补偿金的数额。在支付补偿金前,供役地的所有权人可以阻止役权人行使地役权。"由此条文可知,强制地役权的设立方式包括因当事人的意思自治而形成的有效契约以及公权力机关的生效判决。但是二者设立强制地役权的顺位上有优先和劣后之分,原则上应当以契约的方式设立强制地役权,只有在不能达成有效契约的情形时才考虑通过公权力的强制性来设立地役权。

除了契约与判决这两种设立地役权的主要方式外,强制地役权的设立方式还包括行政行为方式,即行政机关在某些强制地役权类型中也享有强制设立权。例如"根据民法典第853条、第855条的规定行政机关可根据

---

① 意大利旧法典时代的一种法定地役权,如果袋地所有人为在他人土地上通行,可请求设立地役权。如果对方当事人对此表示拒绝,那么袋地所有人得诉请法院要求法院以判决的形式设立强制地役权。

② 参见《意大利法典》,费安玲等译,中国政法大学出版社2004年版,第253页。

土地整合后新规划的需要，设立强制地役权。不同于合同与判决方式之紧密关系，行政行为设立方式几乎与这二者不存在任何关联。尤为重要的是依行政行为设立的强制地役权在很多情形下未能贯彻区分地役权与所有权法律限制的立法旨趣"。① 意大利法中的强制地役权在《意大利民法典》第1032条第1款后句所引致的特别法加持下，包括了大量的所有权公法限制内容。

尽管在意大利法上，行政行为亦可以设立强制地役权，但是强制地役权的设立原则上也应当通过契约的方式。《意大利民法典》规定的强制地役权制度只是赋予了行政机关在发生特定情形时可以设立强制地役权的一个强制力，但并不意味着行政机关可以在不与供役地权利人进行任何协商时设立强制地役权。行政机关在设立强制地役权时仍然需要与供役地权利人进行平等的协商，尽最大可能通过契约的方式设立强制地役权，只有在无法通过契约的方式设立强制地役权时才可强制设立。强制地役权与任意地役权的核心区别在于可设立强制地役权的类型由法律规定，不得类推适用。除此之外，还有一个显著的特点在于强制地役权的设立目的在于维护社会公共利益，与任意地役权是为实现私人利益的这一属性显著不同。

2. 强制地役权的设立条件

强制地役权的设立旨在实现社会公共利益，因而何种利益系属公共利益就成了判断的核心。意大利最高法院的判例将社会公共利益主要归纳为三种利益，即生活利益、农业利益和工业利益。② 如果将此种利益的实现完全委诸当事人意思自治，将导致地役权难以设立或者地役权补偿金过高，其将极大地影响人们日常生活以及工农业生产。③ 因此在私人意思自治所不能达到实现公共利益之目的时，法律有必要介入其中，对现存的利益格局进行重整，使社会公众最普遍利益得以实现。固然在此环节中，可

---

① 胡东海：《地役权制度对所有权公法限制的规制——以意大利强制地役权制度为例》，载陈小君主编《私法研究》（第13卷），法律出版社2012年版。

② Cfr. Cass. II Sez. 19 aprile 1962 n. 773, in *Codice civile annotato con la giurisprudenza*, a cura di F. Caringella, F. della Valle e S. della Valle, Milano, 2006, p. 938.

③ 胡东海：《地役权制度对所有权公法限制的规制——以意大利强制地役权制度为例》，载陈小君主编《私法研究》（第13卷），法律出版社2012年版。

能会对所有权人的利益造成某种妨碍。

3. 类型法定，禁止类推适用

《意大利民法典》地役权章第二节①共规定了五种强制地役权，即"水道和强制排水""水闸的设置""对建筑物和土地的强制供给""强制通行""强制送电和电缆的强制通行"。此外，还有一些特别法规定了一些强制地役权。《意大利民法典》仅列举了一些有限的强制地役权类型，同时又在司法实践中以判例的形式确立强制地役权适用禁止类推的裁判规则，即不允许根据土地的某种自然状况与强制地役权某种类型具有相似性而赋予该土地所有人设立权，这样一来就将强制地役权的适用范围限制得十分狭窄。例如，不能类推适用第1033条的规定而认可土地所有人享有在他人土地上安设煤气管道的强制地役权。又如，电信管线的安设不能适用第1032条关于强制地役权的一般性规定。强制地役权设定后，若需役地所有人未支付补偿金，供役地所有人得拒绝其行使权利（《意大利民法典》第1032条第3款）。

4. 坚守地役权的传统构造：需役地存在的必要性

意大利强制地役权在立法构造上坚守了传统地役权的立法构造，即明确地役权是为了一块土地的利益而限制另一块土地的利用。从罗马法时代开始，地役权的设立就一直坚持这种基本构造，直到《法国民法典》彻底打破这种立法传统。1865年《意大利民法典》也曾经效仿法国规定了法定地役权，但由于法定地役权的内涵界定不清，导致法定地役权的外延极其广泛，最终由于自身的逻辑结构混乱而退出了历史舞台。经过改造后的法定地役权以强制地役权的形式重新登上了意大利民法的舞台，强调强制地役权的设立必须基于两块土地的需要，不得突破此基本构造而将强制地役权应用于其他领域。经过这一修改，《意大利民法典》中的强制地役权彻底地同法国法定地役权划清了界限，寻找到了自己的归宿。但是就意大利法现行的强制地役权种类而言，如为铺设电缆、电线而设立的强制地役权仍然没有"需役地"或者"需役地利益"的存在，不符合传统地役权的构

---

① 参见《意大利民法典》，费安玲等译，中国政法大学出版社2004年版，第253~259页。

造，究其实质而言，其仍然是法律对土地所有权的一种限制。故而意大利强制地役权总体上虽然坚持了地役权的传统构造，但仍有一些特殊情形突破了传统地役权的构造。

5. 强制地役权的补偿

以判决的形式设立强制地役权时，判决需要详细载明有关地役权的内容、行使方式以及补偿金额等必备事项。根据《意大利民法典》第1032条第3款的规定，如果地役权人没有及时支付相应的补偿金，那么供役地权利人要阻止地役权人行使地役权。即使其拥有强制设立地役权的权力，但此种强制力仅意味着其在设立地役权时可以无须考虑供役地权利人的意志，并不产生无偿设立的法律效果。同时在设立强制地役权时，应依照比例原则，循着对私法财产权人权利伤害最小的路径行使权利，尽可能地避免对私法财产权人行使权利造成过于沉重的负担。

二 社会效果

意大利强制地役权的立法采取了有限列举模式，种类固定，仅仅涵盖强制排水、供水、通行、送电和电缆通行。为了防止强制地役权的种类在司法实践中被不断地扩张，意大利在司法判决中还确立了一项重要的原则，那就是禁止类推原则。[①] 故在总体的立法模式上，呈现为种类固定且禁止类推模式。意大利通过设立强制地役权，为公益目的用地提供了民法规范体系上的制度安排，极大程度上助推了意大利公共事业的发展。意大利强制地役权可由契约、判决以及行政行为三种方式设立，其设立的方式相较于其他国家而言引入了司法判决的设立方式。通过引入司法审查这种方式，使得司法机关能够对强制地役权设立的必要性、设立的程序、强制地役权的补偿标准，以及设立的负担是否因为过于繁重而符合了民法制度体系上的征收征用制度等方面进行全方位的审查判断，进而得出应否设立强制地役权的结

[①] Cfr. Cass., 13 ottobre 1992, n. 11130, rv. 478877, in *Codice civile annotato con lagiurisprudenza*, *10ed.*, a cura di L. Ciafardini e F. Izzo, Simone, 2007, p. 891. 转引自胡东海《地役权制度对所有权公法限制的规制——以意大利强制地役权制度为例》，载陈小君主编《私法研究》（第13卷），法律出版社2012年版。

论。在意大利，司法审查是极为严肃和慎重的，而且公众对于经过司法审查判断得出的结论也是较为信服的，这比单纯通过行政行为设立的强制地役权所产生的公众信服力是要强许多的。故而在实践中能够有效缓解私法财产权人对设立强制地役权的抵触情绪。另外，《意大利民法典》规定在支付补偿金之前，供役地所有权人可以阻止役权人行使役权。这样一来就赋予了供役地权利人履行的抗辩权，使得供役地权利人与需役地名义权利人之间的法律地位趋于平等，从而有助于实现对供役地权利人的权利保护，不至于因设立强制地役权而使得供役地权利人的权利完全没有保障。

意大利法通过在民法典中规定强制地役权后将强制地役权的具体设立转介至特别法与行政法规，由此还为公法介入私法领域提供了一种可资借用的私法工具。根据《意大利民法典》第1032条的规定，强制地役权设立的方式有契约、判决以及行政行为三种方式。在设立强制地役权时，若能通过契约的方式与私法财产权人进行公平的协商确立公共地役权的具体内容以及补偿的标准，这将会是一种最为理想的路径。但在私法财产权人拒绝以公平合理的条件达成设立公共地役权的安排时，若放任私法财产权人的任性行为时，将会导致公众的公共利益遭受巨大的减损，使得利于社会所有成员的公共福祉不能够实现。此时，通过私法途径解决此问题就面临着瓶颈。强制地役权则提供了这样一种制度途径，通过引入公法的强制力以实现公众最普遍的公共利益。《意大利民法典》规定强制地役权可不经私法财产权人的同意而径直设立，私法财产权人必须接受对其私法财产的限制性利用。之所以采用强制的方式设立地役权，根源在于同传统的实现公共利益的方式"征收"相比，"征收"实现公共利益的成本太高，从成本支出的角度来看征收行为不符合理性政府的行为，这也是强制地役权相较于征收的最大优势所在。

三　经验启示

意大利强制地役权立法模式采取"种类固定+禁止类推"的立法模式，而且意大利强制地役权坚守地役权的传统构造，故而强制地役权在意大利能够发挥作用的领域其实是十分有限的，仅仅涵盖强制排水、供水、通行、送电和电缆通行。意大利强制地役权是在对意大利法定地役权进行改造之后诞生，可以说其克服法定地役权的缺点而吸收了法定地役权的优点。但是经过改造之后的强制地役权又丧失了法定地役权的优点，即适用的灵活性。我国进行公共地役权具体制度构建的动因主要是解决实践中公益目的用地难的问题以及将来可能出现的其他棘手问题，这就要求公共地役权要有很广的适应性，能够适应实践中出现的各种新情况。由于两国立法时的设计初衷不同，故若我国在构建公共地役权具体制度时，欲借鉴意大利强制地役权的具体制度，就需要对其进行改造，以期符合我国的实践需要。具体而言，强制地役权对我国具有启发性意义的方面主要在于以下几个方面。

（一）必要时得强制设立公共地役权

意大利强制地役权最显著的特点就是必要时为了社会公共利益的实现得强制设立地役权。根据《意大利民法典》第1032条的规定，意大利强制地役权的设立方式有契约、判决、行政行为三种方式。契约是传统地役权的设立方式，体现的是私法自治，若能通过公平协商的方式设立地役权，则法律无须过多地介入市民社会。以行政行为的方式设立公共地役权则是公权力直接作用于私法财产，此时私法财产权人并没有设立强制地役权的自由，只能被动地接受。例如《意大利民法典》第835条、第855条规定行政机关可以根据土地重整后的新规划需要，强制设立地役权以提升土地的利用价值。以判决的形式设立强制地役权是《意大利民法典》的首创，或者说是强制地役权设立方式的闪耀之点。意大利之所以确立以判决的形式设立强制地役权，主要原因在于借鉴了意大利旧民法典时代一种法定地役权的立法经验。早在1942年《意大利民法典》颁布之前，实践中就广泛存在这样一种法定地役权，即袋地所有权人拥有一项为了发挥自己土地的最大利益得请求对方当事人设立地役权的权利，如果对方当事人拒不配合或者说其提出的补偿价款明显不合理，那么其就要诉请法院要求强制设立地役权。强制地役权正是在吸收了这一法定地役权立法经验的基础上，首创了以判决的形式设立强制地役权。

以判决的形式设立强制地役权对我国有较好的借鉴意义。近年来，我国城市化进程明显加快,众多农村失地农民涌入城市,导致城市压力不断增大。在这样的一种现实状况下,国家不得不增加公共基础设施的建设以实现最普惠的公共福利待遇。公益目的用地量急剧增加,征地纠纷频发,甚至出现权利人不惜牺牲自己的生命以维护自己的合法权益这样的悲剧。公共地役权本就是介于财产权自由与财产权彻底剥夺这二者之间的一个制度工具,在于调和财产权管制与财产权自由之间的矛盾。公共地役权制度在我国民法典制度上进行表达建构后,势必也将会随之产生一系列纠纷。那么如何妥善地解决这些纠纷就将会是实践中的一个难题。

司法本身就代表着公平与正义,司法程序进行的过程本就是正义的实现过程,将司法的公正价值导入公共地役权的设立过程中将能够使得公共地役权的设立过程更加程序化以及公开化,同时也为双方当事人搭建了一个沟通的平台,各方当事人能够在庭审的过程中表达自己的诉求。同时,司法也能够对行政机关作出的设立公共地役权的强制性决定进行司法审查,判断行政机关作出该决定的合法性与合理性,从而将行政权力"关进制度的笼子里"以维护当事人的合法权益。引入了司法审查这一环节将督促行政机关严格依照法律办事,在强制设立公共地役权时须进行充分的调研,循着对私法财产权造成最小伤害的路径行为。因此,我国在进行公共地役权具体制度构建时,可以借鉴意大利强制地役权的立法经验,尝试以判决的形式设立公共地役权。

(二) 采取公共地役权类型法定模式

意大利在强制地役权的种类和类型上采取了严格的法定主义并通过司法判决的形式禁止将强制地役权类推适用于其他未被立法所明确承认的领域。例如,不能类推适用第1033条的规定而认可土地所有人享有在他人土地上安设煤气管道的强制地役权;又如,电信管线的安设不能适用第1032条关于强制地役权的一般性规定。同时,由于在实践中对于何种利益属于公共利益的界定难题,我国在将公共地役权融入我国《民法典》体系时,有必要效仿意大利采取的类型法定模式,以免在实践中出现打着维护社会公共利益旗帜的幌子过度侵害私人财产的现象,从而实现个人财产权与社会公共利益的良性互动。当然具体是应该拓展公共地役权的适用范围还是应该限制公共地役权的范围还得从我国的具体国情出发。具体在立法技术上，可以考虑"列举+等"的立法模式。立法者尽可能地列举出在实践中可能出现的公共地役权类型，然后最后一项以"法律规定的其他种类"结尾，保证公共地役权种类的开放性。但在实践中对新型公共地役权作解释时，必须考虑新型的公共地役权中所体现的公共利益程度与立法者列举的公共地役权中所体现的公共利益程度是否具有等质性，如果二者不具有等质性，那么该种所谓的新型的公共地役权将不能够获得立法的承认，也不得在实践中运用。如此一来，方能实现公共地役权种类的法定性与开放性的结合。

（三）公共地役权造成私人财产权损害的补偿

有关公共地役权的补偿问题一直以来都困扰着各国司法实践。根据《意大利民法典》第 1032 条第 3 款，在支付补偿金之前，供役地所有人可以阻止役权人行使役权。通过判决确定地役权的内容与行使方式时，应适用第 1065 条规定，对役权的范围和行使方式采取最少增加供役地的负担或者给供役地造成最小损害的方式。可见意大利在设立强制地役权时是讲究供役地人与地役权人的利益交换的，即设立强制地役权时应对私人财产权遭受的损害给予合理的补偿。而且在支付相应的补偿金之前，供役地权利人还可以阻止役权的设立。通过这一规定，就赋予了供役地权利人极强的救济武器。这与国内某些学者强调的公共地役权的无偿性特征[1]是存在明显不同之处的。在意大利，针对强制地役权的具体补偿条款并非在民法典中具体规定，而是由特别法予以明确强制地役权的补偿标准以及补偿方式。例如，意大利相关法律曾规定为军事安全利益所设定的军事地役权，不需要支付补偿金，也即军事安全地役权无偿设立。但是这一简单粗暴的规定却在实践中引起了轩然大波，最终被意大利宪法法院认定违宪从而使得该规定丧失法律效力[2]。在意大利宪法法院看来，不论是何种性质的强制地役权，也不论该种强制地役权中所体现的公共利益程度究竟有多深，

---

[1] 参见蔡斌《公共地役权性质初探》，《广西政法管理干部学院学报》2004 年第 2 期。
[2] Cfr. Corte cost, 20 gennaio 1966, n. 6, in RFI, 1966, voce servitù militari, c. 2653, n. 3. 胡东海《地役权制度对所有权公法限制的规制——以意大利强制地役权制度为例》，载陈小君主编《私法研究》（第 13 卷），法律出版社 2012 年版。

都不允许打着维护社会公共利益的幌子侵犯私法财产权人享有的财产权。设立强制地役权均需要支付相应的补偿金,不支付相应的补偿金,私法财产权人均得采取相应的法律措施以维护自己的合法权益。

在明确了设立强制地役权时应当支付相应的补偿金后,随之而来的问题就是究竟应当以何种补偿标准来支付补偿金,以及如果私法财产权人对支付补偿金所依据的标准存在意见应当如何维护自己的合法权益?目前,针对公共地役权的补偿标准主要有两种。一种是完全补偿标准,即对所有权的行使造成了多大程度的妨碍就应当支付与其相对应范围的补偿金。另一种是非完全补偿标准,即设立公共地役权不必向私法财产权人支付足额的补偿金,因为公共地役权的设立是为了实现社会的公共利益,设立了该种公共地役权后,所有人都将从该公共地役权中获益。因而不必向私法财产权人支付足额的补偿金,而是在其基础上适当缩减补偿金。

我国在构建公共地役权制度时亦应该注重公共地役权的设立对私人财产权造成的损害,并在实践过程中探求公平合理的补偿措施,以实现私人财产权与公共地役权的良性互动,并使得公共地役权能够获得中国百姓以及司法实践的认可,促使其在我国生根发芽茁壮成长。

(四) 公共地役权设立程序中登记的必要性

根据《意大利民法典》第2645条的规定,该种强制地役权只有经过登记后才能发生效力。公共地役权设立的宗旨是维护社会的公共利益,因而公共地役权的设立应当向社会公开,一方面能够使社会公众知悉土地上存在公共地役权负担,另一方面也能使公共地役权产生对抗效力,因为权利以恰当的方式向外界公示是权利产生对抗效力的源泉。为了使公共地役权的设立不随着土地权利人的变迁而变化,进而影响公共地役权功能的顺利发挥,我国有必要贯彻公共地役权的登记生效主义。目前,我国私法地役权的设立实行意思主义,仅仅需要当事人之间意思表示达成一致即可宣告私法地役权的成立,登记并不是私法地役权的生效要件,而是私法地役权产生对抗善意第三人的要件。但公共地役权的设立事关社会公共利益的实现,基于公共地役权设立的公益性以及功能发挥的稳定性,我国有必要贯彻公共地役权的登记生效要件主义,将登记明确为公共地役权设立的必备要件。

第四章　当代我国公共地役权的一般构造

继探讨公共地役权的基本构造和其在我国《民法典》中的体系融入问题之后，本章将进一步分析公共地役权的救济机制。公共地役权作为一种特殊的地役权形式，其救济路径的多元化和补偿形式的多样化是确保其有效实施和公平性的关键。在公共地役权的实践中，供役地人和地役权人的权利与义务常常因公共利益的介入而变得复杂，因此，建立一个公正、合理的救济和补偿机制显得尤为重要。这不仅涉及物权请求权的行使，还包括经济补偿请求权的实现，以及供役地人反向征收权的保障。接下来，本节将详细阐述公共地役权救济的具体路径，探讨如何通过法律手段保护各方权益，确保公共地役权制度的顺利运作和社会公共利益的最大化。

第一节　公共地役权对我国《民法典》的体系融入

公共地役权在法律性质上严格区分于以牺牲私人利益为代价的传统征收制度，亦与纯粹私法性质的一般地役权有着本质不同，其构成了精细平衡私人财产权与公共利益之间微妙关系的过渡形态。《民法典》作为民法领域的基础性法律，理应对该私法关系提供根本性规范。但是《民法典》只对一般地役权及征收征用制度提供了规范框架，对介于二者之间的"公共地役权"概念却未作直接界定。因此，公共地役权在《民法典》中的定位及其效力范围成为法学界和实务界讨论的焦点。如何将公共地役权有效地融入我国《民法典》体系，实现其与现有法律规范的和谐对接，是一个需要集思广益、深入探讨的复杂议题。这不仅涉及法律技术层面的整合，更关乎如何在保护私人财产权与促进公共利益之间找到恰当的法律平衡点。

一 公共地役权与现有制度体系融入问题

（一）公共地役权与征收在《民法典》体系中的比例关系

根据传统公法理论，比例原则是宪法和行政法中评估公共权力使用合法性、适度性、均衡性的重要原则，着眼于主体利益平衡，是衡量基本权利冲突的基本分析框架。比例原则作为一种衡量利益的基本方法，是对行为目的合理性的全面、简明概括，其适用范围并不局限于宪法和行政法领域。[1] 比例原则强调政府干预须具有正当性、必要性和均衡性，并通过较为平和的手段来达成，干预手段的选择不仅要适合于目标的实现，还要与所想要实现的目标程度相匹配（对基本权利的干预最少）。德国学者对比例原则采用了三个方面的定义[2]。一是立法目标足够重要，足以证明限制基本权利的正当性；二是旨在实现立法目标的措施与之合理关联；三是用于损害权利的手段不超过实现目标所需的手段。因此，比例原则的相称性要求密切审查限制措施与其目标之间的关系。以既有的征收制度为例，征收作为引起物权消灭和产生的法定事实，具有强制性、便捷性等特征，在城市规划和建设中发挥重要作用，是我国展现"中国效率"的一大"利器"。但由于征收制度中的公共利益内涵和外延较为模糊，甚至于个别情形存在行政权力的滥用问题，对私人合法利益造成损害。

从民法典制度中的公共地役权与征收的比例关系来看，公共地役权与公益征收的制度选择应以实现公共利益损害的最小化为基础。也就是说，只要可以通过公共地役权来实现行为目的，就无须通过征收来实现。征收强调对私有财产的价值剥夺，作为征收对象的财产并无任何剩余价值，相较而言，公共地役权则仅涉及财产权利的使用或处分限制，并未完全排除私有财产的用益价值，更不涉及剥夺私人财产权，例如在个人所有的历史

---

[1] 纪海龙：《比例原则在私法中的普适性及其例证》，《政法论坛》2016年第3期。
[2] 参见赵宏《实质理性下的形式理性：德国〈基本法〉中基本权利规范模式分析》，《比较法研究》2007年第2期。

古建筑保护、自然资源保护等领域，公共利益与私人不动产所有权并不存在不可调和的法益冲突，仅需对所有权的行使予以一定限制即可达到役权目的。两者权利效力的差别导致权利救济补偿标准有所差异：征收要以私人利益的牺牲为代价，补偿标准自然高于公共地役权，因此原则上只有重大公益事项才可成为征收的公益考量范围。相比之下，公共地役权的适用标准较低，公共利益的范围更加宽泛，并不局限于与社会民生息息相关的紧急、重大的基础设施建设，相应地，公共地役权的补偿标准也应低于征收中的补偿标准，由充分补偿降格为合理补偿，以此减轻公共利益实现的社会成本。

（二）公共地役权与一般地役权在民法典中的"特殊——一般"关系

地役权制度形成于古罗马时期，虽几经兴衰，但终为近现代民法所继受。根据产生原因的不同，地役权可简单划分为法定地役权与意定地役权，前者产生于《法国民法典》①，后者作为法定地役权之补充在各国得到广泛实践，但囿于我国广大农村社会环境的现实问题，意定地役权制度并未落地生根，中国乡村社会是一种典型的人情社会，阡陌交通、鸡犬相闻的传统生活对农民的生活行为模式产生了潜移默化的影响。"六尺巷""邻里一家亲"等和睦兴家的思想使得农民物权利用的观念更具"伦理性"而非"经济性"。我国《民法典》物权编规范为地役权制度开辟专章，但是因其自身的结构性限制以及社会变迁的原因，立法者与理论界的宠爱丝毫没有减慢其沦为"单纯的规范权利"的速度。②这种制度自身的弊端在"人情世故"氛围浓厚的乡村社会被无限放大，地役权的制度功能被乡村习惯、相邻关系、"严以律己宽以待人"等道德规范完美替代，传统地役权制度亟待改善，须拓展制度适用范围，挖掘契合社会利益需求的制度潜力。

我国《民法典》物权编第十五章专章规定地役权制度，字里行间仍不足明了"以提高自己不动产的效益"（第372条）中的"效益"，是否可

---

① 《法国民法典》第639条规定："地役权的产生，或由于现场的自然情况，或由于法律规定的义务，或由于所有人之间的契约。"按照该条的规定，《法国民法典》上的地役权制度分为三种，分别是：自然地役权、法定地役权、意定地役权。

② 孙鹏、徐银波：《社会变迁与地役权的现代化》，《现代法学》2013年第3期。

第四章 当代我国公共地役权的一般构造

包含公共利益中的效益、"利用目的与方法"（第373条）是否基于引致或转介从而包含公法上的目的与方法。当然，简单套用"民法典乃一般私法之体系积成"之成见，答案自然是否定的。但这无法回答为何《民法典》对作为行政权的征收进行了正式规定，而对于"通过地役权对进行私权限制"这一非行政权的路径却规定阙如的体系疑问。其同样也不符合我国社会主义民法典物权制度对公法因素的相对开放态度：国家所有权与集体所有权均不是"纯粹"的民事权利而获得民法典的系统性规定。长此以往，将造成我国民法规范体系中公益用地物权制度供给不足，无法推进我国公益用地实践的长效发展。但是，物权法上正式制度供给不足并没有妨碍地方政府为实现公益用地进行有益探索，《铁路法》《森林法》《矿产资源法》《石油天然气管道保护法》等单行法、行政法规均有关于非国家所有权的"非占用性"公益用地方式之规定。①

本书认为，因权利目的及技术构造之不同，公共地役权无法被纳入既有的地役权框架，②但并未超出《民法典》物权编"用益物权"射程范围，仍可在《民法典》基本规范中找寻合法性基础，具言之。

一方面，根据《民法典》第324条"国家所有或者国家所有由集体使用以及法律规定属于集体所有的自然资源，组织、个人依法可以占有、使用和收益"。公众对某些土地和资源拥有不可侵犯的权利，权利的实现方式既可是《民法典》物权编所列举的自然资源用益物权，抑或《森林法》《农村土地承包法》所规定的林地使用权等特别物权手段；也可以不凭借这些权利形式，通过无名的、法律允许的"第三种方式"于不损害环境可持续发展的限度内，通过采集、狩猎、捕捞等方式非排他的"自由"取得或利用其中具体成分，实现对国有与集体所有自然资源的合法、合理利用。比较法上亦有此经验，例如《俄罗斯联邦森林法典》第21条公共森林役权旨在"保障公民免费自由地进入该国森林采集或食用蘑菇、浆果、草药等森林资源"。由此观之，公共地役权属于地役权人"有限度、自由

---

① 参见张力《公共地役权在我国民法典中的制度构建》，载刘云生主编《中国不动产法研究》第2辑（总第18卷），法律出版社2018年版。
② 周枏：《罗马法原论》（上册），商务印书馆2014年版，第414页。

利用自然资源"的合法物权方式，可通过目的解释融入我国物权法体系，形成"征收—征用—公共地役权"比例化制度变化谱系，供役地人应按照合同约定或法律规定妥善履行相关义务，不得故意阻碍或拒绝役权的正当行使，否则地役权人可据此提出相应私法请求。

另一方面，地役权具备显著的"意定物权"特质，"对物权法定原则具有强烈的叛逆倾向"[1]，根据《民法典》物权编第 372 条"按照合同的约定"、第 373 条"利用目的和方法"之规定，当事人可自由约定权利具体内容，无法当然排除社会公益之内容约定或利用方式，是故，应允许集体土地所有权人、使用权人及地上建筑物的所有权人出于提高自己不动产的社会公益目的，在一定时期内让渡财产利益。

（三）《民法典》公共地役权与公法公共地役权的跨体系衔接问题

学界关于公共地役权权利性质的学说主要有公权说、私权说和双重性质说三种。其中，公权说主张公共地役权是全体公民共享的权利，是为确保全体公民拥有良好的生态或生存环境，借助国家强制力利用他人财产，使财产权利人容忍财产上的某种不利或者某种负担。在公权说之下，政府是公共地役权的名义享有者，其基于公共利益限制财产权利人之权利，同时承担管理的义务。而社会公众则作为公共地役权的直接受益人共同享有对供役财产的权利。[2]

持私权说观点的学者主张，即便公共地役权人是代表公共利益的国家、公众或公共事业部门，但也需以私法明确相关主体间的权利义务关系。[3] 同时，学者主张，公共地役权目的的公益性和设立的强制性也不能成为公法说的理由，比如具有公益性和强制性特征的征收制度，同样由《民法典》规定和调整。[4]

---

[1] 孙宪忠：《中国物权法：原理释义和立法解读》，经济管理出版社 2008 年版，第 399~402 页。
[2] 王利明：《物权法专题研究》，中国人民大学出版社 2002 年版，第 189 页。
[3] 高云龙：《关于公共地役权之私法介入的可行性思考》，《沈阳工程学院学报》2010 年第 2 期。
[4] 罗建：《我国土地利用的过度管制问题——以公共地役权为解决方案》，载刘云生主编《中国不动产法研究》第 8 卷，法律出版社 2013 年版。

在公权说和私权说之外，有学者主张公共地役权属于兼具公私权性质的综合性权利。持双重性质说的学者主张，从本质上看，设立公共地役权的目的在于平衡公私利益，例如法国通过民法典结合行政法规的形式规范公共地役权，而非简单将公共地役权划归公法或者私法[1]，以环境保护地役权为例，调整客体具有双重性，同时涵盖自然资源的经济价值与生态价值，是私人财产权利用与公共生态利益的兼容权利束，是带有公法色彩的地役权。[2]

公共地役权究其本质是具有强烈公法色彩的特殊地役权类型，我国相关法律体系中缺乏"公共地役权"的显性名目，但各种单行法规定和法律实践中，实际上都存在一种"不转移土地所有权的非国有土地利用"方式，以限制原财产权的权能，实现公益用地的目的。[3] 也即，从公法实践来看，某种不同于征收的对财产权的限制机制是现实存在的。从前述比较法考察的角度来看，在公法上系统规定这种对财产权的限制机制，或直接规定"公共地役权"符合公共地役权的公益制度目的。已如前述，公共地役权单纯归公法调整也会产生一系列问题。以我国的立法和司法实践为例，单一公法规制模式并未赋予权利主体私法请求权基础，存在显著适用缺陷，权利人无法寻求排除妨害、损害赔偿、恢复原状等私法救济方式，更无法获得类似于征收制度的协商补偿技术便利与民主决策、公众参与程序保障，如此一来，相关利益主体仅得通过行政诉讼或行政复议主张财产权利与环境权益的法律保护，其结果可能会不当限缩权利救济途径，激化社会矛盾。

但是，公共地役权制度的设计需要私法的参与、公共地役权制度名称中含有"地役权"，都无法证成由私法主导调整公共地役权实践的规制路径，公共地役权因其公益目的特质与传统地役权存在实质区别，理应获得公法规范的直接调整。是故，未来我国公共地役权的制度建设必须关注通过私法形式实现公共利益的"公私合作"社会治理手段，实现公私法的双

---

[1] 王明远：《天然气开发与土地利用：法律权利的冲突和协调》，《清华法学》2010年第1期。
[2] 肖泽晟：《公物法研究》，法律出版社2009年版，第117~118页。
[3] 赵自轩：《公共地役权在我国街区制改革中的运用及其实现路径探究》，《政治与法律》2016年第8期。

向交流与多方共赢,《民法典》应立足于对公法主导调整方案的配合与延展体系定位,通过私法手段实现自然资源与生态环境等公物管理,实现公共地役权制度的公私法体系协调与价值融入。

(四) 公共地役权的多层次规范体系

《民法典》中增添的关于公共地役权的一般条款将会作为单行法地役权的立法标准和基础,在土地、森林、草原、湿地、野生动物等自然资源领域,通过具体单行法内容对《民法典》公共不动产役权的一般性规定予以具化,明确地役权法律关系的主体、主体的权利义务,规范各种公共地役权的设立模式、客体、期限和救济规则、所需"公共利益"的标准以及补偿的标准和机制。

目前,与公共地役权相关的规范内容体系庞杂,名目繁多,除前述基本法律、单行法与行政法规外,还存在大量未被纳入法律规范、流离在法典之外的司法解释,这些司法解释在民法典时代因其"立法化"品格,依旧作为"实质法源"发挥司法审判指引功能。[①]《民法典》第10条旨在构筑"法律—习惯"二元位阶法源体系,将基本法、单行法与行政法规纳入广义"法律"范畴,承认"习惯"法源地位,保持法源体系开放性。是故,将那些"不违背民法典精神"的司法解释纳入习惯法契合法源多元化要求,符合基本国情。[②] 在此基础上,公共地役权的规范体系可简单描述为由"基本法—行政法规—司法解释"构筑的金字塔式规范体系。顶端是《宪法》相关规范,第二层由《民法典》与《土地管理法》《森林法》《自然保护地法》《石油天然气管道保护法》等基本法律组成,第三层由《自然保护区条例》《土地管理法实施条例》《风景名胜区条例》等行政法规及各种专项实施条例、实施细则、管理办法组成,底层由具体领域相关司法解释组成。[③]

---

① 黄忠:《论民法典后司法解释之命运》,《中国法学》2020年第6期。
② 姚辉、焦清扬:《民法典时代司法解释的重新定位——以隐私权的规范为例证》,《现代法学》2018年第5期。
③ 例如《环境民事公益诉讼案件适用法律若干问题的解释》《环境侵权责任纠纷案件适用法律若干问题的解释》等。

二 "基本法解释+单行法具化"的规制模式选择

通过对上述国家公共地役权制度的分析可知,域外法关于公共地役权的立法规制主要存在以下两种模式。

模式一:"民法典+特别法",即在民法典针对公共地役权进行总括式规定,明确承认其法定物权地位,辅之以行政机关授权式规定。例如法国行政役权采取"民法原则+行政法令"的模式,《法国民法典》第650条将公共地役权定义为"为公共或地方便宜而设立的役权",明确其"法律规定的役权"属性,列举式规定"航道、道路以及其他工事建筑或修缮"等权利客体,但未就设立要件、行使方式或权利救济等具体内容作出规定,而是交由"特别法令规定之"。这一立法模式具有鲜明的法定性与公益性,并不排斥意定地役权的并行存在,能够在对传统地役权制度体系进行最小限度突破的基础上,以行政法令的方式灵活应对役权实践的多变性,避免因成文法固有的滞后性阻碍社会实践的探索发展,无疑对我国自然保护地规范体系建设具有重要启示。但问题的另一面是,赋予地方立法充分自由裁量权,将役权的具体实施交由行政法令"全权负责",势必导致地方性法规与法典规范的适用冲突,甚至于个别情形造成地方立法对私人财产权的过度侵害,无益于统一实践标准,存在行政权滥用的立法风险。[①]

模式二:"单行法规范",这一模式并不触及民法典的制度内容,而是通过单行法的方式将各项公共地役权逐一规定。典型例子是英美法系的立法体例,例如美国作为判例法国家,关于公共地役权的制度规范散见于各项法令、判例,在自然历史遗迹、历史建筑保护和自然资源的开发等领域中,区别于传统的公法管理模式,其通过设定保护地役权、飞行地役权、航行地役权等具体领域的保存地役权对个人土地实现公益目的的新型用地方式。相较于我国的强制征收,此种契约型役权模式并未完全剥夺所有者或使用者的土地权益,其仍可在供役地上开展协议未禁止或限制的利用活

[①] 孙悦:《公共地役权在不动产利益冲突调和中的适用》,《甘肃政法学院学报》2020年第4期。

动,符合社会公众对于土地利用方式非强制性、自愿履行的心理诉求,适用范围较广,制度弹性较强。① 此外,借助市场交易规则,评估地役权财产价值,配套税收优惠政策,以利益驱动的方式提高社会公众参与积极性,不仅可以缓和公私利益冲突,还能大幅降低政府管理成本,利于实现对土地的最佳使用,具有丰富的实践可塑性,对促进我国公益用地制度建设具有积极借鉴意义。

法律移植强调"全面移植",即一并移植配套法律制度及具体实施办法,否则将无法充分发挥制度移植的社会效用,若忽略国情差异而进行制度移植,将耗费大量社会成本,徒增法律秩序的不稳定性。移植法律必须经历一个本土化的过程,前述两种模式在不同国家的土地制度中发挥不同程度的实际效用,对当地经济建设、公共利益保护发挥举足轻重的制度作用,但制度移植更应关注其社会实践的不足之处,在充分考察我国社会现状的基础上,注意规避制度缺陷,以此完善我国公益用地制度体系。

公共地役权并未作为法定地役权类型纳入我国《民法典》物权编的调整范围,而是散见于各单行法规,但明显区别于前述英美"单行法规范"模式。我国公共地役权具有强烈的行政权力色彩,以公共利益作为行政权力强制力的效力来源,以政策内容主导具体行政行为,并未关注地役权设定中的私人权利保护或意思自治问题。在此情形下,若采取单行法规定的立法模式,则易产生公共地役权与传统地役权的制度冲突,相较而言,采取"民法典+单行法"的规范模式,通过《民法典》对公共地役权作出一般性规定,辅之以单行法的细化规定,有助于构建系统的立法体系,一改当前法律法规之间分散、同一事项相互矛盾的局面,构建并完善我国公益用地体系。具体方案可简单描述为。一方面,通过前述法解释技术手段,将公共地役权纳入《民法典》用益物权概念范畴,直接适用第十章"一般规定",与传统地役权并列,参照适用第十五章"地役权"相关规定,根据私权限制程度结合比例原则,形成"征收—征用—公共地役权"公益用

---

① 郭雪娇:《基于环境保护的地役权研究——以不可量物侵入为视角》,《山东农业大学学报》(社会科学版) 2015 年第 2 期。

地制度变化谱系；另一方面，在此基础上，再由民事单行法规定公共地役权的具体类型以及权利内容，如设定程序、限制程度、补偿方式及救济机制等，以科学的分类方式实现私法自治与政府规制的必要协调，确定公私法的分工协作。此外，具体实践应当明确公共地役权的具体类型仍应通过全国人大及其常委会制定的法律来规定，而不应通过低位阶的行政法规或地方性法规来规定。同时，根据物权法定原则，将公共地役权维持在适当的限度之内，禁止当事人私自创设新型公共地役权，以防止对私人财产权的肆意破坏。

第二节 公共地役权的基本框架

公共地役权的制度建构不仅应当阐释其内在逻辑与特征，也应反映其在法律体系中的独特地位。从静态视角审视，供役地人与地役权人的角色定位、客体的具体化以及权利义务的精确分配，构成了解析公共地役权运作机制的基石；从动态视角观察，公共地役权的设立、变动及其程序终止的，是掌握公共地役权实践应用的关键。这些程序不仅涉及权利的创设与消灭，也关乎法律关系的稳定性与动态平衡。尽管对公共地役权的要素进行了基本界定，但为了适应不同领域的需求，确保其具体适用性和操作性，公共地役权必须进一步进行类型化划分。这一过程不仅涉及对现有法律框架的精细化调整，还包括对各种公共地役权特定情形的深入分析，旨在维护公共利益的同时，合理保障私人权益，从而确保法律的公正与效率。通过这种细致的类型化处理，公共地役权能够在多样化的社会实践中发挥其应有的作用，实现法律的适应性和灵活性。

一 公共地役权的复合型主体

（一）公共地役权的供役地人

既然公共地役权是一项基于公益目的的土地利用制度，那么公共地役权制度的设计就要上合我国的基本土地法律制度，下合我国当前的公益用地现状。我国的土地所有权形式只有国有和集体所有两种，故传统民法中所规定的地役权法律关系主体为土地所有权人的方案并不契合我国国情，大多数学者也主张扩大地役权主体范围，以期满足我国公共地役权建设需要。由于公共地役权一般发生在公权力机关与自然人之间，如果遵循传统的土地所有权人即为地役权主体的适用规则，则极易造成公权机关以国家、公共利益之名义实现权利的主体混同，任意侵害、剥夺私主体的合法权益。因此，国家或地方各级政府不应成为公共地役权之供役地主体。而土地的使用人作为土地权利的直接行使人①，是独立的权利利益主体②，因此，可以作为公共地役权法律关系的供役地主体。此外，当前地役权的适用范围已经呈现出由土地需求向不动产需求扩张的趋势，以小区街区制改革为例，役权法律关系则涉及建筑物区分所有权人的不动产所有权限制，因此，相应不动产所有权人亦应被纳入供役地人范围。综上，土地的使用权人和不动产所有权人应为公共地役权的供役地人。

(二) 公共地役权的地役权人

公共地役权的根本目的在于实现公共利益而非提升特定土地效用，所以无须以特定需役地作为必备要件。确定需役地的"虚化"也导致了背后的地役权人难以确定。在比较法的视角下，关于保护地役权人的范围和类型，大致有政府机关、公共利益保护组织或团体和其他最终受益人三种类型。

在我国，公共地役权人的类型选择以公共性程度为划分指标，可分为以下四类。

第一类，即各级地方政府。政府机关作为公共地役权人具有根本性和历史性。在世界多国立法经验的视野下，考察政府机关作为公共地役权人的历史发展可以发现，在美国早期的环境保护地役权实践中，主要由国家公园管理局等政府机构负责设立。例如1954年，马萨诸塞州立法明确规定自然资源保护专员可以设立保护地役权。随后，世界多国立法都参照美国经验，将环境保护地役权的地役权人（合同签订者）规定为政府机构，政

---

① 例如土地经营权人、农村土地的承包经营权人、建设用地使用权人、宅基地的使用权人。
② 刘乃忠：《地役权法律制度研究》，中国法制出版社2007年版，第250页。

府机构都被称为公共地役权的"代表人"。例如,《澳大利亚环境保护和生物多样性保护法》(Environment Protection and Biodiversity Conservation Act)就规定,联邦层面只有部长有权代表联邦签订保护协议(conservation agreement)。[①] 公共地役权的设立目的是满足公共利益的需要,出于纯粹的公共利益考虑,地役权人通常是政府或相关管理单位。地方政府作为公共地役权的发起人,通过抽象行政行为或具体行政行为确立特定公共地役权,是公共地役权的"第一责任人"。也就是说,在公共地役权设立之初,地方政府需要通过听证等程序保障方法对地役权行使所造成的权利损害程度和必要性进行讨论,论证地役权类型、程度和紧迫性,以最大限度地减少对私权的侵害。

第二类,即直接获得供役地之役使利益的社会公众或者是特定的公益性事业主体。例如,在石油天然气管道地役权、环境保护地役权等公共地役权具体类型中,供役地役使利益的一定范围内公众或特定的公益性事业主体是地役权人。公共地役权的公共性质、公益性质,权利人在行使公共地役权的过程中,极易遭受来自上述第一类主体,即地方各级人民政府(作为公共地役权的设立者和维护义务人)、他人或供役地权利人的非法干涉,赋予直接受益的社会公众或特定公益性事业主体以地役权人的法律地位,便于其于地役权受到侵害时提起诉讼或申请救济。其实在外国立法中,非法人组织和特定的公益事业主体作为公共地役权的地役权人并非一蹴而就,而是经历了从严格到较为宽松的发展过程。以环境保护地役权为例,如前文所述,马萨诸塞州早期立法将地役权人限定为政府机构或者其代表者,但在1969年,马萨诸塞州也开放非营利组织成为保护地役权的持有人的通道。之后,1981年《美国统一保护地役权法案》中规定,地役权人可以是慈善公司、慈善协会或慈善信托。但需强调,特定的公益性事业主体若要成为地役权人一般要以受到政府许可或指定为前提。例如,英国《2021年环境法》(Environment Act 2021)第七章规定土地所有者可以基于保护环境的需要与责任机构达成允许其在自己所有的土地上实施一定行为

---

① Environment Protection and Biodiversity Conservation Act (1999), part 14, section 305.

的契约。同时规定，其他特定主体成为责任机构，需要申请国务卿的指定，并符合本法规定的相应条件。而这里的负责任机构就包括其国务大臣根据地方申请，指定其为负责任机构的情形。

第三类，即社会公众开放性利用的实际受益人，例如街区制改革中通行封闭小区的通过利用人等。又如环境保护地役权中的企业单位，尤其是重化工企业，这些企业的生产经营直接影响自然资源和生态环境的发展状况，是生态环境危害的主要责任人，将作为地役权人设立草原、湿地、森林生态地役权，有利于解决生态补偿资金来源短缺的现实问题，更有助于推进排污权、用能权、用水权、碳排放权市场化交易，实现绿色低碳、循环发展的产业变革目标。

第四类，即部分社会公众受益人。例如国家自然保护地附近生活居住的原始居民，当地的社区共管委员会是共管活动的具体组织者和实施者，在县级共管领导小组的领导下具体实施共管示范村的公共活动，可以将其作为具体生态保护地役权主体，保障当地居民的生存利益。

二　公共地役权的多元客体

公共地役权的客体界定应从形式和实质两个方面把握，我国《民法典》第372条第1款规定"地役权人有权按照合同约定，利用他人的不动产，以提高自己的不动产的效益"，因公共地役权的行使必然会涉及对相关不动产范围内的动产之使用，故从文义解释角度，地役权之形式客体就应当是"不动产"。不动产应当包括土地和土地上的附着物，例如建筑物及其附属设施、未与土地相分离的植物等。[①] 如此为之，不仅有利于地役权人行使权利，更有助于供役地人积极主张经济补偿，因此，我国公共地役权的客体应指我国领土范围内一切国家所有和农村集体所有的土地及其附属物。

就权利的实质内容而言，公共地役权是通过限制供役地上特定物权的行使自由来满足公共利益需求的土地用益方式。因此，公共地役权的实质客体应是供役地上被限制的特定物权。具言之，公共地役权的实质客体包含以下

---

① 肖泽晟：《公物法研究》，法律出版社2009年版，第118页。

两项内容。一是国家所有和农民集体所有的土地及其上未与该土地分离的自然资源的所有权,然后才是这些土地上的建筑物和其他构筑物的所有权和以上不动产范围内动产之所有权。[1] 二是上述所有权所衍生的一般用益物权和特殊用益物权。具体来说,前者包括例如国有建设用地使用权、农村集体土地承包经营权和农村宅基地使用权等,后者则包含依据特别法所设立的取水权、采矿与探矿权、水域养殖与捕捞权等各种资源利用型特殊物权。

三 "强制设立+合同订立"的双轨制模式

(一) 合同订立方式的国外经验

就国外经验而言,在私人土地上设定公共地役权的方式存在两种基本范式。其一是强制规定式,又称为单一公法模式,是指公权力机关无须通过订立契约的方式与权利人进行协商,而以立法或行政命令形式对私人土地使用权或所有权设立公共地役权,即将供役地土地视为公有财产进行管理,而供役地人所获补偿也仅在有限范围内予以实现。[2] 以法国、意大利及俄罗斯立法为例,《法国民法典》对公共地役权的设立模式又称为行政役权,政府可以基于公共目的对私人所有土地设立地役权,而土地权利人不可拒绝,体现出设立公共地役权的政府主导性及强制性。《意大利民法典》规定了强制地役权制度,行政机关可以通过协议与土地权利人订立契约,协商不成,则由法院通过判决强制设立,即行政机关应以协商合意为前提,一般情况下不得直接强制设立限制权利人的土地使用权;而在法律有特别规定的情形下,行政机关可以强制设立公共地役权,并给予相应补偿。俄罗斯的公共地役权制度与前两国差别较大,在俄罗斯,广义的地役权制度主要由私人地役权制度和公共地役权制度构成。通常认为,公共地役权是为了不特定人群之利益而对他人所有的土地进行限制性使用的权利。俄罗斯公共地役权制度并未被纳入民法典,而是通过《俄罗斯联邦土地法典》加以规定,该法典第23条第2款规定公共地役权主要适用于城市

---

[1] 申卫星:《构建公权与私权平衡下的中国物权法》,《当代法学》2008年第4期。
[2] 张鹤:《我国地役权之物权请求权的思考》,《法学杂志》2010年第10期。

规划、自然资源管理以及土地建设等公益领域[1]，强调公共地役权仅得依据法律、相关法规经当事人（个人或团体）向行政机关申请设立，抑或特殊情况下由公权力机关依职权设立，不允许采取合同协商等私法方式设立，采用登记生效主义，行政机关严格按照法律法规规定的审查、听证等程序进行。[2]

其二是合同协商式，也称为单一私法模式。供役地人与地役权人通过签订行政或民事合同协商确定公共地役权的设立范围、期间、权利义务内容、补偿方式、救济路径等问题。该模式在自愿平等的平台下，划分双方当事人的权利义务，强调意思自治。例如，美国《统一保护地役权法案》通过从地役权人和供役地权利人两个方面强调自愿原则，允许参照地役权设立模式使地役权人和供役地权利人通过合同方式，对保存地役权的设立、转让、记录、释放、修改或变更、终止等方面进行更加灵活和个性化的约定。就现行各国有关情况而言，行政合同设定地役权的模式主要有三种具体形式。一是货币补偿的方式，这种补偿形式可以填补各种由于公权力机关管制或限制造成的私有财产权损害，由于私有财产权主要是土地使用权限制，包括经济利益的损失和非经济利益的损失；二是土地补偿的方式，指政府以其他不动产土地使用权向供役地人置换其土地，也即以地易地；三是其他形式的补偿，税收减免或自愿捐赠是较为典型的做法。以美国保存地役权为例，制度设计强调意思自治，公共地役权在绝大多数情况下通过自愿协商、捐赠保护地役权的方式设立，充分尊重当事人的意愿，除非双方协商不成，而又非设不可的情况下，才采用政府的强制权力创设。合同方式比起强制设定方式，具备尊重当事人意思自治、设立成本较低以及调整手段灵活等优势，但同时存在设立标准尚未统一、公众知情权难以得到保障、缺乏事先预防机制等制度缺陷。假若磋商双方实力悬殊或地位不对等，可能偏离平等协商的目的造成弱势地位权利主体遭受权益侵害。捐赠奖励式在美国又被称为"联邦慈善捐赠税收减让"，在该模式下，

---

[1] 梁光明：《俄罗斯土地资源管理》，中国大地出版社2003年版，第274~275页。
[2] 张建文：《现代俄罗斯法上的公共地役权制度》，《武汉科技大学学报》（社会科学版）2011年第1期。

私人可自愿向法院申请设立公共地役权,以支持公共事业单位行使地役权,然后再由美国相关政府对个人捐赠的不动产进行价值评估,以评估的结果作为日后减少该不动产所有人税收的参考基础值,对捐赠者给予税收优惠的奖励。例如,1980年,国会在多项临时条文通过后将保护地役权抵扣条款列为《国内税收法典》(Internal Revenue Code,IRC)的永久部分。对于土地所有者有三项联邦税收激励措施:①慈善所得税扣除额一般等于捐赠地役权的价值;②将地役权价值从土地所有者的遗产中去除,不征收赠与税或遗产税;③将土地价值的40%额外排除在遗产税之外。①

(二)合同订立方式的选择:强制设立与协商设立"双轨制"

本书认为前述比较法设立方式各有优劣,强制设立模式实际运行效率较高,但在一定程度上忽略了供役地人实际需求,利益冲突尤为显著,协商设立模式尊重当事人内心意愿,供役地人可充分表达利益诉求,但磋商成本较高,效率低下,极易诱发供役地人坐地起价等道德风险。我国公共地役权制度构建既要服务于社会公益建设,更要兼顾私主体经济利益,应根据役权实际受益人之不同选择设立方式。具言之。

第一,在由政府担当名义地役权人,实际受益人与使用权人为特定的公共设施或事业营建运营主体时,采取强制设立形式,通过类似于征收的方式对土地权利人作出行政行为,限制供役地权利人的权利范围,因为此类地役权的设定涉及社会基础设施建设,公共利益特性为首要考虑对象,若采取意思自治的设立方式,一旦有某一不动产权利人不愿意与政府或者公共服务企业达成合意,极易导致整个公共工程建设停滞不前,陷入两难境地。

第二,在政府担当名义地役权人,不特定社会公众作为受益人的情况下,公共地役权所涉及的主体广泛度、利益复杂度、社会影响度都较前种情况有所扩大,在设立形式上,不宜采取强制设立模式,而应当兼顾多方利益诉求,就地役权的具体内容、补偿标准与机制进行充分协商,并以合同的形

---

① 张晏:《国家公园内保护地役权的设立和实现——美国保护地役权制度的经验和借鉴》,《湖南师范大学社会科学学报》2020年第3期。

式确立公共地役权的细化规定,同时就基本情况予以公示公告。以法律法规的明确规定为依据,严格按照其中的程序进行,引入听证制度、监督制度等,在程序中保证多方参与,政府代表、社会公众代表及供役地权利人代表等协商,对公共地役权的范围、形式、实现方式、补偿救济等实体和程序问题进行规定,充分保障公民知情权、参与权、表达权、监督权等权利。采用该方式不仅能够通过书面方式将双方当事人之间的权利、义务进行清晰划分,而且在纠纷之后也能为当事人提供合法有效的救济途径。

第三,以政府、基层群众组织与农村集体经济组织特别法人作为名义地役权人,以与供役地有特殊利害关系的群众如原有居民、附近居民、遗属等群体为受益人时,公共地役权的设立在强调民主协商、共同参与的基础上,还要对供役地周边的生态环境影响程度进行考察和调研。政府作为公权力机关,理应承担保护环境的社会责任,设立公共地役权目的本身是更好地服务于公众,若因为向现代性的社会生活方式让步而忽视供役地自身的环境因素,未免得不偿失。基于此,政府及其相关公共机构必须进行环境信息公开,对供役地环境有关办理事项、调研考察成果、设立结构、实施结果等予以公布,保障公民的知情权。

此外,需要说明的是,无论采取何种模式的设立方式,不动产权利人均应广泛参与到不动产利用中,监督公权力机关行为,限制公权力滥用。这些问题在我国国家公园环境保护地役权的实践中表现得尤为突出,因长期以来受威权主义的影响,当前我国环境治理中普遍存在着参与失灵的现象。[1] 民主参与在自然保护区建设中流于形式,集中表现为公众参与意愿和参与渠道、参与方式和参与边界之间的高度张力,同时存在想参与和不会参与、盲目参与和过度参与的参与失灵问题。我国社区共管模式目前仍停留在被动参与阶段,保护区领导班子决定行动的内容和方式,社区居民仅在资料搜集与社区调查中以回答问卷的形式参与管理,其余事项则依章行事即可。因此,在一项地役权改革决策制定过程中,社区共管委员会作

---

[1] 辛方坤、孙荣:《环境治理中的公众参与——授权合作的"嘉兴模式"研究》,《上海行政学院学报》2016年第4期。

为信息资源的供给方,应主动开展听证会、座谈会等广泛征询意见、进行民主决议,与社区管理部门进行磋商、征求当地政府意见,切实保障公民参与的实质性。此外,公众参与还应当体现为"参与—反馈—再参与"的良性循环,对公众意见的反馈将直接影响公众参与的有效性及积极性。2014年修订的《环境保护法》第五章就公众环境参与问题作出专章规定,赋予公众环境"知情权""参与权"与"保护监督权"[1],由此可知,参与式社区管理应包含改革方案的决策制定、决策实施与过程监督、效果评估等系列环节,保障当地社区参与自然保护区实践全过程。[2]

四 公共地役权的物权变动模式选择

公共地役权物权变动模式选择的争议焦点在于其设立是否需要登记,换言之,公共地役权的设立是否应延续一般地役权的规则采取合同设立、登记对抗的债权意思主义,又或是采取不同于现有规则的登记生效的债权形式主义?目前学界的主流观点是支持后者,公共地役权的设立必须经登记方可生效,理由主要有以下两个方面,具言之。

一是公共地役权的设立环境与一般地役权不同。我国《民法典》第374条规定"地役权自地役权合同生效时设立。当事人要求登记的,可以向登记机构申请地役权登记;未经登记,不得对抗善意第三人"。由此可见,我国《民法典》对一般地役权的设立采取登记对抗主义立场,当事人之间有效的地役权合同即视为设立地役权,不以登记为地役权的设立生效要件。其原因在于我国地役权最初是作为相邻关系的补充制度产生和适用的,相互毗邻的不动产所有权人之间为便利彼此行使权利,一方在使用或经营自己的不动产时负有不得妨碍对方合理行使权利的义务,同时也有权要求对方不妨碍和侵犯自己权利的合理行使。这种相互给予便利的关系仍在所有权的涵射范围之内,是所有权支配效能的题中应有之义,甚至不用

---

[1] 王彬辉:《新〈环境保护法〉"公众参与"条款有效实施的路径选择——以加拿大经验为借鉴》,《法商研究》2014年第4期。
[2] 王宇飞等:《基于保护地役权的自然保护地适应性管理方法探讨:以钱江源国家公园体制试点区为例》,《生物多样性》2019年第1期。

当事人之间形成有效的地役权合同即可根据不动产相邻的地理因素，直接基于法律规定产生。但在其他的一些情形下，如两不动产并非毗邻但亦存在相互影响之可能，或虽相互毗邻，但一方对另一方所有权之限制明显超过所有权的权能范围，为实现某一不动产的使用价值，必须对另一不动产的权利行使加以限制，由此产生的权利限制称之为地役权。例如为自己房屋的采光效果，而限制邻居的房屋高度，或因为自己土地的农作物灌溉，而必须前往远处某地取水等。

《民法典》中一般地役权的产生大多是出于通行、取水、排水等需要，通过签订地役权合同，利用他人的不动产以提高自己不动产效益，这种地役权的设立多发生于农村邻里或农地耕作的情形。小农经济的生产方式要求农村居民集村而群居，相互守望，相互帮助，形成自我管理、自主发展的乡村社会共同体，使得乡村社会具备天然的独立性和稳定性，形成极为稳定的熟人社会。在这样的熟人社会，能够规制大家行为、界定权利义务界限的，不是外部的法律规范或具体制度，而是村规民约或"你知我知"的客观事实，基于农村居民之间的亲族或其他类似关系所产生的信任，村民自发地形成自我管理、自我教育、自我服务和自我监督的特定团体。举例言之，张三的土地作为供役地为李四的田地设立取水地役权，无须登记，仅需通过张三的默许与李四的多次取水事实，即已为众人熟知，因此仅通过合同即可设立地役权，仅于特殊情形，为保护个别善意第三人，设立登记制度。

相较而言，公共地役权的设立并不存在"熟人社会"的基础环境，公共地役权的设立基于公共利益，涉及的主体范围广泛，以历史风貌建筑地役权为例，历史风貌建筑集聚地区特色、时代特色，兼具艺术性、科学价值，反映一定时期特色风貌的非文物建筑。针对历史风貌建筑设立的公共地役权旨在保护历史风貌建筑的文化价值，而非为了满足某一特定的需役地利益，因此并不存在特定的需役地，必须通过登记制度，对纳入公共地役权保护范围的历史风貌建筑予以登记，确定公共地役权的客体范围，如此方能对历史风貌建筑提供全面保护。

二是公共地役权的权利保护对象为公共利益，主体特殊且持续时间较长。公共地役权的权利主体多为公权力机关，登记制度一方面能够在一定程度上实现对权力的监督作用，防止权力滥用导致的私权侵害，另一方面也能明确公共地役权法律关系的权利内容范围，明确公权力的行使边界，防止对供役人行为自由的过度限制。此外，因公共地役权的存续时间较长，在此期间亦可发生权利、义务主体的变更，登记制度将法律关系的变动予以记录，能够最大限度地防止不动产自由交易等因素造成的公共利益受损，为公共利益的实现提供稳定的制度环境。

本书认为，公共地役权登记的具体实践尚需注意两个方面。一是登记的内容，传统地役权的登记内容包括供役地及需役地的土地权属及坐落界址，公共地役权的登记内容除此之外，还应包括设立地役权的种类、目的、内容、地役权期限及补偿方式等。二是登记的变更。公共地役权因其长期性，必然涉及权利主体（包括地役权人的变更和供役地人的变更）、权利内容（包括双方协商变更和供役地人单方变更）、权利终止（包括条件改变、国家征收、期限届满、双方解除、单方解除）等情形，这些影响役权法律关系变动的法律事实应如实记载于登记簿，方便利益相关人查阅知悉，保障权利及交易安全。

五 公共地役权的继受取得及转让

公共地役权的取得除前述强制命令、行政协议、自愿捐赠等原始取得方式外，与一般地役权相同，仍存在继受取得可能性，以继承为例，根据非基于法律行为物权变动基本原理，在被继承人死亡时，地役权当然、法定由继承人概括取得，无须登记即可发生权利（义务）主体变更的法律效果，公示要求仅限制地役权的二次处分而已，但公共地役权因公共利益性质及第三人利益保护，继受取得亦必须登记方可发生，即便是继承等非基于法律行为的物权变动，依然应遵循登记生效的物权变动模式。

《民法典》第 380 条至第 383 条规定地役权的从属性、不可分性，从而不可单独转让。而对于公共地役权是否具备可转让性，学界也存在肯定说和否定说两种观点。持肯定说[1]的学者主张公共地役权同样具有从属性

---

[1] 参见常鹏翱《回归传统：我国地役权规范的完善之道》，《清华法学》2018 年第 5 期。

与不可分性，不可能脱离其所依托的物权而单独存在，供役地以及相关用益物权部分或全部转让的，受让人需继续负担役权义务。

但持否定态度①的学者主张既然公共地役权的设立是基于维护公共利益的目的，只要该公共利益或需求一直存在，相应的公共地役权就不能被转让，名义上的公共地役权人就不得放弃或者转让公共地役权。除此之外，由于公共地役权的直接受益人是社会公众，因此，公共地役权并非其名义享有者的财产性权利，不能成为法院强制执行的标的，不具有可转让性。

本书认为，就供役地能否转让而言，应区分究竟是转让公共地役权还是"剩余财产权"②不同处理，保护地役权因关涉公共利益，自应不得转让，而"剩余财产权"于公共利益无涉，不会使特定的公共事业处于不稳定的状态，自由转让应属财产所有权或用益物权的题中应有之义。域外实践同样如此，例如美国法院几乎毫无例外地允许有关"铁路、电报电话以及输电线路、管道……"等地役权的转让③，基于从属性的要求，受让人继续负担地役权义务。

六　公共地役权的终止

（一）公共地役权的终止事由

一是约定期限届满。针对合同设立的公共地役权，在合同有约定期限的情况下，期限届满时公共地役权终止；合同履行期限约定不明的情形下，因公共地役权的公益性质，宜认定为永久期限，当事人不得随意终止或解除。针对行政命令设立的公共地役权，不存在合同履行期限问题，其终止应基于相关法规、规范性文件、行政命令的修改或废止。在比较法上，不少国家的部分公共地役权，尤其是保护地役权是永久性的或者存续

---

① 参见张鹏：《究竟什么是地役权？——评〈物权法（草案）〉中地役权的概念》，《法律科学》（西北政法学院学报）2007年第1期；王利明：《物权法专题研究》，吉林人民出版社2002年版，第744页。
② 赵自轩：《公共役权在我国街区制改革中的实现路径探究》，《政治与法律》2016年第8期。
③ 〔美〕詹姆斯·戈德雷：《私法的基础财产、侵权、合同和不当得利》，张家勇译，法律出版社2007年版，第149页。

较长时限，不由合同约定期限。例如，澳大利亚新南威尔士州 2006 年《濒危物种保护修正（生物多样性银行）法》第 127L（1）条规定，生物库协议具有永久的效力。美国《统一保护地役权法案》也明确规定，除非创设保护地役权的文书另有规定，保护地役权是无期限的。需要注意的是，虽然部分公共地役权的永久性规定为公共利益的长久维护提供了稳定的法律框架，因为永久性意味着公共地役权一旦设立，将一直存在，直至法律规定的其他情形发生。这一特性对于那些需要长期保障的土地使用者来说至关重要。例如，某些生态保护区或历史遗址的维护就需要长期、稳定的法律保护。在这种情况下，保护地役权的永久性规定能够确保这些区域得到持续保护，防止因法律变动或权利转移而受到影响。但是，永久性效力在某种程度上也不符合私法制度的意思自治核心。所以在《统一保护地役权法案》也同样鼓励双方通过协商来确立有期限的地役权。这意味着，如果土地权利人和地役权人认为有必要，他们可以根据共同意愿设定地役权的期限。例如，在农业用地中，双方可能会约定在一定年限内保持土地用途不变，以满足农业生产的需要。当期限届满后，地役权自然终止，土地权利人可以根据公共需求重新规划土地用途。此外，双方还可以约定在满足特定条件后，保护地役权得以终止。这些条件可以是时间、事件或其他任何双方认为合适的因素。例如，在环保项目中，双方可能会约定当达到一定的环保目标后，地役权即告终止。这种灵活的终止机制不仅有助于激发土地权利人和地役权人的积极性，还能更好地适应不断变化的市场环境和社会需求。

二是公共地役权的主体混同。主要是指供役地发生权属变动，例如集体土地被征收后变为国有土地，则发生公共地役权主体的混同，在不涉及第三人利益的情况下，公共地役权将因主体混同而消灭。

三是公共地役权客体灭失或变更导致地役权设定目的无法实现的。例如特定地块因自然灾害发生塌陷或建筑物因地震毁损的，与此情形，公共地役权的设立目的确定无法实现，义务人存在客观履行不能的情况，相应公共地役权因目的根本无法实现而归于消灭。

四是公共地役权合同解除。在公共地役权设立之后，双方均应遵守公共地役权的合同,尊重双方的权利,履行义务。但是基于双方的协商或是一方严重违反合同规定滥用公共地役权,或者在合理期限之内拒不支付相关费用,遵守合同的一方当事人有权要求解除合同。

五是公共地役权之设立目不能实现的其他情形。《美国财产法第三次重述:役权》规定,政府机构或保护组织持有的保护地役权,除非不再用于保护目的,否则不得因变化而终止。以保护地役权为例,随着时间的推移,社会的发展和人口的增长使得土地资源变得越来越紧缺,一些原本被认为是保护地役权的土地可能会被重新评估和利用。例如,一些原本被认为是生态脆弱区的土地可能会因为新的科技或方法而变得适合开发。在这种情况下,继续维持保护地役权可能会限制土地的有效利用,甚至阻碍当地的经济发展。再如,一些土地所有者可能会违反公共地役权之约定,过度开发或滥用土地资源,导致供役地失去供给功能。此外,一些保护地役权可能由于历史原因或其他因素而变得模糊不清,难以有效执行。在上述情况下,从维护公共利益、节约资源的角度,供役地上的保护地役权就应当消灭或变更。但需要注意的是,对于公共地役权之公共目的真正实现的判断,也需要制定一套完整的程序,应该包括土地评估、决策制定、监管执行等多个环节,以防止任意认定损害公众利益,或浪费前期投入。

(二)公共地役权的终止程序

因公共地役权涉及社会公共利益,因此其终止问题相较一般地役权而言,具有程序方面的不同要求,公共地役权的终止需要再次听证,原因在于公共地役权终止的前提是公共利益不再需要,需要听证程序来确保设立公共地役权的公共利益基础不复存在,进而可以终止公共地役权。公共地役权终止后,公权力机关就不再是公共地役权的权利主体,则应该注销登记使该私有财产在权利登记上恢复到没有权利负担的原始状态。

七 公共地役权的内容

(一)公共地役权人的权利与义务

1. 供役地的使用权与对供役地土地使用的限制

无论是公共地役权还是传统地役权,都是一项用益物权,即对他人不动产的一定程度的利用。因此，公共地役权人的第一项权利就是依据合同的约定、行政命令以及公共利益的需要对私人不动产的合理使用。

2. 公共地役权人的物上请求权

当公共地役权圆满的物权状态受到现实的妨害或者有受妨害之虞时，公共地役权人有权请求供役地人为一定行为或不为一定行为，而使其公共地役权恢复至圆满状态。

3. 支付补偿金与赔偿金的义务

例如针对林地公共地役权，政府相关部门作为地役权人，依据双方签订的公共地役权合同支付给供役地人符合市场价值规律的林地使用费或者补偿、赔偿费用。又如针对自然保护地实践，甘肃省、吉林省、青海省、安徽省、西藏自治区等地均出台了关于陆生野生保护动物造成人身伤害和财产损失补偿办法[①]，对野生动物造成公民人身伤害或死亡，侵害家畜、农作物、生产生活设施等所造成的直接财产损失给予补偿。

4. 维护、维修公共设施义务

出于实现公共利益的目的，公共地役权人难免需要在供役地上增添一些设施、设备。增添这些设施、设备的费用需要地役权人承担。且公共地役权人负有维护、维修相关公共设施的义务。公权力机关可能在私有财产上搭建或构筑了临时或永久的辅助公共地役权行使的工作物或建筑物，公共地役权终止后这类工作物或建筑物应该及时拆除，以恢复该私有财产的原状，而且对于建造工作物或建筑物造成的损失应予以赔偿。

5. 公共地役权人的监督和检查权

传统地役权往往涉及相邻关系，但除通行权此种必须进入供役地方能行使权利之情形外，供役地人一般仅需供役地人提供方便，而地役权人无权进入需役地。但公共地役权具有公共利益属性，地役权人需要享有一些积极面向的权利，以促成或监督在供役地内部公共利益的实现。例如，根

[①] 参见《甘肃省陆生野生保护动物造成人身伤害和财产损失补偿办法》《吉林省重点保护陆生野生动物造成人身财产损害补偿办法》《青海省重点保护陆生野生动物造成人身财产损失补偿办法》《安徽省陆生野生动物造成人身伤害和财产损失补偿办法》《西藏自治区重点陆生野生动物造成公民人身伤害和财产损失补偿暂行办法》。

据美国部分州的法律规定，地役权人享有进入受保护土地的权利。以缅因州为例，其法律规定保护地役权持有人须每三年至少对涉及的不动产状况进行一次监测，并撰写、保留一份书面监测报告，以确保有永久记录可供参考。此外，持有人应根据土地所有者的要求，向其提供监测报告的副本。[1] 这一规定旨在确保保护地役权的有效实施和不动产状况的透明监控。但是进入权并非公共地役权之确定权益，有学者认为[2]，虽然涉及公共利益，但是否有权进入仍要由双方合同约定，即采用约定主义。

（二）供役地人的权利与义务

在传统地役权理论中，供役地人的义务属性偏向大于权利向，通常表现为"容忍"。地役权的设立，往往是为了满足土地所有人或使用人某种特定的需求或利益，例如通行、排水、采光等。这些需求或利益往往需要通过使用相邻土地来实现。因此，地役权人需要获得相邻土地所有人或使用人的配合和容忍，以确保其能够按照约定使用供役地。供役地人应当按照地役权人的要求，允许其在自己的土地上实施某些行为，他们还有义务不阻碍地役权人按照约定使用供役地，例如不得设置障碍、不得干扰地役权人的正常使用等。这种容忍或不作为义务，实际上是供役地所有人或使用人为了保障地役权人的利益而作出的牺牲或让步。在权利上，供役地人的权利通常表现为对所有权的行使以及救济权益，即享有继续使用、占有土地、主张物权或侵权损害赔偿等方面的权利。

但对于某些公共地役权来说，其因为涉及公共利益，供役地人还要具有"作为"的义务。例如，在环境保护地役权场景中，为达到环境保护目的，除了要求供役地人不得破坏生态环境或可能有损环境的行为外，保护地役权也要求供役地权利人积极维护并致力于提升供役地的生态系统服务功能，以保障其持续、稳定地为公共利益服务，如督促供役地人进行景区清洁、种植植被、喂养甚至协助保育园区内珍贵野生动物等。在立法上，亦有国家直接明确规定供役地人的积极作为义务，例如，澳大利亚昆士兰《1994

---

[1] Law Commission, Conservation Covenants, Law Com No. 349, para. 6. 22.
[2] 参见蔡斌《公共地役权性质初探》，《广西政法管理干部学院学报》2004年第2期。

年土地产权法》(Land Title Act 1994)就明确了约据可以是积极的,也可以是消极的,澳大利亚《环境保护和生物多样性保护法》规定,保护协议中可以明确"促进保护生物多样性等的活动"或者"控制、禁止可能产生不利影响的活动"。[①]

公共地役权中供役地人的权利通常表现为对所有权行使以及救济权益,即享有继续使用、占有土地、主张物权或侵权损害赔偿等方面的权利,主要包括以下几个方面。

第一,供役地人在不妨碍地役权行使的范围内,可对供役地行使一切权利,以钱江源国家公园公共地役权改革为例,作为供役地人的原有居民凭身份证可免费在钱江源国家公园允许范围内参观游览;在同等条件下,原有居民有特许经营优先权;当地产品符合条件并经许可可使用钱江源国家公园品牌标识。

第二,供役地人在不妨碍地役权行使范围内,有权使用地役权人添置于其地上的设施。

第三,供役地人对有偿的地役权,享有请求给付报酬的权利。

第四,在地役权人行使权利不当时,供役地人有权要求变更使用供役地的场所和方法,且该请求权不得以特约限制或排除。

第五,供役地人还享有反向征收请求权。《俄罗斯联邦土地法》中规定当公共地役权人对不动产的利用超过必要限度而达到征收程度时,供役地人其实质已经完全丧失了对不动产使用与收益的可能。这时供役地人可以请求政府征收该不动产。

从已有立法和制度目的来看,公共地役权须有容忍不作为的义务,也要有积极促进供役地发挥公共利益保护作用的义务,应当包括以下几个方面。

第一,供役地人负有容忍地役权人于供役地上为一定行为或自己在供役地上不为一定行为的义务,例如由于公共设施的建设与利用是长期的,因此供役地人在未与公共地役权人达成合意之前,不得随意变更、转让供

---

① Environment Protection and Biodiversity Conservation Act (1999), part 14, section 306.

役地，再如基于安全考虑也受到很大程度的限制，电网建设地役权义务人在电力线路保护区内，不得取土、不得钻探、不得堆放物品、不得兴建建筑物、不得种植植物，等等。

第二，供役地人使用地役权人在供役地上添置的设施的，应按其收益程度，分担为维护设施所支出的费用。

八 公共地役权的类型化

（一）基础建设地役权

以石油天然气管道地役权为例，石油和天然气的开发利用并不需要取得土地所有权，只需具备法定的批准文件，但是其开采、开挖、设施安装，管道铺设等活动不可避免地会影响土地及其附属物或邻近不动产的使用效能。[1] 在石油管道的建设过程中，需特别关注自然资源开发与私人财产权利保护二者的平衡问题：一方面，土地附着物的所有权人不应出于私有财产的考虑而阻碍自然资源的开发，另一方面，资源开发者应就其开发行为对私人财产造成的损害提供合理的赔偿，并根据比例原则将这种权益侵害降低在必要限度内，以防权利滥用。[2] 公共地役权制度的引入，为建设、竣工后各方的权利、义务和补偿措施提供规范依据，降低资源开发建设对私人财产权的侵害程度，有助于实现公私利益的协调发展。

（二）环境保护地役权

环境保护地役权，是指为了生态环境利益，地方政府、公众或者特定公益性事业单位依照法律或约定取得，要求不动产所有权人或用益物权人容忍某种不利或负担的权利。环境保护地役权源于美国的保存地役权制度，凭借其在美国的高速发展及取得的成果，受到包括英美法系和大陆法系在内的许多国家和地区的关注和引进，发展至今已形成了一整套成熟的理论和法律体系。针对我国目前所面临的生态环境困境，有必要考虑引入这一制度作为生态行政管理制度的补充，为生态保护提供另一条有效、高效

---

[1] 马强伟：《油气管道铺设中的用地问题及解决思路——从公共地役权理论到空间建设用地使用权》，《法治研究》2017年第6期。

[2] 王明远：《天然气开发与土地利用：法律权利的冲突和协调》，《清华法学》2010年第1期。

的替代路径。近年来，由于森林生态资源遭到严重破坏，政府为了保护森林资源，充分利用国家一级的行政措施，严格控制森林资源的开发利用。以自然保护区制度为例，在自然保护区设立之前，在保护区内生活的当地居民多以采伐林木为主要生活来源。但是，保护区设立之后，原有居民通过利用自然资源获利的活动均被禁止，加之相应的补偿措施不到位，使其生产生活受到了很大程度的影响，必须引入公共地役权制度，通过社区赋权、尊重地区文化、保障社区居民环境权益和健全野生动物侵农补偿机制完善社区管理机制，加快构建以国家公园为主体的自然保护地体系。

（三）城市地下开发地役权

随着城市化进程的加快，城市地下公共设施不断增多。地下人防工程、地下车库、地下通道等已成为城市不可或缺的组成部分。然而，由于地下公共设施本身的性质，该项目涉及承载、通风和地上的出口联通等，这将不可避免地导致公共设施对与之毗邻的地表、地下以及其他不动产的利用造成影响。

当前有关城市地下开发中的公共设施的立法多是对供役地人的约束和限制，并没有对相应的行政机关或公益企业和组织的权力进行规范。[1] 这种权利义务的不平等不利于对公权力的规制，也会引起供役地人的不满，不能充分满足公共利益的需求。传统观念认为，供役地人的所有权或者使用权理所应当要为公共利益牺牲，且多数是无偿的贡献，而忽略了对相关权利人的补偿和救济。[2] 如果在公共地役权制度的框架内，通过订立地役权合同，与受让人充分协商，就双方的权利义务、共同地役权的范围、补偿标准、民主参与等作出规定，一方面，体现了平等协商和自愿协商的精神，最大限度地减少了供役地人的抵触情绪，也能更好地鼓励供役地人配合行政机关或者公益企业实现公共利益；另一方面，在公共地役权合同的约束下，可以避免地役权人的权力滥用，即使出现违反合同的情况，供役地人也可以提起民事诉讼维护自身合法权益。

---

[1] 《深圳市地下铁道建设管理暂行规定》第18条第2款。
[2] 《深圳市地下空间开发利用暂行办法》第28条。

（四）公共交通地役权

2016年初，国家在政策层面确立了推行"街区制"的城市规划改革方向，自1998年住房制度改革以来，我国住房私域化程度不断加深，形成了大规模社区和单位大院，城市中多处关键交通节点被封闭起来的私域住宅区阻塞。为贯彻街区制改革，开放封闭的住宅小区和单位院落，使其内部道路部分公开化，首先面临的问题是如何合法、合理地将住宅小区区域内已分配和转让的国有土地和道路改造为公共道路部分，方便公众出行。

公共地役权兼具私法和公法属性，在适当让渡私人住宅领域的情形下保障公共利益。为防止过度占用私人住宅，在街区制改革的公共交通地役权需坚守比例原则，明确划定公共地役权客体范围。首先，因其公共地役权具有公法性质，对其小区公共区域的使用是公共交通所必需的。其次，应采取对小区业主最小化损失原则，尽可能将小区业主的损害降到最低，与小区业主平等协商，做到公共地役权的使用透明化。最后，要坚持适当原则，只有在确保牺牲小区业主利益能够更好地维护交通秩序、解决公共交通拥堵问题时，才能将其确认为公共交通地役权。

（五）文物保护地役权

涉及传统建筑古迹保护的法律依据主要是各地的保护条例，这种由地方立法解决历史文化遗产保护问题的做法虽具备较强的实践可操作性，实际运行的效率较高，但问题是，《文物保护法》对土地使用管制的规定已经构成对土地的公共地役负担，如第17条规定："文物保护单位的保护范围内不得进行其他建设工程或者爆破、钻探、挖掘等作业"。第18条规定："在文物保护单位的建设控制地带内进行建设工程，不得破坏文物保护单位的历史风貌。"而《文物保护法》或地方性法规却未对相关的补偿和救济作出规定，此外，此种土地利用的管制并非对集体土地所有权或建筑物和构筑物所有权的剥夺，因此亦无法借由征收制度予以解决。[①] 因此需要引入公共地役权制度通过以下两个方面予以完善。一方面，由公权机

---

① 林旭霞、王芳：《历史风貌建筑的权利保护与限制——以公共地役权为解决方案》，《福建师范大学学报》（哲学社会科学版）2012年第3期。

构与私权利人通过协议，明确私权利人的义务，如保护和修复传统建筑遗迹、获得合理补偿的权利等，以保障公权力对传统建筑遗迹的利用；另一方面，根据传统建筑纪念物的属性和利用程度，对私权利人维护传统建筑纪念物的原有外观提出不同的要求，并制定相应的赔偿标准，以减少传统建筑遗迹保护与私权利保护之间的矛盾。

第三节 公共地役权的救济

探讨公共地役权的救济机制以保障权利人的合法权益，是公共地役权制度的核心议题。从我国立法实践来看，公共地役权的救济路径呈现多样化的特点，具体包括赋予权利人物上请求权、经济补偿请求权以及反向征收请求权三种。这些救济途径不仅为供役地人提供了法律上的保护，也为他们实现自身权利提供了有效的手段。其间，补偿制度显得尤为重要。应重点关注补偿机制健全方案，采用基金补偿、保险金补偿以及其他灵活多样的补偿机制，在减轻政府经济负担的基础上确保权利人能够及时获得补偿。补偿标准方面，考虑到我国国土面积广阔，各地土地开发情况存在显著差异，因此，宜综合考虑各种因素，采用差别化的补偿标准。此外，还应关注土地发展权转移制度，通过该机制来补偿农村集体土地开发效益的损失，规范收益分配机制，在我国的实践中，继续推动土地发展权转移理论的中国化本土化，以实现公共地役权贯彻实施与供役地人权益有效保障的平衡。

一　救济路径的多元化

对于我国的公共地役权立法而言，其救济途径包括。

一是物权请求权。为了使供役地得到最大限度的保障，公共地役权的供役地人有权要求第三人停止对于不动产的妨害，而地役权人基于地役权亦有权要求第三人停止妨害。在此基础上，供役地人与地役权人基于其权利得以依何程序主张其请求权，仍有待进一步设计和研究。在我国当前的立法体例下，可以通过提起公益诉讼的方式保障供役地人及地役权人的合法权利。依据公共地役权的设立方式，可分为订立合同设立与强制取得设立，前者可采用普通诉讼程序向法院进行起诉，而后者可以行政法救济程序为依托，提起行政复议或向法院提起诉讼。

二是经济补偿请求权，指行政机关在供役人的土地上设立公共地役权，应当补偿而未补偿，或者已经补偿但补偿不足的情形下，供役地人有权请求行政机关承担其对供役地本应享有的权利及利益的补偿责任。即供役人有权向法院提起行政诉讼，要求行政机关按前述补偿措施和补偿标准予以补偿。公共地役权是对供役地人权利的限制，会损害权利人对土地占有、使用、利用、处置等权利，类似于对部分权利的准征用，权利人具有当然的请求经济补偿的权利。

就具体补偿标准而言，有两种方式：一种参考标准是根据当地居民平均收入、土地年均产值或其他具有普遍意义的指标进行补偿；另一种是对公共地役权进行分类，同时针对性地制定各类补偿指导标准，在具体补偿时以指导标准为基础确定最终的补偿。具体到我国将来确立公共地役权补偿具体标准，可以依照当地土地市场价值为参照标准，根据土地权受限制程度、地役权期限以及当地经济发展潜力等综合确定最终补偿。经济补偿的形式可以分为现金补偿、税收抵免等，灵活的补偿金方式能够在相当程度上缓解强制设立的压力。

在货币补偿方面，面临的主要问题是各级政府财政吃紧。如果采用货币补偿，将给各级财政带来巨大的财务压力，很容易导致补偿金的延迟或不足支付。货币补偿还面临损失计算的问题，对土地的利用通常需要综合多方考量，包括经济利益和非经济利益。对土地利用的补偿不仅要考虑实际损失，更有对预期可得利益及潜在利益的损失考量，因而单独适用货币补偿方式可能难以平衡受害方利益。在形式上，货币补偿可分为一次付清与分期支付两种形式，二者各有优劣，可适用范围也不尽相同。一次付清货币形式多适用于电缆及管道设置等对土地使用权影响较小的情况，补偿款较低，有助于提高效率；分期支付形式适用于补偿款较多、使用时间长的情况，能够减轻政府负担。

在税收抵免方面，参考美国与日本的规定，国家对设置公共地役权的土地予以税收优惠，或是特别规定免除部分土地转让所得税。如果采用税收优惠或减免的方式进行补偿，政府对土地权利人所受损失或地役权捐赠人捐赠的土地价值进行评估，并以此作为减税的基本价值，为受损者或捐赠人提供减税，逐年按一定百分比缴纳的财产税，可以避免支付现金带来的财政压力。税收优惠或减免政策也能够加强权利人配合政府在土地上设立公共地役权的积极性，提高供役地人的主动性。

三是供役地人享有反向征收请求权。反向征收权是指土地使用权人向政府请求征收其土地而得到补偿的权利，适用于在土地设立公共地役权之时使得土地使用权人难以完全实现其利益的情形。《俄罗斯联邦土地法典》明确规定了该制度，美国、加拿大也在立法中有所涉及。我国公共地役权救济可以参考《俄罗斯联邦土地法典》的反向征收请求权制度，以社区内道路使用权为例，政府在社区内设立公共地役权，利用社区内道路而致使小区业主难以在小区内便利通行，社区内道路的最基本用途无法实现，小区业主利益遭受难以弥补的损失，在此情形下，其可以向政府请求征收该供役地，获得相应的经济补偿。在这种情况下，反向征收权就会发挥作用，适用于土地使用权完全被剥夺的情况。当公共利益过度侵犯私人利益，已作出让渡的私人利益受到更多的强制压迫而退无可退时，应当赋予其更强效的法律救济的途径以维护自身利益。俄罗斯立法中的反征用权具有较好的实用价值，可以有效地保护私人权利，避免土地征用和公共地役权的滥用。在土地上设立地役权的负担远远超过其所能享有的土地价值时，应给予其要求征收土地的权利。

二 多元化的补偿形式和差别化的补偿标准

（一）确立多元化的补偿形式

一是基金补偿机制。一方面，为解决地方财政不足这一困境，应由国家财政设立专项"公共地役权保护补偿基金"，从而能及时、快速地补偿供役地人。另一方面，补偿资金的筹集渠道亟须拓宽。具体实践可以通过引入社会民间组织和国际组织相关公益保护基金项目，补充资金来源，充分发挥各行业优势，实现资金、技术和资源的优化组合。以生态地役权野生动物致害补偿基金为例，四川省甘孜藏族自治州雅江县环林局组织协调山水自然保护中心、西藏自治区那曲市尼玛县热日村、四川省甘孜藏族自治州雅江县唐足村与社区寺庙共同出资建立了四川格西沟国家级自然保护区"野生动物肇事补偿基金"。至 2017 年，该自然保护区建立起了政府与社区合作共管的预防兽害和合作补偿兽损的一整套机制，有效地缓解了当地人兽冲突矛盾程度，保障社区可持续发展和野生动物保护齐头并进。① 此外，《青海省重点保护陆生野生动物造成人身财产损失补偿办法》也明确规定了将野生动物致害的补偿费用纳入县级以上政府的财政预算，并积极鼓励单位、个人捐资设立野生动物保护基金以提升野生动物致害的补偿水平。②

二是保险金补偿机制。引入商业保险机制，推行公共地役权公众责任保险制度，与保险公司签订地役权公众责任保险，将供役地人常见的财产损害全部纳入公众责任险范围，提升群众参与公共地役权的积极性。商业保险的引入，能够使供役地人及政府所应承担的经济风险有所降低。

三是其他补偿机制。如实物补偿，即政府以其他不动产土地使用权向供役地人置换其土地，也即以地易地。在公共利益驱使下而导致供役地难以满足供役地人最低程度的需要时，直接的经济补偿有时难以衡量供役地人所承担的风险及损失，更无法平衡供役地人的应有利益，此时实物补偿对于受害人相对公平，更有助于维护社会公平及稳定秩序。实物补偿的适用需要受到严格的限制，其应以私有权利受到极大限制乃至受害人几乎无法利用该土地为前提，此外，实物补偿也应以弥补损失为原则，在具体个案中同受害人协商确定予以补偿的不动产，对其外部因素及潜在因素进行综合考量，诸如该不动产的地理位置、生态环境、发展潜力等，从而选择与受害主体所有土地最为类似的一块土地。再如技术帮助，即公权力机关因设立公共

---

① 《第二届中国·雅江野生动物肇事补偿机制研讨会在成都召开》，中国周刊网，http://www.chinaweekly.cn/4834.html，最后访问时间：2024 年 11 月 29 日。
② 《青海省重点保护陆生野生动物造成人身财产损失补偿办法》第 13 条："县级以上人民政府应当将野生动物造成人身财产损失补偿经费和工作经费列入本级财政预算。野生动物造成人身财产损失补偿经费，省级财政负担 50%，州（地、市）、县级财政各负担 25%。设立野生动物保护基金。鼓励境内外单位、个人捐资专项用于野生动物保护，提高野生动物造成人身财产损失补偿水平。"

地役权对供役地人的利益损害通过相关技术辅助予以减轻或免除。通过技术帮助，可以减少公众对供役地上的设施安装、噪声污染等因素而影响周边环境的顾虑，减轻风险的承担。以政府的权威性及相关国有企业的专业性为后盾，技术帮助能够有效减少公共地役权设立的不利后果。

（二）确立差别化的补偿标准

关于补偿标准，有观点主张根据供役地人权利受限制程度支付供役地补偿费用，并提出以地役权设立前近三年的平均收益为计算标准。① 本书认为这一观点以特定不动产经济收益为考察对象，有益于实现补偿标准的针对性，值得借鉴，但仍有待进一步完善。具言之，我国幅员辽阔，公益用地建设项目更是遍布各处，以公益林生态保护为例，中西部欠发达地区的经济发展效益落后于东部沿海地区，林地产业效益必不相同，即便是同一地理位置的林地开发，林木质量、管护成本、造林难度等同样存在差异，因此不可采取普遍适用的补偿标准，更应避免以林地面积作为核心计算基数的粗犷方法，必须综合前述诸项因素差别化补偿。

三 土地发展权转移

土地发展权，又称土地开发权，是指土地权利人享有的改变土地利用方式与开发密度的权利。② 基于土地发展权，美国创造性地设计出在区域内不同所有人之间转移土地发展权的方法，即土地发展权转移理论和制度（Tansfer of Development Rights，TDR）。这一制度使土地发展权得以从其所属的土地产权体系中剥离出并在市场上流通，极大程度上解决了土地规划建设中"暴损—暴利"经济发展困境。我国《土地管理法》等相关法律法规中没有明确提出"土地发展权"的概念。虽非法定物权类型，但我国各类基于空间管制的空间规划实践表明土地发展权转移制度已经存在并得以运用。我国土地利用管制主要针对土地用途及开发密度，侧重于农业空间、生态空间的刚性管控，但城乡建设用地增减挂钩试点工作、③ 成都市

---

① 李宗录、谷盈颖：《保护地役权之民法调整的解释路径》，《中国土地》2021年第5期。
② 周小平等：《耕地保护补偿的经济学解释》，《中国土地科学》2010年第10期。
③ 参见《城乡建设用地增减挂钩试点管理办法》（国土资发〔2008〕138号）。

建设用地指标市场化交易、①重庆地票交易制度②等既有实践无疑是土地发展权转移理论和制度中国化的生动体现。

就公共地役权补偿机制而言，土地发展权转移主要针对农村集体土地，我国《土地管理法》第15条、第23条第1款规定由"各级人民政府组织编制土地利用总体规划""加强土地利用计划管理，实行建设用地总量控制"，第25条特别强调"未经批准，不得改变土地利用总体规划确定的土地用途"，由此可见，农民集体所有土地的"发展权"属于国家，这一局面在集体经营性建设用地入市改革试点工作开展以来有所改观，集体经营性建设用地"发展权"增值收益不再归国有主体享有③，农民集体土地"发展权"得以恢复。公共地役权的引入同样需要关注供役地"土地发展权"的经济效益，通过设立农村土地保护基金，借助土地发展权交易机制，补偿农村集体土地开发效益损失，规范收益分配机制。但鉴于我国集体土地所有权普遍存在主体缺位、权能缺失等现象，不宜将农民集体作为受益主体，而应将集体土地使用权人作为受益人，使其直接获得相应土地发展权补偿救济。④

---

① 《成都市工业项目建设用地投资强度控制指标（2010年修订）》（成办发〔2010〕62号）。
② 《重庆农村土地交易所管理暂行办法》（渝府发〔2008〕127号）。
③ 程雪阳：《土地发展权与土地增值收益的分配》，《法学研究》2014年第5期。
④ 张先贵：《中国法语境下土地开发权归属及类型的法理研判》，《烟台大学学报》（哲学社会科学版）2016年第1期。

第五章 需役地"虚化"与公共地役权的新建构

在某些情况下,需役地的实体范畴可能会消失,但它可以在更广泛的意义上,如行政机关划定的"自然保护地"辖区整体范畴上,以环境生态保护整体价值的形式重聚。这种"虚化"现象意味着需役地不再局限于具体的、物理上的地块,而是可以根据行政管理或环境政策的需要,在更抽象的层面上进行定义和使用。在这一背景下,我们有必要深入探讨地役权法律关系中"需役地"的构造功能以完善地役权的制度建设。

第一节 "需役地"内涵与功能的变化

需役地作为地役权行使的起点,在役权制度中扮演着关键角色。需役地保障了地役权对供役地低强度支配力的量化维持机制,确保了地役权"意定物权"属性暨设权与补偿协商的技术可能,也维持了地役权构造与相关法律关系的私法属性。随着社会的不断发展,需役地的内涵与功能正在发生深刻的变化。传统的需役地与供役地之间的空间相邻性在某些情境下变得模糊,甚至可能消失。如在某些现代城市环境中,需役地可能与供役地存在明显的物理隔离。同时,需役地上"主权利"的分层现象逐渐显现,需役"利益"的内涵扩张更丰富了地役权所依赖的"主权利"的层次与类型分化。此外,还出现了"自己地役权"这种新型地役权安排:允许权利人用自己所有地块中 B 部分为 A 部分预先建立供役—需役关系。这些变化不仅对传统地役权制度提出了挑战,也为我们重新审视需役地的内涵及其功能提供了新的视角。

一 需役地对地役权的构造功能

地役权的定义与构成要件与其他物权有所不同。传统民法关于地役权的经典定义是"为增加需役地之利用价值，使其支配及于供役地之权利"[1]。足见添加需役地的存在必要，是地役权相比其他用益物权在构成要件上的显著区别，乃至需役地的存在是地役权制度与生俱来的基本特征与成立要件。地役权的发生须有两个不同归属的土地存在，为他人土地利用提供便利的土地称为供役地，而享有地役权的土地称为需役地[2]，地役权"被视为需役地的附属品""而地役权也可看成需役地上权利的从权利"[3]。"需役地"对传统地役权的构造功能体现在以下三个方面。

其一，保障地役权对供役地低强度支配力的量化维持机制的形成。无论是与所有权还是与其他用益物权相比，地役权对客体（供役地）的支配权能都显得更为具体与限定。作为一种用益物权，地役权也拥有对供役地的占有权能。但此种占有是在为供役地权利人保留对于供役地使用价值的大多数支配内容以后的少量与具体剩余。即它总是能够被"具名"总结，并成为相关地役权子类型的名目来源，如通行地役权、取水地役权、采光地役权、眺望地役权等。对应地，供役地权利人即地役权的义务人，往往仅需要为满足上述权利而负担具体而有限的消极容忍的供役义务。[4] 供役义务的内容与限度的可量，是以需役地的特定需役目的及相应的权利表达为转移的。易言之，"为需役地（而非需役地人）的便利就是物权法定原则对地役权利用范围的限定"。[5] 如《德国民法典》第1019条"地役权只

---

[1] 史尚宽：《物权法论》，中国政法大学出版社2000年版，第221页。
[2] 《民法典》第372条规定："地役权人有权按照合同约定，利用他人的不动产，以提高自己的不动产的效益。前款所称他人的不动产为供役地，自己的不动产为需役地。可见我国的地役权实质为不动产役权，而需役地实则为需役不动产。"第373条将"供役地和需役地的位置"列为地役权合同应当包括的一般条款。
[3] 参见吕忠梅《沟通与协调之途：公民环境权的民法保护》，法律出版社2021年版，第196页。
[4] 地役权的对应义务以消极义务为主，在当事人有约定的情况下也可要求义务人履行积极作为义务。
[5] 张翔：《论地役权的物权法律技术——兼论〈民法典〉上居住权、土地经营权的物权性质》，《西北大学学报》（哲学社会科学版）2021年第2期。

第五章 需役地"虚化"与公共地役权的新建构

能是给需役地的使用带来利益的负担,不得超出这一范围而扩张该项役权的内容"之规定。只有需役地的范围与用途客观可量,以及由此引起的需役地与供役地之间空间关系的客观存在,才能经由对需役地现有使用价值发挥状态与需役地权利人的预期使用价值理想状态之间的差距衡量,有效确定用于补差的"需役利益"的确切内容,以及通过役使供役地而获得补差的可能性。进而确定供役义务的内容与强度,完成地役权-义务法律关系的建构。这也进一步决定了,地役权服务于需役地上权利的从物权地位,从而应当与其所服务的需役地上权利并存及共同移转。①

其二,确保地役权"意定物权"属性暨设权与补偿协商的技术可能。地役权具有显著的"意定物权"特质,"对物权法定原则具有强烈的叛逆倾向"②。这里的"意定物权"并不意味着当事人可以超出法律罗列的物权类型范围、突破物权公示公信原则要求而设定物权,而是说,相对于其他物权权能的类型列举、权能内容大体明确,地役权的权能内容由当事人双方根据具体需役地与供役地之间的增益需求与满足可能、供役补偿额度而谈判确定。这样的谈判之所以可能发生与完成,必须基于由需役地客观存在而相对确定的协商基础,即关于需役利益的范围,由此是供役负担的大体补偿额度。易言之,地役权取得需要经由协商而确定补偿价值,而需役地的存在使供役负担的靶向性与内容可以明确,进而补偿额度才可能确定。需役地的存在,是地役权设立协商性、补偿公平性,暨地役权正当性的关键保障机制。③

其三,维持地役权构造与相关法律关系的私法属性。地役权作为传统用益物权类型自应具备私权属性,故地役权人对供役地的役使自应主要通过私法上的意思自由路径实现,并通过物权登记制度形成役使对象、范围与强度的公示公信。而正因需役地的存在,为地役权的协商设定圈定了当

---

① 《民法典》第380条规定:"地役权不得单独转让。土地承包经营权、建设用地使用权等转让的,地役权一并转让,但合同另有约定的除外。"
② 孙宪忠:《中国物权法:原理释义和立法解读》,经济管理出版社2008年版,第399~402页。
③ 需役地的存在是为了便于形成关于供役负担范围强度与补偿范围强度的平等协商机制。故是否需要需役地要看地役权设立与执行在多大程度上依赖协商,反之则为法定与强制。

事人关于"需役利益—供役负担"彼此长消的谈判内容范畴。反之,若缺乏需役地存在,也就从根本上削弱甚至取消了据以具化与量化"需役利益"内容与强度的物质基础与衡量标准。虽然不妨从某种更为宏观的角度形成需役利益之解释(往往是公共利益),但都因其缺乏来自需役地本身物理属性与用途确定性所带来的限定效应,而难以在当事人之间形成关于供—需役强度的可量化协商条件,在消解地役权设立的协商可能性的同时,形成对于供役地支配力的宽泛化倾向,进而走向支配力获取原因的公法化,即采用征收(或准征收)模式。与此同时,需役地的存在还确保了地役权作为一种经由自由交易而引发供役与需役利益消长格局,可通过需役地上权利的流转而为新的主体取得,从而强化了地役权的财产性。即"重要的不仅是应当让有关权利针对相邻土地的以后所有者继续有效,而且还应当让我的土地的以后所有者继续有效地享有此项权利。用英国法律的话讲就是:不仅必须让负担继续在邻居的土地上有效,而且还必须让便利继续在我的土地上保留。这就是地役权的本质"。① "由此可见,要在需役地、供役地的转让中,使受让人继续享有地役权或承担地役权义务,就必须将这种土地利用关系从债权关系的范畴中分离出来,即将地役权、地役权义务与需役地人、供役地人相脱钩,而与需役地、供役地相捆绑。"②

二 需役地对供役地依赖性的消退

需役地在地役权构成要件中的必要性,与地役权的"非独立性"暨其"从物权"属性相辅相成。在实践中,地役权的需役地与供役地相互间并非总表现为同时的相互毗连临近的时空关系。

其一,需役地与供役地空间相邻性可能弱化甚至消失。随着社会生产生活对需役地获得增益的需求内容与实现方式的不断拓展,不仅更新拓展了需役地提供的便利内涵,而且提供便利的供役地的空间外延也被极大地

---

① 〔英〕巴里·尼古拉斯:《罗马法概论》,黄风译,法律出版社2004年版,第154页。
② 张翔:《论地役权的物权法律技术——兼论〈民法典〉上居住权、土地经营权的物权性质》,《西北大学学报》(哲学社会科学版)2021年第2期。

延伸。① 例如为了河流下游的取水利益的长远安全，可对遥远上游的地权人的用水行为以地役权加以干涉控制；又如城镇居民利用乡村土地以提升自由城镇不动产利用价值的乡村地役权制度设计，② 等等。

其二，需役地上"主权利"的分层。作为从物权，地役权所依附的并非需役地本身，而是地役权人利用地役权予以增益的其在需役地上的权利，即地役权关系中的"主权利"。在传统民法上，此种主权利一般是土地所有权。但"在已有地役权的需役地上有土地使用权、典权或租赁权设定者，其土地使用权人、典权人和租赁权人可以成为地役权的主体"③。这类人成为地役权主体往往因为需役地的所有权人设立地役权在先而需役地上后成立的用益物权"自动获益"。而在土地利用的法权构造日益多元化，尤其是因实行土地公有制，私人无法通过土地所有权取得稳定土地利用者地位，而需转用土地用益物权的法治环境中，需役地上的主权利必须相应分化出相关用益物权类型。如我国《民法典》第372条虽然规定"他人的不动产为供役地，自己的不动产为需役地"，但第377条（原《物权法》第161条）规定地役权的期限不得超过土地承包经营权、建设用地使用权等用益物权的剩余期限来看，可推论该条文的用益物权人可以是需役地权利人。④ 又根据第382条"需役地以及需役地上的土地承包经营权、建设用地使用权等部分转让时，转让部分涉及地役权的，受让人同时享有地役权"。这里的转让部分涉及地役权，自应包括所转让的用益物权从所在土地所有权人在先设立人地役权中分享而来，以及自主设立地役权而来两种情况。由此，就可能出现同一块需役地上，所

---

① 例如，《意大利民法典》第1027条规定地役权是以在某土地之为属于与此相异的所有人的其他土地的便利被课予的负担而成立的权利。而意大利法中的"便利"相较其他国家法的"土地利益"内涵更广，根据第1028条，便利是指需役地的使用比较方便有利或者舒适，而且其土地在工业上的用法系固有的亦包括在内。这大大拓宽了地役权适用的场景。
② 参见黄欢《乡村振兴战略下设立城乡地役权探析》，《中国房地产》2020年第13期。
③ 田野、刘玲玲：《不动产役权构造论——以地役权意涵为基础》，《天津大学学报》（社会科学版）2018年第5期。
④ 参见陈国军《论我国役权制度的完善——以民法典编纂为视角》，《政治与法律》2016年第12期。

有权人的地役权与用益物权人的地役权的组合或有重叠关系，甚至出现不动产占有性债权人亦有加入地役权人（需役地权利人）行列的趋势。[1]进一步，需役"利益"的内涵扩张更丰富了地役权所依赖的"主权利"的层次与类型分化。在提高需役地的直观与通常的用途与经济价值这一需役地获得"增益"的传统内容以外，发展出需役地权利人精神层面的满足，[2]实现诸如社区风貌保存，自然环境与一村保护等非经济增益目的的新型地役权。那些以对特定地域非经济利益为主要增益目的的"权利人"，日益摆脱对地块上实现传统经济目的的物权依赖，而倾向获得区别于传统需役地权利人的、专为实现非经济增益而构建的新型需役地上之权利。

其三，出现"自己地役权"。传统民法认为"役权不适用于自己之物"，是因地役权系为满足需役地的便宜而设，故需役地和供役地须为不同的主体所有。若供、需役地均为同一主体所有，则可在所有权权限范围内任意调整使用，而不需设立地役权，直到"自己地役权"概念的出现。如《瑞士民法典》第733条、《意大利民法典》第1029条规定的"所有人役权"或"自己不动产役权"：权利人可在自己的不动产上设立地役权。其功能在于，权利人得对自己的土地在未来的用途，各地块之间的功能协同以及共同服从预先规划，随着将来地块的逐步出让，而使受让人一并接受在先存在的地役权负担之约束。"此系对都市规划和小区风貌维护的重要私权保障，与城市行政规划的公法和小区公共管理的自治法互为补充、相得益彰，是对传统地役权概念的一大突破。"[3]"自己地役权"技术逻辑允许权利人用自己所有地块中B部分为A部分预先建立供役—需役关系，即将A设立为需役地，而B为供役地，也可能将包含A、B之全域设为"需役地"，而A、B等地块为分别承担服从全域规划价值的"供役地"，使权利人即使转让全部地块，也可通过预设的自己地役权的对抗性而约束各地块的权利继受者，从而借助私法技术实现了近似公法上土地规划的环

---

[1] 参见郑冠宇《地役权的现代化》，《烟台大学学报》（哲学社会科学版）2009年第1期。
[2] 参见申卫星《地役权制度的立法价值与模式选择》，《现代法学》2004年第5期。
[3] 陈国军：《论我国役权制度的完善——以民法典编纂为视角》，《政治与法律》2016年第12期。

境保护利益，在"套叠"与"虚化"需役地、弱化供役地上义务人对供-需役关系协商自由的同时，提升了地役权制度在服务环境保护与社区规划方面的治理能力。

第二节 需役地"虚化"的公共地役权融入民法体系的解释理路

在大陆法系民法体系中，地役权长期以来一直以"需役地"和"供役地"之间的空间关联关系为基础，反其道而行之的需役地"虚化"即成为公共地役权进入民法典地役权体系的理论障碍。特别是在我国《民法典》实施后，如何将需役地"虚化"的公共地役权有效融入现行的民法体系，成为学界与实务界的重要议题。传统地役权制度主要以服务于个人的私益为目的，如通过地役权保障某些资源或土地的使用权，以满足土地所有者的特定需要。随着现代社会对环境保护、历史文物保护等公共利益的需求不断上升，传统地役权制度显现出一定局限性，需役地的"虚化"成为一种经济事实暨发展趋势。公共地役权不再严格依赖于特定的需役地，而是可以在更广泛的背景下为社会公共利益服务，从中可观察到地役权体系进一步完善发展的路向。

一 需役地"虚化"的公共地役权融入民法体系的机制路径

（一）"虚化"的需役地融入民法的基本认识

大陆法系民法传统中，需役地是地役权的"必备要件"。我国《民法典》第 327 条更是以显名方式规定了需役地和供役地要件，与供役地互相成为完整地役权存在的相对基础。在传统民法理论中，这种双地之间的共存关系也是地役权制度人役权、地上权及永佃权的显著特征。[1] 而有学者则认为，无需役地，就无所谓地役权。[2] 这也成为公共地役权进入民法典地役权

---

[1] 参见朱广新《地役权概念的体系性解读》，《法学研究》2007 年第 4 期。
[2] 参见常鹏翱《回归传统：我国地役权规范的完善之道》，《清华法学》2018 年第 5 期。

体系的基本难题。从传统民法的私法性质来看，地役权制度是为提升私利，而公共地役权则以公共利益或不特定群体之利益为核心，其设立可以为自然价值、风景价值或文化价值。此也成为公共地役权入典的理论障碍。

地役权存在之初就有为人之利益服务之意，即表面上是物与物的关系，实际上是人与人的关系。从历史源流来看，认可需役地要件"可虚化"或无须强调的原因有两个。一是役权混合状态，即认为地役权和人役权最终都是为人之需要，无须以区别阻碍发展。无论地役权制度如何规定要件，其"为便宜"都是为需役地人占有人、使用人或所有人的利益①，故需役地之要件可以转换为人之需要。二是需役地可以不特定，即可以将需役地无视距离解释为不特定的土地或设施。②既然在要件上不存在硬性解释难题，那么在私法与公法理念上则可以按需转换，使作为私法制度的地役权制度为公共利益服务，也应当是我国《民法典》体系的题中应有之义。

（二）需役地"虚化"的公共地役权为何可融入民法体系

《民法典》作为一部固根本、稳预期、利长远的基础性法律，以赋予权利与保护民事主体为己任，顺着私权的设立、效力、行使、保护等逻辑展开。而需役地"虚化"的公共地役权本质是为公共利益而在他人土地上设立地役权，具有公权力干预私权利、公强私弱等特征，作为非纯粹私权利，能否融入《民法典》物权编的体系阐释中？但"保护地役权""公共地役权"的效力构成与性质定位向来在公法、私法学界之间形成角力，存在"行政役权"与民事地役权的角力③，亦有谓"以传统物权法领域的役

---

① 马新彦等：《地役权的借鉴与重构》，王利明主编《物权法专题研究》，吉林人民出版社2002年版，第74页。
② 参见高富平、吴一鸣《英美不动产法·兼与大陆比较》，清华大学出版社2007年版，第660页。
③ 公法学者将公共地役权归类为行政役权，即公法上的权利。或者是一种"管制性征收"或"准征收"，在这种情况下涉及公法补偿，即供役地权利人为公共利益做出了特殊牺牲。"牺牲"的受益者是整个公众，因此作为公众代表的国家应该补偿。而私法学者则认为公共地役权属于民法上地役权的特殊形式。参见肖泽晟《公物的二元产权结构——公共地役权及其设立的视角》，《浙江学刊》2008年第4期；姜明安主编《行政法与行政诉讼法》，高等教育出版社2007年版，第717页；孙鹏、徐银波《社会变迁与地役权的现代化》，《现代法学》2013年第3期。

权体系为依托,适当融入公法的调整手段与立法取向,创设自然保护地役权制度以应对现实中公私权利关系兼具的复杂情形正是法治现代化的应有之义"①。自我国物权法正式规定将"地役权"纳入我国用益物权类型范畴以来,作为物权法调整范围内的"地役权"被明文要求发生在确定的需役地与供役地之间的役使关系中,使"需役地"成为民法上地役权合同缔结、登记对抗完成的必要事实要件。这一要求也被 2021 年开始实施的《民法典》继承。②

不支持需役地"虚化"的公共地役权入《民法典》或民法体系的理由包括。一是公共地役权入典者寥寥无几,仅限于《法国民法典》第 649~652 条、《意大利民法典》第六章第二节"强制地役权"、《俄罗斯联邦土地法典》第 23 条第 2、3 款规定公共地役权、《智利民法典》第 839 条规定"法定役权"等。而《德国民法典》第 1018 条、《日本民法典》第 280 条、《埃塞俄比亚民法典》第 1359 条等都是为增强不动产价值设立的传统地役权。二是需役地"虚化"的公共地役权之成立不以需役地存在为构成要件,其权利构造有违《民法典》规定的传统地役权基本构成要件,强行融入《民法典》会导致地役权概念抵牾、制度体系架构紊乱。三是无须公共地役权以维护公共利益为己任,在促进权利行使过程中强调"公权力干预私权利的行使",政府、垄断性国有企业、公共基础设施运营者在行使公共地役权过程中呈现出对供役地人"控制与被控制、命令与服从"特征,尤其是国家为政治与经济需要以强制缔约为手段,对供役地人享有强制缔约请求权,一旦供役地人违反该义务并给公共利益造成损失的,供役地人要承担缔约过失义务③,这与《民法典》第 207 条强调的国家与其他民事主体平等享受物权效力范围、行使方式、救济手段等原则相违背。四是需役地"虚化"的公共地役权产生是为公共利益需要,且权利主体是政

---

① 冯令泽南:《自然保护地役权制度构建——以国家公园对集体土地权利限制的需求为视角》,《河北法学》2022 年第 8 期。
② 《民法典》对《物权法》关于地役权的规定更新主要在于将"允许地役权人利用其'土地'"修正为"允许地役权人利用其'不动产'",并未改变对需役地的要求。
③ 参见冉克平《论强制缔约制度》,《政治与法律》2009 年第 11 期。

府、国有企业、公共基础设施运营者等公权力组织属公法规范范畴,但是公法与私法有不同的调整对象与立法目的,我们不能将一个法律部门的认识随意导入其他法律部门,否则将会产生一个坏的法律哲学并造成整体上的混淆。① 为保护民事规范的纯洁性,绝不允许公法规范遁入私法,也不允许《民法典》沦为公法、公权力行使的应声虫。② 最关键的是公法私法结合路径千千万万,并非有且仅有"入典"才是公共地役权最终归宿,我们完全可以通过引致条款、软法硬化等途径解决需役地"虚化"的公共地役权融入《民法典》的目的。

与之相反,可支持需役地"虚化"的公共地役权融入《民法典》或民法体系理由包括以下几点。

一是虽尚未融入民法体系但在其他私法性质单行法规定该制度或者本不具有成文法典也规定了公共地役权制度。例如在美国,《美国统一环境保护地役权法》环境保护地役权来源于传统私权领域,体现了私人财产权的限制与保护向生态保护等公共领域延伸,融入了两大的协商与自治,其设立属于物权处分行为,力求通过权利义务的自主约定来保护生态环境。③ 在学理和实践探索中,也主张公共地役权是私法公法化,是公私法黏着不可分离的产物,有时也被称为公法上的限制物权。"私的土地所有人将其土地提供于国家(或公共团体),允诺其供作公的道路之用同时又保留其所有的权利,可广泛应用于保安林、史迹、名胜、天然纪念物、沿路区域、河川附近等。"④ 因此,需役地"虚化"的公共地役权入典并非个例,而是福利社会发展、重视生态环境保护的立法所趋。

二是需役地"虚化"的公共地役权并非不具有需役地要件,而是履行过程中"需役地"要件的消失,是实践生活的产物而不是理论、逻辑所推演生成的概念,该概念融入民法体系并不会导致概念抵牾、体系混乱。

---

① J. Coleman, *Risks and Wrongs*, Oxford University Press, 2002, p. 222.
② 参见朱金东《民法典编纂背景下公共地役权的立法选择》,《理论学刊》2019 年第 2 期。
③ 参见潘佳《管制性征收还是保护地役权:国家公园立法的制度选择》,《行政法学研究》2021 年第 2 期。
④ 〔日〕美浓部达吉:《公法与私法》,黄冯明译,中国政法大学出版社 2003 年版,第 84~85 页。

三是强制缔约制度并非对缔约自由的根本否定,虽然强制缔约被灌注"强制"因素,但是该"强制"原则上仅对民事主体是否缔约以及选择缔约相对人的限制,而并非对合同的内容进行限制。① 故需役地"虚化"的公共地役权中,供役地人为公共利益只能与政府缔结公共地役权契约,但是在缔结合同过程中,供役地人与国家享有平等的法律地位,就履行期限、补偿费、面积大小、缔结方式与争议解决途径等内容的确定仍需要双方意思表示一致,绝非"命令与服从"的法律关系。

四是"纯净民法""剔除公法要素"等本身就存有局限。因为民法的逻辑前提是经济人假设、政治自由主义,理性人是全智人能择优做出最优选择而无须政府帮助,然而倘若完全私法自治当事人管不好自己的事情,政府对此进行代管就是应该的。② 此外,作为基本法的《民法典》调整对象包括自然人、法人与国家等之间的民事法律关系,既有私法性的规范与制度,也含有大量公法性质的规范与制度。如《民法典》中存在大量涉公共利益的法律条文,包括为公共利益征收征用土地、为维护民族历史保护英雄烈士、从事与人体基因胚胎有关的医学科研活动不得损害公共利益③;又如国家通过经营主体的排他性资源使用权如采矿权、取水权、捕捞权等对资源性公共财产享有国家所有权,通过规定公益性建设用地的划拨使用权与非公益性用地的出让使用权享有城市土地国家所有权,通过机关与事业单位法人的财产权实现行政性公共财产权等。④ 囿于公法与私法的相对独立性的僵化的研究方法会导致民事部门法闭塞,对新问题的产生置若罔闻以致私权至上的民法帝国走向虚无。⑤ 此外,针对转介条款是否能够完全解决需役地"虚化"的公共地役权立法问题,我们认为不能。倘若需役地"虚化"的公共地役权制定主体是公权力机关,这就会导致"既做运动

---

① 参见胡家强、刘巧娟《强制缔约制度新论》,《东岳论丛》2013 年第 12 期。
② 参见徐国栋《民法是私法吗?》,《江苏行政学院学报》2009 年第 3 期。
③ 参见张钦昱《〈民法典〉中的公共利益——兼论与公序良俗的界分》,《暨南学报》(哲学社会科学版) 2021 年第 7 期。
④ 参见张力《国家所有权遁入私法:路径与实质》,《法学研究》2016 年第 4 期。
⑤ 参见侯国跃、刘玖林《不应被"矮化"的绿色原则:以功能论为中心》,载吕忠梅主编《环境资源法论丛》第 11 卷,法律出版社 2019 年版。

员又做裁判员",政府制定规则时难免存在倾向性不利于维护供役地人的利益。而且通过行政法规、行政规章、部门法、行政规范性文件规定涉公共利益的制度,立法层级满足不了社会广大群众的立法需求。同时,需役地"虚化"的公共地役权不仅包括公共利益还包括供役地人的利益,从公法角度进行设立该制度只能满足公共利益保护的需要,但是对于个人利益的维护往往不尽如人意。故需役地"虚化"的公共地役权融入《民法典》业务规定的物权体系有其必要。

(三) 需役地"虚化"的公共地役权如何融入民法制度体系

就公共地役权对民法体系的融入,现代立法有两种模式,包括强制性制度与诱致性制度。"自上而下式"的强制性制度,即依据地役权的设立是为满足人格利益还是公共利益,将地役权划分为私人地役权与公共地役权,并在公共地役权下依据需役地的有无划分为需役地"虚化"的公共地役权与有需役地公共地役权,形成完整的地役权体系。不过鉴于立法的安定性要求,法律必须明确,法律规范、决定需要能够为人们所认同,指导人们有效计划、合理安排自己生活。故有必要将公共地役权纳入《民法典》,但在《民法典》业已颁行,公共地役权概念在法典中阙如,法典在短期内亦不应修订以保障民法稳定性的前提下,则可推进需役地"虚化"的公共地役权"自下而上"诱致性制度。

诱致性制度变迁指的是现行制度安排的变更或替代,或者是新制度安排的创造,它由个人或一群人,在响应获利机会时自发倡导、组织和实行。诱致性制度变迁必须由某种在原有制度安排下无法得到的获利机会引起,其发生必须要有某些来自制度不均衡的获利机会。[①] 需役地"虚化"的公共地役权的设立可以通过法院对案件的审理确认既成的生态环境保护地役权、历史文化古迹保护地役权、公共交通地役权、国家公园保护地役权等存在,判决国家、政府等为了公共利益可以有限利用供役地人不动产,供役地人不得拒绝。

---

① 卢现祥:《我国制度经济学研究中的四大问题》,《中南财经政法大学学报》2002年第1期。

第五章 需役地"虚化"与公共地役权的新建构

除裁判创设新制度外，供役地人与政府、垄断性国有企业、公共基础设施运营者签订不动产使用合同，在该不动产上可以通行、保持水土、保护生态环境等，对经实践证明为错误的实践经验进行剔除，而正确的实践经验可以上升为规范性文件，比如中共中央、国务院《关于进一步加强城市规划建设管理工作的若干意见》，就吸收了公共地役权在我国街区改革中的有益经验，通过国家力量继续实践上升为行政规范性文件、行政规章、行政法规等规范层面，为《民法典》的制度设立、实施提供制度载体，最终纳入《民法典》地役权规范适用的解释范畴。

二 类型序列理论下需役地"虚化"的公共地役权体系

一旦借助抽象、普遍概念与逻辑体系都不足以明白某种生活现象与意义脉络时，我们需要在类型化、效力等级、类型序列理论下讨论某种现象体系。如果类型是制定法规定的，则应当在该制定法中找到整体规则；如果涉及的是制定法之外的契约类型，则应当在该契约中去寻找该整体的规则。[①] 如此，将事实性分类嵌入目的性、价值性因素勾勒出符合物权法定、地役权约定自由的需役地"虚化"的公共地役权渐变脉络的类型序列。

在役权体系中，为物之利益设立役权与为人之利益设立役权的分类标准具有逻辑周延性，以不动产利益、客观利益为一端，旨在使用他人不动产使得自己不动产利益的增值，是地役权；而以满足权利人利益、主观利益为另一端，旨在使用他人的不动产以满足自己的物质与经济需求，为人役权。在地役权与人役权中间模糊地带滋生出"从对物的保护到对人的保护"中间地带如限制人役权、需役地"虚化"的公共地役权等概念。作为兜底范畴，需役地"虚化"的公共地役权的出现利用地役权设立的灵活性、包容性化解了物权法定原则所致的物权体系的封闭性，为新型地役权创新提供穷尽式列举，呈现出制度前瞻性功能。从地役权到人役权之间存在明显的"物质利益——精神利益"满足的价值取向类型序列。结合现代民法中地役权制度变迁特点，包括从私人利益保护向不特定多数人利益保

---

① 参见〔德〕卡尔·拉伦茨《法学方法论》，黄家镇译，商务印书馆2020年版，第586页。

261

护、对需役地利益对需役地人利益的包容、需役地与供役地无须相邻近、需役地要件的逐渐软化等①，形成"狭义地役权（私人地役权）——狭义人役权"的相互之间此消彼长的弹性关系的序列化体系。

地役权人根据《民法典》第372条规定，与他人签订地役权合同时，要求供役地人按照合同约定维持供役地上的设置，要求义务人行使权利不得超过必要限度，利用他人的土地以提升自己不动产的价值，供役地人不得妨碍地役权人行使权利，这是典型地役权。然而土地资源作为最重要的自然资源，为提升土地资源的利用率，国家通过各种手段加强土地资源的使用，鉴于物权法定原则要求物权内容、类型与转让方式都需要按照法律规定，而地役权作为物权规则中最具包容的制度，为公共利益、公众利益遁入物权领域提供了制度支持，即完成了"私人地役权转化为公共地役权"的制度流变。此时就需要对公共地役权类型进行讨论，以探讨公共地役权居于地役权领域，还是纳入人役权？公共地役权的形成流变，衍生出有需役地公共地役权，最典型的是国有土地上之采矿、采砂、取水、通行等役权。

不过地役权发展中对需役地人利益的包容反映在公共地役权领域，则表现为虽存在需役地却逐渐忽视需役地要素，表现为三个方面。一是为满足需役地人利益的公共地役权；二是跨地区、地域、国家的公共地役权的产生，供役地与需役地距离过远；三是需役地范围无法确定，逐渐淡化需役地要素，最终产生纯粹的需役地"虚化"的公共地役权概念，在地役权领域彻底消除需役地要件。如《文物保护法》第2条规定了历史文化古迹保护地役权，对具有历史、艺术、科学价值的历史遗址、古建筑，与革命运动、重大历史事件相关的近现代重要史迹、代表性建筑等集中保护。研究发现，该保护地役权的需役地既不是古迹古建筑附近的不动产，也不是其他地区的不动产，而是为公众利益要求古迹周边的人们保存历史风貌、传统格局，保存历史文化遗产的真实性，故不存在需役地。②

---

① 张鹏、史浩明：《地役权》，中国法制出版社2007年版，第29~40页。
② 参见范忠信、胡荣明《历史文化名城法律保护的立法任务》，《法治研究》2012年第11期。

第五章 需役地"虚化"与公共地役权的新建构

从私人地役权到公共地役权,当事人之间按照意思自治约定地役权内容已转化成为为公共利益的国家利用私人不动产弹性使用权方式,需役地要件大为减弱而为权利人利益要件逐渐显现。此种限制人役权因对他人不动产有限适用与地役权构造类似,因而居于地役权与人役权过渡边界。一旦因不特定多数人利益走向特定主体,对他人不动产的优先利用走向全面利用,就意味着属于纯粹人役权。以居住权为例。依据《民法典》第366条规定,居住权人有权按照合同的约定,对他人的住宅享有占有、使用、全面利用的权利。此外,为保持居住权的专属性质,居住权只能为特定权利人所设立,不得转让、继承,也不得将权利出租。[①] 总之,役权体系下对"地役权与人役权"的结构匹配变化序列可被总结为以下要点。

为提高不动产效益,协商确定权利内容的狭义地役权(私人地役权)——为公共利益,提升不动产效益,对他人的不动产有限利用为需役地公共地役权——需役地要件退化,为公共利益,对他人不动产有限利用,生成需役地"虚化"的公共地役权——为特定人利益,对他人不动产有限利用的限制人役权——为特定人利益,对他人不动产全面利用的狭义人役权(如居住权)。

超越役权体系,为公共利益利用他人的不动产有三种方式。一是征收、征用他人不动产转化为国家所有对其全面支配、自由行使;二是以需役地"虚化"的公共地役权对他人的不动产进行使用,以达到物尽其用的经济效应;三是借助租赁合同取得对他人不动产使用的请求权。从取得所有权的特别方式、用益物权到突破物权规定着落于债权领域。由于权利人对物的支配程度强弱不同,当事人私人意志逐渐增强而国家干预意志逐渐减弱,伴随着对他人不动产控制力、利用成本及对物权利用保障的减弱,但是对不动产的利用效率却在不断增强,最终形成"征收、征用——需役地'虚化'的公共地役权——租赁"渐变序列体系。

这个序列一端是《民法典》第243、245条的征收、征用制度,为公共利益需要运用公权力强行征收、征用集体、组织与个人所有的不动产权

---

① 参见鲁晓明《"居住权"之定位与规则设计》,《中国法学》2019年第3期。

利，消灭私人不动产物权从而对不动产实现排除性、控制性利用。① 而征收、征用作为实现公共利益的"利器"，引发物权消灭与产生同时还受法律限制。② 不过征用适用的场景仅限于抢险、救灾等紧急需要，使用后得归还当事人。而国家机关征收他人不动产需要支付足额的土地补偿款、安置补助费、青苗费等。在不必要改变土地所有权归属却征收他人不动产将造成大量土地资源的闲置、徒增政府财政负担，且公权力机关工作人员工作能力良莠不齐，缺乏对征收、征用复合型、跨领域、专业性认知，可能滋生权力寻租、滥用权力等侵害私主体权利问题。此外，为公共利益征收他人的不动产并建设公益性设施，投入成本高收益回报慢，故独占、排他利用不利于发挥不动产价值。因此，征收绝非最优的取得、利用他人不动产的方式。

关于需役地"虚化"的公共地役权，在该制度下政府只需对因不动产使用导致供役地利益的丧失提供经济补偿，对供役地上种植了农作物、经济作物、修建房屋等地上附着物支付地上附着物补偿费、青苗补助费、土地补偿款等，但无须向供役地人提供安置补偿费，因为需役地"虚化"的公共地役权本质并非排他性使用他人不动产，也不会影响供役地人基本生活，而对于那些不存在地上附着物的供役地，只需对供役地人支付土地补偿款，大大降低了土地补偿成本，符合比例原则中最低限度要求。

在此序列另一端是租赁合同，双方协商确定租赁物、租金数额、租赁期限等提升当事人意思自治能力，定期交付租金以降低交易成本。不过该"合同+占有使用"租赁模式在因公共利益政府等公权力组织租赁私人的不动产有以下不足。一是政府与不动产权利人签订不动产租赁合同，权利人将不动产交给政府使用、收益，政府定期给付租金，虽然理论上政府从事民事活动与自然人平等地享有权利义务关系，现实却很难得以实现，处理不当甚至会引发行政主体与行政相对人的矛盾。二是租赁合同缔约过程中，当事人可以自由选择是否订立合同、与谁订立租赁合同、确定租赁期

---

① 吴光荣：《征收制度在我国的异化与回归》，《法学研究》2011年第3期。
② 赵自轩：《公共地役权在我国街区制改革中的运用及其实现路径探究》，《政治与法律》2016年第8期。

第五章　需役地"虚化"与公共地役权的新建构

限、租金数额、如何实现租赁合同方式等，不受他人或者国家的干预，然而为了公共利益保护历史古迹保护、生态环境、维护公共交通通行等，此类合同订立时会一定程度地限制当事人的缔约自由。三是为公共利益需要使用他人不动产是长期、连续性使用，而租赁权是短期的、非连续性使用，租赁权的实现不能满足政府对该不动产使用期限的预期，作为相对性权利，买卖不破租赁等特殊规则也不足以赋予政府对抗第三人全面效力。[①]因此，在这个序列体系下，租赁关系占有保护为弱保护，占有制度对承租人的保护也是极其有限的。所以在役权范围之外，需役地"虚化"的公共地役权是因公共利益、有限利用他人不动产的最优选择，对实现不动产价值最为科学。

最后要提及的是，借助《民法典》绿色原则，也可实现推动需役地"虚化"的公共地役权的体系融入。以公法属性较强的环境保护地役权为例。在奉行物权法定原则的物权法调整背景下，对尚缺乏法律上命名的"环境保护地役权"，可依"绿色原则"之机[②]——"'绿色原则'的确立为先行在国家公园立法中确立保护地役权制度，进而通过'绿色原则'的衔接，使得相关权利义务关系受到'物权化'保护提供了制度空间，为解决试点中保护地役权法律关系稳定性不足的困境提供了化解的可能"[③]，可有条件地参照或类推适用物权法上的地役权规范内容，从而纳入（同时也扩充）传统地役权范畴[④]，这将直接决定未来环境保护地役权的制度建构与发展方向，进而影响我国自然保护地管理体制的完善进程等问题，需要系统解析与澄清。不过具体权利义务内容还需以行政法规、规章进行规定，其间通过引致条款连接公法与私法，正如《法国民法典》第650条关于公共地役权原则性规定，但行政役权的设立方式、程序要件、权利义务等内容需要借助行政法令。

---

① 参见鲁晓明《"居住权"之定位与规则设计》，《中国法学》2019年第3期。
② 《民法典》第9条规定："民事主体从事民事活动，应当有利于节约资源、保护生态环境。"
③ 李敏等：《重塑国家公园集体土地权利结构体系》，《西南民族大学学报》（人文社会科学版）2020年第12期。
④ 秦天宝：《论国家公园国有土地占主体地位的实现路径——以地役权为核心的考察》，《现代法学》2019年第3期。

第三节 需役地"虚化"在环境保护地役权建构中的典型体现

需役地"虚化"的公共地役权现象中分布广泛。尤其是在环境保护地役权的制度场景中，需役地"虚化"能够充分体现公共地役权协调公共利益与私人利益，有限利用等特征能够降低其他制度运行成本，缓解公权力机关与私人之间的利益冲突的公私法协同意义，从而具有制度代表性与典型性。

面对需役地的内涵和功能新的变化，探索如何将需役地"虚化"的公共地役权融入民法体系，并为其提供伦理解释和实现路径是必然要求。需役地"虚化"是实践生活的产物，此概念融入民法体系不会导致概念、逻辑矛盾。从实践来看，将需役地"虚化"的公共地役权融入民法体系不仅没有破坏意思自治原则，还能克服经济人非理性带来的困境，已成为立法趋势。在实现路径上，我们可以在强制性制度变迁的同时推进诱致性制度变迁，如通过司法裁判的"规范"生成效力。需役地"虚化"的公共地役权在环境保护地役权的制度场景中尤其突出，该场景中需役地的"虚化"充分体现了公共地役权协调公共与私人利益、降低制度运行成本、缓解公权力机关与私人之间利益冲突的公私法协同作用，具有研讨典型性。

一 环境保护地役权中的需役地存在方式疑问

（一）环境保护地役权的概念及发展

环境保护地役权又被简称为保护地役权或环境地役权，主要是指为保护环境需要、实现环境利益追求而设立的地役权。权利人（主要指政府、环保部门及机构等）享有为保护环境，以订立合同方式设立的限制供役地人使用供役地上自然资源或要求供役地人保持、维护供役地自然资源的权利。环境保护地役权包含林地地役权、草地地役权、矿产地役权等具体类型。

环境保护地役权最早源于美国风景役权。早在19世纪美国就已有在波士顿公园道创设地役权保护自然景观的做法。1928年美国《联邦土地权利法》就允许国家首都公园和规划委员会以权利手段保护公园价值免受不当

第五章 需役地"虚化"与公共地役权的新建构

行为损害。可以说，风景地役权诞生于美国建立国家公园的实践。因为保护、利用公园道沿线景观需要，州政府不得不考虑购买沿线土地的所有权，但土地价格实在高昂，故需考虑以其他方式达到此目标。因地役权之功能足以满足环境保护之需要，还有相当可自由协商的余地，许多州政府就选择在公园道附近设置地役权，方便游客观赏沿途景观。当时的风景地役权主要是用以开放供役地之方便使用权，例如铺设道路、建造基础设施等，限制供役地权利人对供役地进行大型改造，例如禁止结构改造、禁止耕作物改变、禁止新建建筑物等。1959 年，威廉怀特（William H. Whyte）提出通过地役权制度来保护森林、野生动物生活地、农地等开放空间，并提出了环境保护地役权的概念。[1] 自此，风景地役权开始从野外向城镇扩张，开始了保护地役权环境综合治理的新道路，开始用于古迹、文化遗产、动物生活地及农地的保护。

受美国风景地役权与保护地役权之启发，英国、加拿大、澳大利亚、法国等国家开始在立法中探索环境保护地役权之制度可能性。值得注意的是，这些国家通常采用单独的地役权立法或者在环境保护法中设置保护地役权制度的立法模式。例如，加拿大新斯科舍省 2012 年的《保护地役权法》就明确规定了保护地役权，指出保护地役权是指是为了保护、恢复生物多样性，在受威胁或濒危动植物种的栖息地、具有特殊地质、植物、动物特征地域、风景区域或代表地域性特征区域中，土地所有权人与符合条件的机构通过协议设立的，旨在授予地役权人在土地上享有一定的以保护为目的的权利，而供役地方需要为保护环境的积极或消极之义务，且若没有需役地，保护地役权亦具有效力。再如，法国《2016 年 8 月 8 日第 2016—1087 号法律，关于恢复生物多样性、自然和景观》（Loi n° 2016—1087 du 8 août 2016 pour la reconquête de la biodiversité, de la nature et des paysages）[2] 规定，主要以维持、保护、管理或修复生物多样性或环境为目

---

[1] William H. Whyte, *Securing Open Space for Urban America: Conservation Easements*, Urban Land Institute, 1959, p. 8.
[2] 《法国环境法典》，莫非译，https://www.wipo.int/wipolex/zh/legislation/details/16565，最后访问时间：2024 年 11 月 29 日。

的，不动产所有权人可与为保护环境的组织、公共机构或私法人签订协议，使不动产所有权人或者后续所有权人对不动产负有保护、增益的对物义务。①

(二) 我国环境保护地役权的探索与需役地存在方式疑问

我国目前对于国家公园的重视与建设为环境地役权制度的本土发展和落实提供了实践探索空间。自 1956 年我国建立第一个国家级自然保护区广东鼎湖山国家级自然保护区至今，我国已经完成了较为完整的自然保护区、风景名胜区、森林公园、地质保护区等多种类型保护区共同保护的自然保护地建设、保护的政策体系。自党的十八大以来，习近平总书记高度重视生态文明建设，将国家公园作为推动自然保护地建设的主体。2013 年《关于全面深化改革若干重大问题的决定》，首次提出建立国家公园体制。2015 年《关于印发建立国家公园体制试点方案的通知》提出要着手解决自然保护地交叉重叠和碎片化的问题。2015 年中共中央、国务院印发的《生态文明体制改革总体方案》明确提出，"加强对国家公园试点的指导，在试点基础上研究制定建立国家公园体制总体方案，构建保护珍稀野生动植物的长效机制"。2017 年，党的十九大再次强调"建立以国家公园为主体的自然保护地体系"。2019 年 1 月中共中央办公厅、国务院办公厅印发了《关于建立以国家公园为主体的自然保护地体系的指导意见》，就构建科学合理的自然保护地体系、建立统一规范高效的管理体制等方面提出了具体的工作要求。2021 年 10 月，我国正式设立了三江源、大熊猫、东北虎豹、海南热带雨林、武夷山 5 个国家第一批国家公园。此外，我国还有 5 个试点中的国家公园，分别是祁连山、普达措、神农架、钱江源、南山国家公园。

在建设国家公园的过程中，为解决集体土地占比高、公共利益与私人利益平衡、建设与保护难并行等问题，政府开始探索环境保护地役权制度的可为空间。例如，在钱江源国家森林建设过程中，政府和当地集体就充分利用地役权制度推动了环境保护与私人利益保护的共进。2018 年 3 月 19

---

① 《法国环境法典》，莫菲等译，法律出版社 2018 年版，第 79 页。

日，开化县人民政府和钱江源国家公园管委会印发《钱江源国家公园集体林地地役权改革实施方案》，对工作流程和示范文本进行了明确。这也促成了钱江源国家公园管理局与行政村签订《钱江源国家公园集体林地地役权设定合同》。在钱江源国家公园保护地役权中，地役权人为钱江源国家公园管委会，供役地人为国家公园范围内的村委会，供役地是被列入国家公园保护区范围内的森林、林木和林地，而没有明确需役地。此后，亦有武夷山国家公园管理局印发《关于开展武夷山国家公园毛竹林地役权的通知》和《武夷山国家公园毛竹林地役权管理实施方案》，利用地役权制度解决国家公园建设中的用地权益问题。

我国环境保护工程具有长久性，在法治语境下，为公共利益服务的、以政府机构为权利主体的环境保护地役权既以地役权之名用于施行建设，那么在民法解释论上，也必须找到环境保护地役权中的要件制度归依。从目前的实践来看，国家公园建设过程中的环境保护地役权制度具有较强的"需役地"淡化特征。这些有益探索为《民法典》地役权制度提出了新的难题，如何在理论上处理公共利益需要和需役地要件的关系，而在物权法定原则下，环境保护地役权中的需役地的存在形态为何？

二 环境保护地役权中需役地"虚化"与民法体系的兼容解释

在自然保护地上设立环境保护地役权，是我国当前为建立自然保护地土地与环境资源统一管理制度的重要探索。保护地役权制度不仅可以兼顾对广泛复杂的环境范畴进行统一管理的效率性要求，与支持供役地上原有居民等社区主体参与管理过程、提起负担补偿与获益分享的公平性要求，更可以在实现相对土地征收更为低廉的管理成本的同时赢得社区民众对管理措施友善合作的氛围支持。[①]

同样地，关于环境保护地役权能否适用民法上地役权规范调整的最大争点，在于其法权构造中需役地的"有无"。如前所述，"需役地"在作为

---

① 苏红巧等：《基于保护地役权制度的自然保护地"人、地约束"破解方案研究》，《自然保护地》2021年第1期。

参照系的民法地役权规范中确实发挥着支持地役权构建、维持其私权属性的关键作用，但随着社会发展，基于清晰物理地块（或不动产）相邻关系事实的需役地-供役地关系正在发生变化，需役地的实体性也在发生弱化。尤其是"物权法的社会化已为环境生态价值的承认建立了通道，并且在物权社会化过程中，也出现了一些客观上有利于环境保护的制度"。[①] 于是需要讨论的是，环境法学语境下"需役地"的"最可能存在方式"能够在多大程度上兼容于民法上地役权规范的"需役地"，从而就能在多大程度上可援引民法规范调整。

（一）基于"生态物"整体观的自然保护"需役地"

不同于传统民法学中对物权所支配客体的特定与限定性要求，当代环境资源保护法学力求从全局、长远考虑以保障人类赖以生息的"环境"范畴，形成诸如"生态物"的概念，即"作为生态型物的自然环境，具有整体性与自我调节"，"它的各个组成部分构成一个完整的系统，任何人不能独占，也不能进行排他性消费"。[②] 由此构建了生态物"整体"，与其中所蕴含的各种组成部分（成分）、可分出物[③]、"地块"[④] 之间的总分套叠关系。分别以相对抽象的环境整体与其具体组成部分的"物"为客体，形成具有明确生态环保目的的总分套叠物权构造强化了技术可能，并为"公共地役权"在传统地役权要件标准衡量下所"缺失"的需役地的证成开拓了变通进路。"就国家公园内的保护地役权而言，需役地客体是一种形式上虚化的公众土地权利，即建设全民共享、永续发展的国家公园，以满足不特定多数人维护环境公共利益的需要。根据地役权客体从'土地'发展至'不动产'的趋势，从平面二维扩展到立体三维空间，当国家公园作为需

---

① 吕忠梅：《沟通与协调之途：公民环境权的民法保护》，法律出版社2021年版，第174页。
② 吕忠梅：《沟通与协调之途：公民环境权的民法保护》，法律出版社2021年版，第173页。
③ 关于自然资源的"分出物"及其在民法上的物权客体意义，可参见张力《自然资源分出物的自由原始取得》，《法学研究》2019年第6期。
④ 比较法上不乏"土地"（整体）与"地块"的总分区分表达。例如《俄罗斯联邦土地法典》第12条动情地、拟人化地将俄罗斯土地代指以"她"："保护俄罗斯联邦的土地，她是生活在该土地上的各族人民的生存和活动的基础。"足见土地"整体"与"母体"意蕴。而在物权法上作为具体支配对象的地块，则代之以"它"。

役地时，所需的立体空间是生态系统结构所占据的物理空间、代谢所依赖的区域腹地空间及功能所涉及的多维关系空间的总和。"[①] 特定国家公园、自然保护区等专门保护地的设立目的明确了相关领域生态与环境保护意义上的"需役利益"，而自然保护的空间划定，则明确了需要实现相关"需役利益"的空间范围，从而完成了"需役地"的证成。与此同时，"需役地"范围内的各个组成部分则会引起个别功能承担实现整体环境保护目的负担与限制，而成为"供役地"。当这些承担了供役负担的地块或组成部分的所有权为他人取得时，新所有权人也就一并取得了地块（或不动产）上的供役负担，从而成为环境保护地役权的供役人。由于环境母体的生态与环保价值具有相对具体地块与不动产组成部分的现实经济与社会用途的源泉性、长远性，故即使自然保护地母体的所有地块与不动产组成部分都分属不同的私权主体，也不会因此消灭保护地整体的生态与环保需役利益的正当性与客观性，从而形成无须私法上所有权支撑的"需役地"存在，以及对各所有权人所有的组成地块与不动产的环境保护地役权支配力。

环境与资源保护法学界新近所提出的，基于环境保护价值整体观与环境构成元素社会实用性之间总分关联的需役地与供役地关系论，不仅较好地解决了在不能实现需役地与供役地相互空间独立排他的前提下，如何实现地役权的逻辑证成与制度建构问题，也显示了与民法上"自己地役权"等制度新发展的相向而行的法治协同趋势。但尚不能由此证成：环境保护地役权当然可以纳入民法地役权或用益物权范畴，获得民法规范的调整。正如《法国民法典》[②] 第650条所规定的："为公共的或地方的便宜而设立的役权，得以沿通航河川的通道，公共或地方道路的建筑或修缮，以及公共或地方其他工事的建筑或修缮为客体。一切有关此种役权的事项，由特别法令规定之。"民法典在此对"公共地役权"的罗列并非赋予其民事权利地位，而恰恰是要提醒仔细考虑这"似是而非"的概念类型"遁入"私法的可能风险，从而排除其一般性适用民法典规范的可能。同时，要求以

[①] 秦天宝：《论国家公园国有土地占主体地位的实现路径——以地役权为核心的考察》，《现代法学》2019年第3期。
[②] 《拿破仑民法典（法国民法典）》，李浩培等译，商务印书馆1979年版，第86页。

"特别法"专门调整,意图通过特别法专门考量与把握公共地役权规范涉及的公、私法规范分工与协同方案。①

(二) 环境保护地役权中的"需役地"对我国民法典的兼容性

由于我国民法典尚未规定公共地役权类型及其接受特别法调整的准据法指引,也未规定"自己地役权"的名目、设立条件与程序,不能得出环境保护地役权(或公共地役权)可自动兼容于法典物权编所规定的地役权制度体系的结论。但同样也并不能就此否认,自然保护地役权获得我国民法典中地役权相关规范调整的可能性。这种可能性,首先来源于我国民法典新增的环境保护性基本原则——第9条即"绿色原则"。② 在环境与资源保护法学界看来,这使环境保护地役权可作为一种能自洽于中国民法物权体系的"环境物权"存在的可能性大大提高了。③ "地役权作为用益物权制度中与环境保护关系最为密切的用益物权类型,自'绿色原则'被纳入《民法总则》之始,就成为学界重点关注的'绿色化'对象……'绿色原则'的确立为先行在国家公园立法中确立保护地役权制度,进而通过'绿色原则'的衔接,使得相关权利义务关系受到'物权化'保护提供了制度空间,为解决试点中保护地役权法律关系稳定性不足的困境提供了化解的可能。"④ 不过"仅有环境资源法的实施是不够的,还必须有环境法与民法的协调与沟通;也必须有物权法对环境资源的生态价值的承认"。⑤ 易言之,基于"绿色原则"推动环境保护地役权对民法典物权体系的兼容性证成,并不能囿于地役权传统架构现代包容可能性讨论。"需役地"对传统地役权的构造功能,将因为环

---

① 也有学者认为,法国的"行政役权"立法实质上采取了民—行政衔接的模式。以民法规定为原则和指引,将民法体系中的役权制度引至行政法领域,通过具体的行政法令创设权利并细化规范,使公法调整手段得以进入私法领域,给在私人土地上负担公共义务提供了新的制度可能。参见冯令泽南《自然保护地役权制度构建——以国家公园对集体土地权利限制的需求为视角》,《河北法学》2022年第8期。

② 《民法典》第9条规定:"民事主体从事民事活动,应当有利于节约资源、保护生态环境。"

③ 关于"环境物权"对民法物权体系的兼容性,可参见吕忠梅《沟通与协调之途:公民环境权的民法保护》,法律出版社2021年版,第172页。

④ 李敏等:《重塑国家公园集体土地权利结构体系》,《西南民族大学学报》(人文社会科学版)2020年第12期。

⑤ 吕忠梅:《沟通与协调之途:公民环境权的民法保护》,法律出版社2021年版,第174页。

境保护需役地的整体、价值的改变而相应发生何种变化,这种变化在何种程度上能够维持"地役权"作为一项我国民法典之"民事权利"性质的底线,从而可能将环境保护地役权也看作是一种物权,都是值得思考的问题。

自然保护需役地的生态价值化与抽象化,可能削弱通过需役地空间与用途具体界定而对供役地低强度支配力的量化维持机制。这是因为需役地的特定空间范畴及其所承载的生产生活经济价值的可量化,是量化需役利益内容,进而量化与限定供役负担的前提。但"自然保护需役地"的存在方式是特定地域中生态与环境保护"整体与长远价值",此种价值本身具有抽象性、开放性与发展性,不仅难以核算经济价值,同时"任何人不能独占,也不能进行排他性消费"。当这样的需役地在面对那些组成地块或不动产上的确切用途与经济价值提出旨在满足自身需役利益时,将引起需役增益部分的不确定,而难以确定供役负担的内容与限度。① 或者说,供役地的供役负担面临随时间与情势发展而不断变化的需役利益不断变化与扩展的要求,而难以满足地役权制度对供役负担的稳定、消极与低强度要求,并可能演变为对供役地上权利的变相征收。

进一步地,自然保护需役地的生态价值化与抽象化,还可能导致环境保护地役权设立与补偿中的"协商"机制弱化。"需役利益"本身的扩张性、包容性,导致作为地役权协议的必要条款的供役负担的内涵、强度与补偿额度等弹性过大,而难以通过自由协商锁定。同时,环境保护"需役利益"本身的获益主体与维权主体的分化性,即环境保护价值的获益主体是生息于环境空间范围内的全部此代人以及可预期的后代人等"公共主体"。而其代表者则因公权力体系中环境保护职能部门分工而可能多元、多层化,这些均导致作为供役人谈判对象的需役人的不确定性增加,更削弱了地役权设定与补偿协商的主体平等与意思自由等私法基本要素参与,

---

① 自然保护地整体环保价值,需要其中各资源类型产权主体的支配配合(限制与放弃),并由整体价值维护者给予配合者以公平补偿。故而其需役地其实就是自然保护地上的自然保护价值整体,是需役地的生态价值化表现;而供役地则是自然保护地地块权利的经济价值的表现,故体现的是生态价值与经济价值的相互平衡,是整体与部分的关系,这天然不具有基于经济价值与经济价值的可互换性而形成的价值量化便利条件。

民法典背景下公共地役权的制度建构与体系融入

从而削弱了环境保护地役权的"私权"（物权）属性。

那么，"绿色原则"对于环境保护地役权在民法典中兼容可能性的解释证成，也应当从环境保护"需役地"特殊性造成其传统地役权构造与协商机制障碍的克服展开。该原则所要求的"民事主体从事民事活动，应当有利于节约资源、保护生态环境"，在环境保护地役权设立场合，可推导出供役地权利人在行使供役地物权的民事活动中，应当履行包括来自环境保护地役权要求的，对供役地所属于的环境母体的生态"资源"与"环境"的保护义务暨供役负担。从而使环境保护地役权的需役—供役地的总分关系架构可以兼容于由《民法典》第9条所创设的，环境保护的民法上法权制度体系。进一步地，绿色原则关于民事活动中的环保义务具有单向性，即它并没有附带协商与补偿条件的明示。这就使因环境保护"需役利益"的扩张性、长远性、抽象性所造成的供役负担难以确定，供役补偿协商障碍也难以获得某种可兼容于民法上技术的解决方案。即为环境保护地役权的设立与补偿协商机制寻求与意思自由要素低显示度相适应的"合同制度架构"，这可以包括供役地权利人为履行环保义务，而与环境保护需役利益的代表者签订地役权合同的"缔约义务"，以及由环境保护需役利益的代表者拟定的，关于特定需役利益的内容、类型，及其所要求的特定供役负担的内容与类型以及相关补偿标准的格式合同条款。做到这些的前提，首先，是需役地范围确定，即关于"自然保护地"设立及划界的公法上决定与行为的完成[①]；其次，关于需役地的生态保护价值范畴与类型的大体厘定，这同样需要公法上关于自然保护地所承载自然保护价值清晰全面且富于前瞻性的具体呈现；再次，关于需役地上需要满足生态价值的具体代表者的确定，究竟是确立需役地范围内笼统生态利益的唯一代表者（如地方政府、国家公园管理者等），还是根据不同的生态价值（如植被、水域、地质等）而分别确立不同的专门代表者，也应当为公法行为所确定；最后，根据需役地上的需役利益性质总体要求，以及根据需役地与其

---

① 《国家公园管理暂行办法》第10条规定："国家公园管理机构应当配合不动产登记机构将国家公园作为独立自然资源登记单元，依法依规对国家公园内的自然资源进行统一确权登记。"

范围内各供役地块（或不动产组成部分）之间的特定供-需役利益关系，分别确定供役负担的内容、强度、期限，明确对各供役地上物权的具体限制内容，从而确立个性化的补偿方案。

环境保护地役权的需役地"虚化"，导致与供役地的拼接临近意义的需役地块实体范畴的消失，却可在行政划定的"自然保护地"辖区整体范畴上，以环境生态保护整体价值的形式重聚，并可借助行政手段明确供役负担内容、强度与补偿额度等关键条款，明确地役权设立与补偿合同的协商对象，从而可以使环境保护地役权架构与设立过程可以进入民法上强制缔约与格式合同的制度规制范围。由此通过公法手段辅助下的民法技术再造，可望实现环境保护地役权对民法上传统地役权制度的兼容可能。从而在环境保护准征收等纯粹公法手段以外，形成一种对自然保护地辖区范围内各地块与资源要素（供役地）财产权利中生产经营与生活价值的私法上制衡手段的制度供给。

三 我国环境保护地役权的"需役地—供役地"组合类型

我国土地权属的国家所有与农村集体所有二元体制，以及在两种归属土地上旨在落实土地利用的各类用益物权，造就了我国特有的自然保护地内部地块复杂权属组合的跨区特征。即它极少会以最"理想"的一元国家所有状态出现，而体现为国家所有地块与集体所有地块的拼接状态，甚至在自然保护地被公法决定设立之时，可能主要坐落于集体所有地之上。[①]那么要实现自然保护地"统一管理"，就必然要求在不同权属组合状态下为分别实现自然保护地统一管理而匹配的权利模式安排。也就是《国家公园保护管理暂行办法》第 19 条所规定的"国家公园管理机构应当按照依法、自愿、有偿的原则，探索通过租赁、合作、设立保护地役权等方式对国家公园内集体所有土地及其附属资源实施管理，在确保维护产权人权益

[①] 我国现有各国家公园体制试点区内国有土地与集体土地各自占比各不相同：在神农架、三江源、普达措国家公园国有土地占比达到 85.8%、100%和 78.1%。在钱江源、武夷山国家公园集体土地占比处于优势地位，分别达到 79.6%和 71.3%。参见秦天宝《论国家公园国有土地占主体地位的实现路径——以地役权为核心的考察》，《现代法学》2019 年第 3 期。

前提下，探索通过赎买、置换等方式将集体所有商品林或其他集体资产转为全民所有自然资源资产，实现统一保护"。但上条并未澄清，在集体土地上设立保护地役权，与将集体资产转为全民所有的相互制度边界与适用条件。由此也就无法确定，这里的保护地役权在多大程度能够兼容民法典中的传统地役权制度。

（一）相互毗邻的"需役地—供役地"关系

一般认为，当国家公园等自然保护地范畴全部位于国有土地（含水域）时，国家所有权本身的支配权能即可实现自然保护地的统一管理，而根本无须借助地役权制度帮助。自然保护地划定范围跨越与包含国有与集体所有地域（或水域）时，而通过征收（或置换、赎买等）集体所有土地而实现自然保护地国有化或提高国有领域占比的经济与社会成本太大、牺牲私权太甚时[1]，才应考虑低成本方案，即在集体地域上设立保护地役权。于是国有土地自然成为需役地，而毗邻的农村集体土地则成为供役地。但这种毗邻性需役地—供役地的关系认定并不符合自然保护地役权实现自然保护地整体生态环保价值的制度功能需要。

设立自然保护供役地并非仅为了提升相邻地域的环保价值，而是为了提升包括相邻或不相邻的地块，也包括其自身地块在内所构成的自然保护地规划地域范围的整体环保价值。"限制集体土地是为了契合国家公园建设的整体需求和生态环境保护的总体规划，不是为了满足某一块特定土地的利益。"[2] 即自然保护地役权中的土地增益，并非简单呈现供役地环保负担向相邻需役地环保需求的单向度。整体环保价值视角下，生态环保价值的增益来源与归宿可呈现分布式、交互式网络局面：自然保护地的任何组成部分的支配方式与强度改变，都可对保护地领域内的任何其他部分环保价值的实现产生正或反的影响，从而构成环保价值损益。不仅集体所有地

---

[1] 实践证明，"一刀切"地征收、租赁流转或生态移民，加重了政府财政负担、剥夺了原有居民的土地使用权和收益权，往往带来生态移民和产业转移方面的种种严重后续问题。参见苏红巧等《基于保护地役权制度的自然保护地"人、地约束"破解方案研究》，《自然保护地》2021年第1期。

[2] 冯令泽南：《自然保护地役权制度构建——以国家公园对集体土地权利限制的需求为视角》，《河北法学》2022年第8期。

块可能形成对相邻或不相邻国有地块的环保价值增益,不同集体所有地块相互之间,乃至国有地块对集体所有地块也会存在服务于总体环保价值的供役增益。

在自然保护地范围内,简单与单向的国有需役地—集体所有供役地关系暨相应传统地役权制度构建,难以实现自然保护地整体环保价值的"统一管理"意旨,而只适合用于非实现整体环保价值的、局部与具体的土地或不动产用途增益目的的实现。这往往体现为实现特定乡村旅游条件便利、基础设施用途完善与增益等具体目的的乡村地役权。实践中,这种地役权模式探索较为适合建立旅游经营需役地(经营者)与旅游资源供役地(原有居民)之间的旅游资源增益补偿与经营价值社区公平分享问题。① 这里的需役地与供役地往往相邻并存于乡村集体所有地域内。与需役利益主体之间发生需役地—供役地关系的供役地"权利"主体也并非农村集体,而是对集体所有土地形成承包经营权、宅基地使用权甚至是租赁权等利用性权利的主体。② 这里的需役利益增益暨供役负担往往也包含供役人根据地役权合同所约定的,保护乡村旅游规划区自然环境完好有序的生态价值内容。但这并不能使该地役权构造发挥环境保护地役权的制度功能。这是因为包括乡村旅游供役地与需役地全域的旅游规划区都需要依法履行生态与环境保护义务,尤其是当该旅游规划区全部或部分位于自然保护地内(主要是自然保护地的"一般控制区")时,乡村旅游地役权之类制度构造本身无法解决各供役地块之间(需役地块也要承担针对供役地块),以及供、需役各地共同针对生态环境母体的环境服役负担的量化具化问题。故而,为实现自然保护地环保价值统一管理之目的,还需要在基于相互毗邻的"需役地—供役地"关系而实现具体用途增益目的的乡村地役权模式

---

① 参见王维艳《乡村旅游地的空间再生产权能及其空间正义实现路径——地役权视角下的多案例透析》,《人文地理》2018 年第 5 期。
② 在我国"三权"分置条件下,自然保护地役权的客体还包括将更为直接影响受益人利用之实现的各种用益物权,包括各类国有建设用地使用权、国有农用地承包经营权、农村集体建设用地使用权、农村集体土地承包经营权、农村宅基地使用权。在未来农村土地"三权"分置制度改革完成之后,自然保护地役权的客体还将包括农村承包地的承包权与经营权、农村宅基地的资格权与使用权等新型权利。

之上，面向自然保护地整体环保价值保护而形成更为综括性的"需役地—供役地"关系建构。

（二）总分套叠的"需役地—供役地"关系

无论自然保护地领域内国有与集体所有地域相互比例多少，需役地的范围都应当是自然保护地划定领域的全部。具体需役地块上的生态环境保护增益需要及其需要被何种供役负担满足，并不取决于所在地块是归国家所有还是集体所有，而取决于该地块被规划为"核心保护区"或"一般控制区"时所遵循的该地域环保价值的宽严轻重区分。根据我国《国家公园管理暂行办法》（以下简称《办法》），国家公园范围内自然生态系统保存完整、代表性强，核心资源集中分布，或者生态脆弱需要休养生息的区域被划为核心保护区，核心保护区以外的区域划为一般控制区（《办法》第16条）。

1. 自然保护地核心保护区内

《办法》对核心保护区与一般控制区内的"活动"类型允许或禁止进行了系统规定，核心区在"禁止人为活动"的原则基础上，又授权可进行防灾救援、生态修复、国防营建，以及暂时不能搬迁的原有居民原有规模范围内的生产生活等（第17条）。这里能够形成对所在地块稳定支配的仅为原有居民生产生活，故也仅在此范围上可发生物权（及非物权型稳定支配），而形成自然保护"供役地"，成为自然保护地核心区整体暨自然保护需役地的增益来源地。无论原有居民是位于国有土地还是农村集体所有土地上，[①] 均可成为自然保护地役权的供役义务人。《办法》对"原住居民"的"主体"构造并未解析，理应涵盖原有居民的自然生息状态——人户，以及其基层组织状态——村集体经济组织等，故自然保护供役地也应在原有居民的承包地、宅基地，以及由上述地块构成的当地村集体所有地块（还包含了不由原有居民单独支配的农村集体所有的公用设施用地及荒地等公地）两个层面。于是自然保护地役权的主体，包括自然保护地整体环保价值的代表者（自然保护地管理者）与当地村集体，以及与村集体中的

[①] 自然保护地国有领域中的"非国有"原有居民主要是诸如国有林场、操场等土地上的"承包权"主体等。

原有居民，且二者不应互相替代。

形成的自然保护地役权的法律手段究竟是行政主导（准征收）还是民事手段（协商），应视原有居民相关种植、放牧、采集、捕捞、养殖等生产生活规模与持续性而定。当原有居民规模较大，生产业态丰富、产出经济价值较大，短期内难以通过土地征收、生态移民等方式实现原有居民迁出的，更应考虑首先采用逐户协商方式，即针对每一户原有居民供役地上生产生活的具体情况，分别形成环境保护地役权设立与补偿方案。供役负担的约款中应明确纳入原有居民生产生活"不得扩大规模"内容，同时明确原有居民及村集体不得于供役地范围外的自然保护地核心区其他范围内开展其生产生活。原有居民所在村集体可以经原有居民授权代表其参加与保护地管理者就供役负担内容与供役补偿的协商[1]，同时作为原有居民个别利益以外村集体其他土地利益、共同利益的代表者与保护地管理者展开负担内容与补偿额度协商。而准征收之行政手段，应是用于原有居民或村集体不履行环境保护地役权设立与补偿的协商义务、严重违反供役义务（尤其是不得扩大生产生活规模义务）时的校正性第二位手段[2]，或者是有迫切需要尽快完成原有居民由自然保护地迁出之时的效率性手段。

2. 自然保护地一般控制区内

根据《办法》第 18 条，在自然保护地核心保护区以外的一般控制区内原则上"禁止开发性、生产性建设活动"。但国家公园作为典型的自然资源"公物"，显然具有承载自然生态系统保护、提供国民游憩、提升社区居民生活水平以及科研和自然文化教育等多种复合型公益性功能的特征，[3] 故《办法》第 18 条又规定，"在确保生态功能不造成破坏的情况

---

[1] 例如钱江源国家公园管理局与当地村之间签订地役权委托协议，将集体林地交由钱江源国家公园管理局统一管理，管理局给予林农 48.2 元/亩·年的地役权生态补偿资金，实现占比 80.7% 的集体林地的统一管理，公园内原有居民每年可增收近 2000 万元。参见徐文俊《衢州加快改革步伐激发林业经济动能》，《浙江林业》2021 年第 5 期。

[2] 即所谓"如果有收益，法律就要促成收益为正的交易，即设定地役权；如果交易出现障碍，法律有权介入，通过强制手段加以实现，这是以社会福利最大化为价值目标的"。参见王维艳《社区参与旅游发展制度增权二元分野比较研究》，《旅游学刊》2018 年第 8 期。

[3] 钟林生、肖练练：《中国国家公园体制试点建设路径选择与研究议题》，《资源科学》2017 年第 1 期。

下"，公园管理机构可以开展或者允许开展"有限人为活动"。这些"有限人为活动"中可能形成对所在地块的稳定支配（权），从而可将所在地块变为自然保护供役地的，除了在核心区中即被允许的原有居民原有强度与范围的生产生活外，还包括资源勘探、标本采集类活动（可能形成对所在地块的勘探权），不破坏生态功能的生态旅游和相关的必要公共设施建设（可能形成对所在地块的建设用地使用权、租赁权甚至是乡村旅游地役权），必要的"线性基础设施建设、防洪和供水设施建设与运行维护"（可能形成对所在地块的建设用地土地使用权甚至是设施建设地役权）。由此，一般管控区整体暨该部分自然保护需役地，将与上述各类供役地主体就各自为实现整体生态环境价值而需要进行的用途与支配范围、强度调整进行协商，明确具体增益—负担配置方案。

  由于相比核心区，一般控制区更强调"兼顾资源保护和社区发展，实现自然保护地范围内的人与自然和谐共生"[①]，故一般控制区内的环境保护地役权制度架构，更应考虑优先引入充分估计供役地权利人个性化义务设计与补偿议定的协商机制。除对原有居民及村集体继续实行两级供役地权利人分别协商与补偿外，也应对资源勘探地、标本采集地、管线基础设施架设地上的建设用地使用权人（以及地役权人），就其具体权利（或支配）行使方式、范围与强度为实现整体环保价值增益的限缩或特别的作为要求，进行个案化协商，并由此作出个案化的补偿方案。

  相对复杂的，是一般控制区（需役地）与其中生态旅游和相关的必要公共设施建设所在地（供役地）之间的需役地—供役地关系的建构厘定。由于现代生态旅游对基础设施及持续运营的科学性、专业性要求越来越高，这往往超出当地原有居民及其集体经济组织本身的负担能力，而需引入社会资源与运营主体，从而形成原有居民及村集体对自然资源的双层拥有支配与外引旅游经营者利用自然资源的法权关系耦合。实践中，生态旅游专业经营主体对旅游所涉自然资源（山岭、林草、水域等）及相关基础

[①] 苏红巧等：《基于保护地役权制度的自然保护地"人、地约束"破解方案研究》，《自然保护地》2021年第1期。

第五章 需役地"虚化"与公共地役权的新建构

设施的运营支配权利主要包含几种形式：通过租赁、入股等方式获得主要旅游资源支配权源；对林地承包权基于"三权"分置而受让"经营权"；对属于集体的荒地部分也可通过承包方式获得支配权源；对于运营设施营建占地，可通过农村集体经营性建设用地流转（出让）的方式获得稳定的物权权源，以及通过宅基地使用的"三权"分置而受让宅基地"使用权"。为了实现合理盈利目的，生态旅游经营者必然通过约定寻求获得对上述资源所在土地及相关配套设施的自主支配。为了增强旅游吸引力与竞争力（乡村旅游需役地增益需求），经营者还会通过乡村旅游地役权等手段，将这种支配延展到与核心旅游资源相邻相关的周边"旅游吸引物"（乡村旅游供役地）上。

通过这样的增益操作，生态旅游经营者将成为相关区域内对相关自然资源影响力的核心，从而理应成为环境保护地役权最为重要的供役地义务主体。其供役义务内容与强度，应以其在获得乡村旅游地役权增益以后的经营支配内容与强度为转移。易言之，乡村旅游需役地同时作为环境保护供役地的范围核心，应承担最为主要的环境保护供役义务。而原有居民的承包地、宅基地（及其上自然资源物、建筑物等）作为乡村旅游供役地，同时也是环境保护地役权的具体供役地块，将更具为实现核心旅游资源增益而承担旅游地役权供役负担的内容与强度的价值。在符合整体环保价值的范围内进行调整修正，以履行其环境保护地役权中的供役（地）负担。为此，针对生态旅游区的环境保护地役权协议的订立，应当以旅游经营者为主要协议对象，以供役负担导致生态旅游合理利润减损程度或者运营成本增加幅度为依据确定供役补偿标准。当生态旅游供役地上原有居民因承担生态保护供役负担而弱化其对生态旅游经营者承担的乡村旅游供役负担，而可能构成对生态旅游经营者就旅游地役权合同的违约及补偿额损失时，原有居民及其所在村集体经济组织也应作为生态保护地役权补偿协议的对象。其因履行生态保护地役权之供役义务而从生态旅游经营者处损失的乡村旅游地役权供役补偿额，应成为从自然保护地管理人处获得环境保护地役权供役义务补偿额的重要核算依据。与核心区类似，在生态旅游区域内以"准征收"方式设立生态保护地役权与落实补偿应是第二位手段。

即当生态旅游经营者不履行环境保护地役权设立与补偿的协商义务、严重违反供役义务（尤其任意扩大生态旅游规模而侵入核心区），而危及生态环境保护整体价值安全与实现时，或者存在将一般控制区提升为核心区以加强保护的行政处置时，才可以以"准征收"方式设立地役权。

（三）需役地虚化在公共地役权融入民法体系过程中的一般意义

借助生态环境价值的整体性开放性视角，需役地与供役地之间的总分关系格局确保了环境保护地役权可以与民法上传统地役权架构保持最低限度的技术通约，从而无论保护地役权与传统地役权在目的、性质上多么不同，至少能以通过参照适用的方式获得民法上地役权制度的调整介入。这不仅是为公法上尚明显欠缺的公共地役权设立、补偿等关键制度设计缺失，寻求一种阶段性的补救以及未来立法完善的参照。更重要的是，这将为公共地役权制度体系中合理嵌入契约构造，营造公共地役权制度实践中的契约精神创造机会。尤其是在公共地役权制度形成与实践的早期，往往造成对在待保护地域上大量现存民事生活主体的传统生产生活规模范围的明显改变与限缩。如何使这一过渡阶段显得更为人性与公正，而尽力避免过早与断然的强力介入，便是制度创新者必须考虑的。

环境保护地役权的设立与补偿机制应尽力保证对先来者，这既包括原有居民及其村集体组织，也包括外来但先于环境保护地役权设立的各类经营权（甚至包括为经营而设立的一般地役权）充分的尊重，而缓释为实现自然保护地"统一管理"目的的公权力机制。也就是基于自然保护地整体需役地与具体供役地块之间的具体供需役关系，而先行参照适用传统地役权的协商设立与补偿机制。当然，需役地的整体性与价值性也决定了自然保护地役权最终的公益目的，从而终会区别于民法典中一般地役权制度。因而，当所参照适用的传统地役权的设立与补偿协商等机制，违背了公共地役权的公益性目的时，自可由上级主管部门确定以准征收之行政手段与程序最终实现自然保护地役权在公法上的制度展开与实践。由此，环境保护地役权的性质便可以扬弃公权或私权的排他争议，而进入私法与公法分阶段介入的衔接协同模式。

参考文献

一 中文文献

（一）著作类

1. 〔澳〕斯蒂芬·巴克勒：《自然法与财产权理论：从格劳秀斯到休谟》，周清林译，法律出版社2014年版。
2. 〔德〕鲍尔·施蒂尔纳：《德国物权法》，张双根译，法律出版社2006年版。
3. 〔德〕古斯塔夫·拉德布鲁赫：《法律的不法与超法律的法》，舒国滢译，中国政法大学出版社2001年版。
4. 〔德〕汉斯·沃尔夫等：《行政法》（第二卷），高家伟译，商务印书馆2002年版。
5. 〔德〕卡尔·拉伦茨：《法学方法论》，黄家镇译，商务印书馆2020年版。
6. 〔德〕平特纳：《德国普通行政法》，朱林译，中国政法大学出版社1999年版。
7. 〔俄〕科瓦列夫：《古代罗马史》，王以涛译，上海出版社2007年版。
8. 〔美〕詹姆斯·W.汤姆逊：《中世纪经济社会史》，耿淡如译，商务印书馆1996年版。
9. 〔美〕詹姆斯·戈德雷：《私法的基础：财产、侵权、合同和不当得利》，张家勇译，法律出版社2007年版。
10. 〔日〕美浓部达吉：《公法与私法》，黄冯明译，中国政法大学出版社2003年版。

11. 〔意〕彼得罗·彭梵得：《罗马法教科书》，黄风译，中国政法大学出版社1998年版。

12. 〔意〕桑德罗·斯奇巴尼选编《物与物权》，范怀俊、费安玲译，中国政法大学出版社2009年版。

13. 〔意〕朱塞佩·格罗索：《罗马法史》，黄风译，中国政法大学出版社1994年版。

14. 〔英〕巴里·尼古拉斯：《罗马法概论》，黄风译，法律出版社2000年版。

15. 〔英〕F. H. 劳森、B. 拉登：《财产法》，施天涛等译，中国大百科全书出版社1998年版。

16. 〔英〕洛克：《政府论》（下篇），叶启芳、翟菊农译，商务印书馆1964年版。

17. 陈华彬：《物权法论》，中国政法大学出版社2018年版。

18. 陈华彬：《现代建筑物区分所有权研究》，法律出版社1995年版。

19. 陈新民：《德国公法学基础理论》（上册），山东人民出版社2001年版。

20. 董彪：《财产权保障与土地权利限制》，社会科学文献出版社2013年版。

21. 冯卓慧：《罗马私法进化论》，陕西人民出版社1992年版。

22. 耿卓：《传承与革新：我国地役权的现代发展》，北京大学出版社2017年版。

23. 姜明安：《行政法与行政诉讼法》，高等教育出版社2007年版。

24. 金俭：《不动产财产权自由与限制研究》，法律出版社2007年版。

25. 梁慧星：《民法总论》，法律出版社2001年版。

26. 刘连泰等：《美国法上的管制性征收》，清华大学出版社2017年版。

27. 刘乃忠：《地役权法律制度研究》，中国法制出版社2007年版。

28. 吕忠梅：《沟通与协调之途：公民环境权的民法保护》，法律出版社2021年版。

29. 丘余峰主编《不动产法辞典》，法律出版社1992年版。

30. 沈开举：《征收、征用与补偿》，法律出版社2006年版。

31. 史尚宽：《物权法论》，中国政法大学出版社2000年版。

32. 苏永钦：《走入新世纪的私法自治》，中国政法大学出版社 2002 年版。
33. 孙宪忠：《德国当代物权法》，法律出版社 1997 年版。
34. 孙宪忠：《中国物权法：原理释义和立法解读》，经济管理出版社 2008 年版。
35. 王克忠主编《不动产经济学教程》，复旦大学出版社 1994 年版。
36. 王利明：《物权法专题研究》（上），吉林人民出版社 2002 年版。
37. 王名扬：《法国行政法》，中国政法大学出版社 1989 年版。
38. 王勇：《私权的分析与建构》，北京大学出版社 2020 年版。
39. 王泽鉴：《民法物权》，北京大学出版社 2010 年版。
40. 谢在全：《民法物权论》（中册），中国政法大学出版社 2011 年版。
41. 徐国栋：《优士丁尼〈法学阶梯评注〉》，中国政法大学出版社 2010 年版。
42. 徐国栋主编《罗马法与现代民法》（第二卷），中国法制出版社 2004 年版。
43. 杨惠：《土地用途管制法律制度研究》，法律出版社 2010 年版。
44. 尹田：《法国物权法》，法律出版社 2009 年版。
45. 张鹤：《地役权研究：在法定和意定之间》，中国政法大学出版社 2014 年版。
46. 张红日：《不动产估价》，清华大学出版社 2011 年版。
47. 张鹏、史浩明：《地役权》，中国法制出版社 2007 年版。
48. 周枏：《罗马法原论》，商务印书馆 2014 年版。

（二）期刊论文类

49. 鲍家志：《非经营性国有资产与用益物权制度》，《河北法学》2016 年第 2 期。
50. 蔡立东等：《历史建筑保护的物权法进路》，《山东社会科学》2014 年第 3 期。
51. 陈国军：《论我国役权制度的完善——以民法典编纂为视角》，《政治与法律》2016 年第 12 期。
52. 陈华彬：《人役权制度的构建——兼议我国〈民法典物权编（草案）〉

的居住》,《比较法研究》2019年第2期。

53. 陈小君:《农村集体土地征收的法理反思与制度重构》,《中国法学》2012年第1期。

54. 陈信勇、蓝邓骏:《居住权的源流及立法的理性思考》,《法律科学》(西北政法大学学报)2003年第3期。

55. 董彪:《论财产权过度限制的损失补偿制度——以"禁摩令"案为例》,《当代法学》2009年第3期。

56. 樊怀洪:《私人利益和公共利益的含义及其辩证关系》,《学习论坛》2011年第2期。

57. 范旭斌:《论公共利益与个人利益的"平衡"》,《云南社会科学》2009年第6期。

58. 房绍坤等:《用益物权三论》,《中国法学》1996年第2期。

59. 费安玲:《不动产相邻关系与地役权若干问题的思考》,《江苏行政学院学报》2004年第1期。

60. 冯令泽南:《自然保护地役权制度构建——以国家公园对集体土地权利限制的需求为视角》,《河北法学》2022年第8期。

61. 冯令泽南:《自然保护地役权制度构建——以国家公园对集体土地权利限制的需求为视角》,《河北法学》2022年第8期。

62. 高飞:《集体土地征收中公共利益条款的法理反思与制度回应》,《甘肃政法学院学报》2018年第1期。

63. 高飞:《建设用地使用权提前收回法律问题研究——关于〈物权法〉第148条和〈土地管理法〉第58条的修改建议》,《广东社会科学》2019年第1期。

64. 高圣平:《开放小区的现行法径路》,《武汉大学学报》(人文科学版)2016年第3期。

65. 高志宏:《公共利益:基于概念厘定的立法导向与制度优化》,《江西社会科学》2021年第10期。

66. 耿卓:《地役权的现代发展及其影响》,《环球法律评论》2013年第6期。

67. 耿卓:《我国地役权现代发展的体系解读》,《中国法学》2013 年第 3 期。

68. 巩固:《自然资源国家所有权公权说再论》,《法学研究》2015 年第 2 期。

69. 郭晖:《财产权的社会义务与管制性征收》,《河北学刊》2019 年第 2 期。

70. 郭洁、佟彤:《论永久基本农田质量保护的物权模式》,《农村经济》2021 年第 1 期。

71. 郭洁:《土地用途管制模式的立法转变》,《法学研究》2013 年第 2 期。

72. 郭庆珠、杨福忠:《城市地下开发中的公共地役权与市场化补偿》,《民主与法制》2014 年第 1 期。

73. 郭雪娇:《基于环境保护的地役权研究——以不可量物侵入为视角》,《山东农业大学学报》(社会科学版) 2015 年第 2 期。

74. 郭雪娇:《基于环境保护的地役权研究——以不可量物侵入为视角》,《土地问题研究》2015 年第 2 期。

75. 胡洪曙:《构建以财产税为主体的地方税体系研究》,《当代财经》2011 年第 2 期。

76. 胡建森、吴亮:《美国管理性征收中公共利益标准的最新发展》,《环球法律评论》2008 年第 6 期。

77. 黄欢:《乡村振兴战略下设立城乡地役权探析》,《中国房地产》2020 年第 13 期。

78. 黄忠:《论民法典后司法解释之命运》,《中国法学》2020 年第 6 期。

79. 黄忠:《迈向均衡:我国耕地保护制度完善研究》,《学术界》2020 年第 2 期。

80. 黄忠:《违法建筑的私法地位之辨识——〈物权法〉第 30 条的解释论》,《当代法学》2017 年第 5 期。

81. 焦琰:《我国保护役权的构建研究——基于环境保护与财产权限制方式的探讨》,《北方法学》2018 年第 3 期。

82. 李凤章、苏紫衡:《集体土地征收制度再认识》,《国家检察官学院学报》2013 年第 3 期。

83. 李敏等：《重塑国家公园集体土地权利结构体系》，《西南民族大学学报》（人文社会科学版）2020年第12期。
84. 李谦：《共同富裕视域下农村宅基地增值收益分配法律制度——以土地发展权共享论为分析框架》，《河南社会科学》2024年第1期。
85. 李宗录、谷盈颖：《保护地役权之民法调整的解释路径》，《中国土地》2021年第5期。
86. 林旭霞：《分层土地利用中的强制地役权研究》，《中国法学》2023年第5期。
87. 林旭霞、王芳：《历史风貌建筑的权利保护与限制——以公共地役权为解决方案》，《福建师范大学学报》（哲学社会科学版）2012年第3期。
88. 刘灿：《完善社会主义市场经济体制与财产权法律保护制度的构建——政治经济学的视角》，《政治经济学评论》2019年第5期。
89. 刘华俊：《关于公法与私法界定之的反思》，《行政与法》2011年第1期。
90. 刘丽、倪洪涛：《论行政赔补式土地置换的可行性——以H市与F公司土地置换纠纷为中心的分析》，《法治现代化研究》2018年第6期。
91. 刘锐：《后民法典时代土地权利体系化研究》，《中国土地科学》2021年第9期。
92. 龙卫球：《民法典物权编"三权分置"的体制抉择与物权协同架构模式——基于新型协同财产权理论的分析视角》，《东方法学》2020年第4期。
93. 鲁晓明：《"居住权"之定位与规则设计》，《中国法学》2019年第3期。
94. 罗姮等：《国内保护地役权研究评述：内涵阐释、作用机理与实践初探》，《中国土地科学》2023年第1期。
95. 罗建：《公共地役权制度研究》，载刘云生主编《中国不动产法研究》第9卷，法律出版社2014年版。
96. 马存利：《全球变暖下的环境诉讼原告资格分析——从马萨诸塞州诉联邦环保署案出发》，《中外法学》2008年第4期。
97. 马俊驹：《国家所有权的基本理论与立法结构探讨》，《中国法学》2011年第4期。

98. 马强伟:《油气管道铺设中的用地问题及解决思路——从公共地役权理论到空间建设用地使用权》,《法治研究》2017年第6期。

99. 潘佳:《管制性征收还是保护地役权:国家公园立法的制度选择》,《行政法学研究》2021年第2期。

100. 钱明星:《关于在我国物权法中设置居住权的几个问题》,《中国法学》2001年第5期。

101. 秦天宝:《论国家公园国有土地占主体地位的实现路径——以地役权为核心的考察》,《现代法学》2019年第3期。

102. 阙占文:《保护地役权的功能审视与法律构造》,《政法论坛》2022年第5期。

103. 冉克平:《论强制缔约制度》,《政治与法律》2009年第11期。

104. 任文元:《重点生态区位商品林赎买存在的问题及建议——以南平市为例》,《林业勘察设计》2019年第3期。

105. 申卫星:《地役权制度的立法价值与模式选择》,《现代法学》2004年第5期。

106. 宋雅芳:《论行政规划变更的法律规制》,《行政法学研究》2007年第2期。

107. 宋志红:《论成片开发征收中的农民集体同意权》,《东方法学》2023年第2期。

108. 苏红巧等:《基于保护地役权制度的自然保护地"人、地约束"破解方案研究》,《自然保护地》2021年第1期。

109. 孙建伟:《建设用地置换视域下土地发展权的法理基础与制度构造》,《暨南学报》(哲学社会科学版)2017年第12期。

110. 孙建伟:《农用地征收补偿标准制定主体正当性探析——以〈土地管理法〉第48条第3款为视角》,《现代法学》2023年第2期。

111. 孙鹏、徐银波:《社会变迁与地役权的现代化》,《现代法学》2013年第3期。

112. 孙小雨:《论农地征收中的利益兼顾——国家权力本位向被征收人权利本位让渡之限度》,《湖北社会科学》2024年第1期。

113. 孙悦：《公共地役权在不动产利益冲突调和中的适用》，《甘肃政法学院学报》2020年第4期。

114. 汤芷萍：《上海土地置换制度研究：以上海F区试点为例》，《上海农业学报》2011年第2期。

115. 陶冶、陈斌：《美国个人慈善捐赠税制安排的现状、特点与启示》，《河北大学学报》（哲学社会科学版）2016年第5期。

116. 田喜清：《私法公法化问题研究》，《政治与法律》2011年第1期。

117. 田野、刘玲玲：《不动产役权构造论——以地役权意涵为基础》，《天津大学学报》（社会科学版）2018年第5期。

118. 汪洋：《公共地役权在我国国土空间开发中的运用：理论与实践》，《汉江论坛》2019年第2期。

119. 王磊：《法律中征用条款的合宪性分析——从疫情防控对国有财产的征用切入》，《财经法学》2020年第3期。

120. 王丽晖：《管制性征收主导判断规则的形成》，《行政法学研究》2013年第2期。

121. 王明远：《天然气开发与土地利用：法律权利的冲突和协调》，《清华法学》2010年第1期。

122. 王书成：《论比例原则中的利益衡量》，《甘肃政法学院学报》2008年第3期。

123. 王树义、刘静：《美国自然资源损害赔偿制度探析》，《法学评论》2009年第1期。

124. 王斯亮：《征地制度改革的"三元悖论"及其破解》，《农业经济问题》2023年第12期。

125. 王天蔚：《保护地役权制度的引入——以我国自然保护地建设为背景》，《世界林业研究》2024年第2期。

126. 王卫明：《超越管制的治理模式》，载罗豪才主编《行政法论丛》第9卷，法律出版社2006年版。

127. 王宇飞等：《基于保护地役权的自然保护地适应性管理方法探讨：以钱江源国家公园体制试点区为例》，《生物多样性》2019年第1期。

128. 王玉、吴昭军：《论耕地保护用途管制的法权基础——以管制性征收和公共地役权的组合为路径》，载刘云生主编《中国不动产法研究》第 1 辑（总第 25 辑），社会科学文献出版社 2022 年版。

129. 魏钰等：《保护地役权对中国国家公园统一管理的启示——基于美国经验》，《北京林业大学学报》（社会科学版）2019 年第 1 期。

130. 吴光荣：《征收制度在我国的异化与回归》，《法学研究》2011 年第 3 期。

131. 吴卫星、于乐平：《美国环境保护地役权制度探析》，《河海大学学报》（哲学社会科学版）2015 年第 3 期。

132. 吴晓林：《从封闭小区到街区制的政策转型：形势研判与改革进路》，《江汉论坛》2016 年第 5 期。

133. 吴昭军等：《公共役权视角下耕地管制的法权基础与制度完善》，《中国土地科学》2023 年第 1 期。

134. 席志国：《居住权的法教义学分析》，《南京社会科学》2020 年第 9 期。

135. 肖俊：《居住权的定义与性质研究——从罗马法到〈民法典〉的考察》，《暨南学报》（哲学社会科学版）2020 年第 12 期。

136. 肖卫：《居住权的法理及我国物权法的立法态度》，《求索》2006 年第 4 期。

137. 肖宇：《对中国"公共地役权"制度的探讨和立法建议》，《中国土地科学》2009 年第 9 期。

138. 肖泽晟：《公物二元产权结构——公共地役权及其设立的视角》，《浙江学刊》2008 年第 4 期。

139. 熊晖：《异化与回归：我国城市土地储备制度的正当性考辨》，《现代法学》2006 年第 4 期。

140. 徐国栋：《准人役权的美景、分享、环保功能探究——基于大陆法系法典对美国环保地役权的继受与发展》，《学术论坛》2022 年第 5 期。

141. 徐文俊：《衢州加快改革步伐激发林业经济动能》，《浙江林业》2021 年第 5 期。

142. 杨惠：《土地用途管制制度的合宪性分析》，《经济法论坛》2012年第9期。

143. 杨立新、尹艳：《我国他物权制度的重新构造》，《中国社会科学》1995年第5期。

144. 杨寅：《公私法的汇合与行政法演进》，《中国法学》2004年第2期。

145. 杨智慧等：《中国耕地刚性管制与弹性调控框架构建》，《中国土地科学》2021年第6期。

146. 杨壮壮等：《生态文明背景下的国土空间用途管制：内涵认知与体系构建》，《中国土地科学》2020年第11期。

147. 姚辉：《单双号限行中的所有权限制》，《法学家》2008年第5期。

148. 姚辉、焦清扬：《民法典时代司法解释的重新定位——以隐私权的规范为例证》，《现代法学》2018年第5期。

149. 尹田：《无财产即无人格——法国民法上广义财产理论的现代启示》，《法学家》2004年第2期。

150. 〔德〕于尔根·巴泽多：《欧洲私法基础》，金振豹译，《比较法研究》2006年第1期。

151. 于飞：《从农村土地承包法到民法典物权编："三权分置"法律表达的完善》，《法学杂志》2020年第2期。

152. 于凤瑞：《民法典编纂中法定地役权的体系融入与制度构造》，《新疆社会科学》2020年第1期。

153. 张珵：《公共地役权在不动产利益冲突调和中的适用》，《求是学刊》2015年第6期。

154. 张迪、颜国强：《美国农业保护地役权购买计划概述及对我国的借鉴》，《国土资源情报》2004年第8期。

155. 张红霄、杨萍：《公共地役权在森林生态公益与私益均衡中的应用与规范》，《农村经济》2012年第1期。

156. 张建文：《现代俄罗斯法上的公共地役权制度》，《武汉科技大学学报》（社会科学版）2011年第1期。

157. 张建文：《新兴权利保护的合法利益说研究》，《苏州大学学报》（哲学社会科学版）2018 年第 5 期。

158. 张金明、陈利根：《宅基地土地置换若干问题探析》，《山西农业大学学报》（社会科学版）2011 年第 3 期。

159. 张力、庞伟伟：《住宅小区推进"街区制"改革的法律路径研究——以"公共地役权"为视角》，《河北法学》2016 年第 8 期。

160. 张力：《先占取得的正当性缺陷及其法律规制》，《中外法学》2018 年第 4 期。

161. 张力：《自然资源分出物的自由原始取得》，《法学研究》2019 年第 6 期。

162. 张亮：《应急征用权限及其运行的法律控制——基于我国〈突发事件应对法〉第 12 条的法释义学分析》，《政治与法律》2020 年第 11 期。

163. 张宁、余露：《美国保护地役权实践经验及启示》，《世界农业》2023 年第 1 期。

164. 张鹏：《究竟什么是地役权？——评〈物权法（草案）〉中地役权的概念》，《法律科学》2007 年第 1 期。

165. 张先贵：《中国法语境下土地开发权归属及类型的法理研判》，《烟台大学学报》（哲学社会科学版）2016 年第 1 期。

166. 张翔：《论地役权的物权法律技术——兼论〈民法典〉上居住权、土地经营权的物权性质》，《西北大学学报》（哲学社会科学版）2021 年第 2 期。

167. 张晏：《国家公园内保护地役权的设立和实现——美国保护地役权制度的经验和借鉴》，《湖南师范大学社会科学学报》2020 年第 3 期。

168. 赵明、谢维雁：《公、私法的划分与宪政》，《天府新论》2003 年第 3 期。

169. 赵谦、李林孖：《土地征收成片开发方案羁束效力的规范构造》，《华中农业大学学报》（社会科学版）2023 年第 2 期。

170. 赵自轩：《公共地役权在我国街区制改革中的运用及其实现路径探究》，《政治与法律》2016 年第 8 期。

171. 郑冠宇：《地役权的现代化》，《烟台大学学报》（哲学社会科学版）

2009 年第 1 期。

172. 郑琦：《比例原则的个案分析》，《行政法学研究》2004 年第 4 期。

173. 郑晓剑：《比例原则在民法上的适用及展开》，《中国法学》2016 年第 2 期。

174. 钟林生、肖练练：《中国国家公园体制试点建设路径选择与研究议题》，《资源科学》2017 年第 1 期。

175. 朱金东：《民法典编纂背景下公共地役权的立法选择》，《民主与法治》2019 年第 2 期。

176. 祖健等：《基于控制权理论的国土空间用途管制传导机制研究——以昆明市规划实践为例》，《城市发展研究》2021 年第 11 期。

二　外文文献

177. Alden A. Fletcher, "Forced Betting the Farm: How Historic Preservation Law Fails Poor and Nonwhite Communities", *Georgetown Law Journal*, Vol. 109, Issue 6, 2021.

178. Blackie, Jeffrey A., "Conservation Easements and the Doctrine of Changed Conditions", *Hastings Law Journal*, Vol. 40, no. 6, 1989.

179. Cheever, Federico, "Public Good and Private Magic in the Law of Land Trusts and Conservation Easements: A Happy Present and a Troubled Future", *Denver University Law Review*, Vol. 73, no. 4, 1996.

180. Cheever, Federico, "Public Good and Private Magic in the Law of Land Trusts and Conservation Easements: A Happy Present and a Troubled Future", *Denver University Law Review*, Vol. 73, no. 4, 1996.

181. Colinvaux, Roger, "The Conservation Easement Tax Expenditure: In Search of Conservation Value", *Columbia Journal of Environmental Law*, Vol. 37, no. 1, 2012.

182. Daniel J. Morgan and David G. Lewis, "The State Navigation Servitude", *Land and Water Law Review*, Vol. 4, no. 2, 1969.

183. Dempsey, Paul Stephen, "Local Airport Regulation: The Constitutional

Tension between Police Power, Preemption & Takings", *Penn State Environmental Law Review*, Vol. 11, no. 1, 2002.

184. de Souza, Daniel Brasil & Elcio Nacur Rezende, "Land Regularization as a Major Factor in the Preservation of the Urban Environment", *Direito e Desenvolvimento*, Vol. 14, Issue 1, 2023.

185. Fishman, James J., "Stealth Preemption: The IRS's Nonprofit Corporate Governance Initiative", *Virginia Tax Review*, Vol. 29, no. 3, 2010.

186. Jessica Owley Lippmann, "Exacted Conservation Easements: The Hard Case of Endangered Species Protection", *J. Environmental Law and Litigation*, Vol. 19, 2004.

187. Jess Phelps, "Historic Preservation Law: A Green Mountain Perspective", *Natural Resources & Environment*, Vol. 34, Issue 3, 2020.

188. John C. Keene, "Agricultural Land Preservation: Legal and Constitutional Issues", *Gonzaga Law Review*, Vol. 15, Issue 3, 1980.

189. John L. Hollingshead, "Conservation Easements: A Flexible Tool for Land Preservation", *Environmental Law Journal*, Vol. 3, 1997.

190. Julia D. Mahoney, "Land Preservation and Institutional Design", *Journal of Environmental Law and Litigation*, Vol. 23, Issue 2, 2008.

191. Kanner, Allan, "The Public Trust Doctrine, Parens Patriae, and the Attorney General as the Guardian of the State's Natural Resources", *Duke Environmental Law & Policy Forum*, Vol. 16, no. 1, 2005.

192. Kari Gathen, "The Use of Conservation Easements to Preserve New York State's Natural Resources", *Albany Law Environmental Outlook Journal*, Vol. 7, 2002.

193. May, Laurence M., "The California Open-Space Easement Act: The Efficacy of Indirect Incentives", *Santa Clara Law Review*, Vol. 16, no. 2, 1976.

194. Melissa Waller Baldwin, "Conservation Easements: A Viable Tool for Land Preservation", *Land and Water Law Review*, Vol. 32, 1997.

195. Michael, Thomas R., "Agricultural Land Preservation by Local Government", *West Virginia Law Review*, Vol. 84, Issue 4, 1982.

196. Nancy A. McLaughlin, "Increasing the Tax Incentives for Conservation Easement Donations: A Responsible Approach", *Ecology Law*, Vol. 31, 2004.

197. Nicholas Caros, "Interior Landmarks Preservation and Public Access", *Columbia Law Review*, Vol. 116, Issue 7, 2016.

198. Pidot, Jeff, "Conservation Easement Reform: As Maine Goes Should the Nation Follow", *Law and Contemporary Problems*, Vol. 74, no. 4, 2011.

199. Plattner, Frank B., "Jet Aircraft Noise Avigation and Clearance Easements", *JAG Journal*, Vol. 15, no. 5, 1961.

200. Stacy E. Gillespie, "The California Forest Legacy Program Act of 2000: A Long Term Conservation Easement Program for Private Land", *Mcgeorge Law Review*, Vol. 32, 2000.

201. Sullivan, Roger M., "Avigation Easements", *Law Notes for the General Practitioner*, Vol. 7, no. 1, 1970.

202. Tapick, Jeffrey M., "Threats to the Continued Existence of Conservation Easements", *Columbia Journal of Environmental Law*, Vol. 27, no. 1, 2002.

203. Wheeler, Willard C. Jr., "Compensation for Flowage Easement—Recent Developments", *Mercer Law Review*, Vol. 13, no. 2, 1961.

图书在版编目(CIP)数据

民法典背景下公共地役权的制度建构与体系融入 / 张力著 . -- 北京：社会科学文献出版社，2025.2. (西南政法大学新时代法学理论研究丛书). -- ISBN 978-7-5228-4716-0

Ⅰ.D923.24

中国国家版本馆CIP数据核字第20256GZ013号

西南政法大学新时代法学理论研究丛书
民法典背景下公共地役权的制度建构与体系融入

著　　者 / 张　力

出 版 人 / 冀祥德
责任编辑 / 魏延艳　易　卉
责任印制 / 王京美

出　　版 / 社会科学文献出版社·法治分社（010）59367161
　　　　　 地址：北京市北三环中路甲29号院华龙大厦　邮编：100029
　　　　　 网址：www.ssap.com.cn
发　　行 / 社会科学文献出版社（010）59367028
印　　装 / 三河市龙林印务有限公司

规　　格 / 开　本：787mm×1092mm　1/16
　　　　　 印　张：19.25　字　数：292千字
版　　次 / 2025年2月第1版　2025年2月第1次印刷
书　　号 / ISBN 978-7-5228-4716-0
定　　价 / 128.00元

读者服务电话：4008918866

▲ 版权所有 翻印必究